Schriftenreihe
der Vierteljahrshefte für Zeitgeschichte
Band 86

Im Auftrag des Instituts für Zeitgeschichte

Herausgegeben von

Karl Dietrich Bracher, Hans-Peter Schwarz, Horst Möller

Redaktion: Jürgen Zarusky

R. Oldenbourg Verlag München 2003

Ulbricht, Chruschtschow und die Mauer

Eine Dokumentation

Herausgegeben und eingeleitet

von

Matthias Uhl und Armin Wagner

R. Oldenbourg Verlag München 2003

Bibliografische Information Der Deutschen Bibliothek

Die Deutsche Bibliothek verzeichnet diese Publikation in der Deutschen Nationalbibliografie; detaillierte bibliografische Daten sind im Internet über <http://dnb.ddb.de> abrufbar.

Gedruckt auf säurefreiem, alterungsbeständigem Papier (chlorfrei gebleicht).
Gesamtherstellung: R. Oldenbourg Graphische Betriebe Druckerei GmbH, München

ISBN 3-486-64586-2
ISSN 0506-9408

1003965790

Inhalt

Vorwort

Mehr als vier Jahrzehnte nach den Ereignissen des August 1961 werden die Hintergründe des Mauerbaus immer klarer. Der Zugang zu neuen Archivquellen in den USA, der ehemaligen Sowjetunion und Deutschland ermöglicht es heute, Antworten auf zentrale Fragen zu geben, bei denen man bisher zumeist auf Mutmaßungen und Spekulationen angewiesen war. Die vorliegende Dokumentation wendet sich dem Mauerbau aus ostdeutscher und sowjetischer Sicht zu. Dafür konnten die Herausgeber zu einem großen Teil neues Material zusammentragen.

Das Buch beruht auf einer Vielzahl von Dokumenten aus Archiven in der Bundesrepublik Deutschland und der Russischen Föderation. Unser erster Dank gilt daher der Unterstützung durch die Mitarbeiter der benutzten Sammlungen. Auf deutscher Seite waren das namentlich das Bundesarchiv Berlin einschließlich der Stiftung Archiv der Parteien und Massenorganisationen der DDR, das Bundesarchiv Koblenz, das Bundesarchiv-Militärarchiv in Freiburg i.Br. und die Bundesbeauftragte für die Unterlagen des Staatssicherheitsdienstes der ehemaligen DDR in Berlin. Aus Rußland wurden Akten aus dem Russischen Staatsarchiv für Zeitgeschichte und dem Russischen Staatsarchiv für Wirtschaft genutzt. Ergänzendes Material erhielten wir vom National Security Archive in Washington, D.C. Der Gemeinsamen Kommission zur Erforschung der jüngeren Geschichte der deutsch-russischen Beziehungen gilt unser Dank für die Hilfe bei der Sammlung der Dokumente. Das Zustandekommen des Buches ist zudem Ausdruck einer engen Kooperation zwischen dem Institut für Zeitgeschichte und dem Militärgeschichtlichen Forschungsamt.

Darüber hinaus haben verschiedene Personen unser Vorhaben auf die eine oder andere Art und Weise durch persönliches Engagement gefördert und unterstützt. Ihnen sei hier ausdrücklich gedankt, vor allem Dr. Torsten Diedrich (MGFA, Potsdam), Dr. Andrej W. Doronin (RGASPI, Moskau), Dr. Hans-Hermann Hertle (ZZF, Potsdam), Albrecht Kästner (BA-MA, Freiburg i.Br.), Christian F. Ostermann (Cold War International History Project, Washington, D.C.), Dr. Michail Ju. Prosumenschtschikow (RGANI, Moskau), Dr. Asif A. Siddiqi (Carnegie Mellon University, Pittsburgh), Dr. Peter Skyba (IfZ, Berlin), PD Dr. Hermann Wentker (IfZ, Berlin), Dr. Rüdiger Wenzke (MGFA, Potsdam), Dr. Gerhard Wettig (Kommen) und Klaus Wiegrefe (Der Spiegel, Hamburg).

Frau Ruth Wunnickes (IfZ, Berlin) engagierte Hilfe bei der Manuskript-bearbeitung möchten die Herausgeber besonders hervorheben.

Berlin, im September 2002 Matthias Uhl und Armin Wagner

Editorische Notiz:
Die Zeichensetzung wurde in den Dokumenten immer dann stillschwei-gend korrigiert, wenn durch falschen Gebrauch der Inhalt des Textes ver-zerrt wurde.
Im Interesse der leichteren Lesbarkeit werden im Text russische Namen und Begriffe entsprechend der Duden-Transkription geschrieben, wie dies auch in der Publizistik üblich ist. In den Fußnoten wird hingegen die exaktere wissenschaftliche Transliteration verwendet.

Einleitung:
Ulbricht, Chruschtschow und die Mauer

Als eine Gruppe von Studenten der West-Berliner Freien Universität im Herbst 1960 nach Israel reiste, wurde den jungen Leuten in Jerusalem eine mehrere Meter hohe Mauer gezeigt, welche den jüdischen und den arabischen Teil der Altstadt voneinander trennte. Auf diese aus Stein und Zement gefertigte Mauer war zusätzlich eine hölzerne Wand gesetzt, die verhindern sollte, daß sich Kinder beider Parteien mit Steinen bewarfen. Unter den Berliner Studenten kam eine kurze Diskussion auf, ob eine solche Mauer auch in ihrer Heimatstadt denkbar sei, doch sie verwarfen diesen Gedanken sogleich wieder:

„Die Vier-Sektoren-Stadt war nach unserer Meinung viel zu groß für eine rigorose Teilung nach Jerusalemer Vorbild – in Berlin doch nicht, der in hundertjähriger technischer Entwicklung gewachsenen Metropole mit ausgedehnten Gewässern und Forsten, mit einer riesigen Kanalisation, mit einem Netz von unterirdischen U- und S-Bahn-Tunneln, bewohnt von Kindern, die keine Neigung hatten, sich gegenseitig mit Steinen zu bewerfen, wie halt Angehörige zweier verfeindeter Volksgruppen."[1]

Für wahrscheinlicher hielten es die West-Berliner damals, daß die Sowjetunion versuchen könnte, das Ausfliegen von Flüchtlingen aus dem Westteil der Stadt zu unterbinden, oder daß die DDR mit sowjetischer Hilfe die Kontrollen an den Grenzen zwischen den Westsektoren und dem Ostteil der Stadt sowie dem angrenzenden DDR-Bezirk Potsdam verschärfen würde. Die zweite Lösung schien realistischer, hätte erstere doch die Berlin-Garantie der Westmächte und die erst kurz zuvor vom amerikanischen Präsidenten John F. Kennedy bekräftigten „three essentials" (Anwesenheit der westalliierten Schutzmächte, freier Zugang – zu Lande, zu Wasser und unkontrolliert durch die Luft –, Lebensfähigkeit der Stadt)[2] verletzt und damit eine militärische Eskalation der seit Ende 1958 schwelenden Berlin-Krise gefährlich nahe gebracht[3]. Doch kam es anders, als die Israel-Reisenden vermuteten. Die östliche Seite verschärfte nicht nur die Zutrittskontrollen nach West-Berlin, sondern unterbrach die Kontakte zwischen beiden Hälften der Stadt und ihrem Umland sowie bald darauf zwischen beiden

1 Rexin, Eine Mauer durch Berlin, S. 645.
2 Vgl. zu den „three essentials" allgemein Loth, Helsinki, S. 81–84.
3 Vgl. Rexin, Eine Mauer durch Berlin, S. 646.

deutschen Staaten durch den Bau von Grenzbefestigungsanlagen, als deren
Chiffre über Jahrzehnte, bis zum Untergang der DDR, die Berliner Mauer
stand.

In den letzten vierzig Jahren ist der Mauerbau Gegenstand einer Vielzahl
von essayistischen, populärwissenschaftlichen und akademischen Veröf-
fentlichungen geworden[4]. Noch 1990 stellte – trotz der damals bereits fast
unübersehbaren Anzahl von Publikationen – der Historiker Gerhard Keiderling ebenso lapidar wie treffend fest: „Unsere Kenntnisse über die internen Entscheidungsprozesse in den Führungen der UdSSR, der DDR und
des Warschauer Paktes sind nach wie vor so gering, daß sie keine sicheren
Urteile erlauben."[5] Erst im letzten Jahrzehnt konnte die Forschung verstärkt auf frei werdende Dokumente aus den Archiven der ehemaligen Vier
Mächte, der Bundesrepublik Deutschland und der DDR zurückgreifen. Dadurch wurde es möglich, Positionen, Entscheidungen, Handlungsweisen
und Reaktionen der beteiligten Seiten besser zu rekonstruieren. Die seitdem
einsetzende Aufarbeitung der zweiten Berlin-Krise 1958–1962 (nach der ersten, in der Luftbrücke kulminierenden Krise 1948/49) stellte den Mauerbau in den Kontext der amerikanisch-sowjetischen Beziehungen im Kalten
Krieg[6], der Deutschlandpolitik Bonns, Ost-Berlins und Moskaus[7], der ökonomischen Abhängigkeiten Ost-Berlins von Moskau[8] oder der Geschichte
des DDR-Grenzsystems von ihren Anfängen bis zum Ende[9]. Im „Jahr 40"
der Mauer erschien eine Monographie, die vor allem die Haltung des Westens auf dem Höhepunkt der Berlin-Krise ausgiebig beleuchtete[10], während auf einer gemeinsamen Tagung des Zentrums für Zeithistorische Forschung (Potsdam) und des Cold War International History Projects (Washington) in Berlin auch die östliche Seite ausführlicher berücksichtigt
wurde. Inzwischen ist es möglich geworden, sowohl das politische Kalkül
und Verhalten der KPdSU- sowie der SED-Führung, der NVA- und der So-
wjetarmee-Generalität als auch Detailfragen wie die Datierung und Initiative im Entscheidungsprozeß zur Grenzschließung quellengestützt genauer
zu analysieren.

Noch bis vor kurzem war selbst die jüngere Forschung über viele Einzelheiten der Ereignisse, die zum Mauerbau führten, nicht informiert. So nahm

---

[4] Vgl. schon Anfang der achtziger Jahre die Übersicht von Haupt, Die Berliner Mauer.
[5] Keiderling, Berlinkrise und Mauerbau, S. 195.
[6] Vgl. Beschloss, Powergame; Ausland, Kennedy, Khrushchev, and the Berlin-Cuba Crisis; die
   britische Perspektive bei Gearson, Harold Macmillan and the Berlin Wall Crisis.
[7] Vgl. Lemke, Berlinkrise; zur Einordnung in größere Zusammenhänge auch ders., Einheit
   oder Sozialismus; Harrison, The Bargaining Power; Zubok, Khrushchev and the Berlin Crisis; ders./Pleshakov, Inside the Kremlin's Cold War; Schmidt, Dialog über Deutschland.
[8] Vgl. Steiner, Politische Vorstellungen.
[9] Vgl. Lapp, Gefechtsdienst im Frieden; Koop, „Den Gegner vernichten"; Schultke, „Keiner
   kommt durch".
[10] Vgl. Steininger, Der Mauerbau.

sie beispielsweise noch an, die Entscheidung über die in Berlin zu ergreifen-
den Maßnahmen sei in den Gesprächen zwischen dem Kreml und der SED-
Führung erst sehr spät gefallen. „In der zweiten Juli-Hälfte liefen die technischen Vorbereitungen in Ost-Berlin an", konstatieren etwa Bernd Bonwetsch und Alexei Filitow, aber: „Das muß jedoch nicht heißen, daß der
Mauerbau zu diesem Zeitpunkt zwischen Chruschtschow und Ulbricht bereits beschlossene Sache gewesen ist."[11] Bonwetsch und Filitow betrachten
es als „ziemlich sicher", daß die eigentliche Entscheidung erst während der
Konferenz der osteuropäischen Parteichefs Anfang August 1961 getroffen
wurde. Sie vermuten sogar ein spätes Datum, den sitzungsfreien Vormittag
des 5. August, als eigentlichen Termin[12]. Außer acht gelassen wird hier unter anderem, daß eine logistische Leistung wie die Abriegelung Berlins nicht
innerhalb von zwei Wochen vorzubereiten gewesen wäre.

Freilich behauptet auch Erich Honecker in seinen Memoiren, daß erst auf
dem Treffen der östlichen Militärallianz vom 3. bis 5. August der ostdeutsche Vorschlag einmütige Zustimmung fand, „die Grenzen der DDR gegenüber Berlin-West und der BRD unter die zwischen souveränen Staaten übli-
che Kontrolle zu nehmen"[13]. Doch fiel Honecker zufolge zu diesem späten
Zeitpunkt lediglich der formale und mit den anderen Ländern des Warschauer Paktes offiziell abgestimmte Entschluß. Zum Termin der faktischen
Entscheidung innerhalb der SED-Führung und der Zusage Chruschtschows ist damit nichts gesagt.

Die folgende Darstellung und Dokumentation, die auf einschlägigen Vor-
arbeiten der beiden Verfasser beruht[14] und diese zusammenführt, widmet
sich einmal mehr dem Mauerbau 1961, und zwar auf der Grundlage von so-
wjetischem und ostdeutschem Archivmaterial. Dabei sollen eine Reihe von
Fragen beantwortet oder zumindest weitere Schritte zu ihrer Klärung beigetragen werden: Wer entschied letztlich über den Mauerbau, Ost-Berlin oder
Moskau? Seit wann bereiteten beide Staaten die Schließung der Grenzen in
Berlin aktiv vor? Gab es hierbei gemeinsame Planungen? Wer leitete die
Umsetzung der für die Abriegelung Berlins getroffenen Maßnahmen? In-
wieweit waren die sowjetischen Streitkräfte an der Vorbereitung des 13. August beteiligt? Die westliche Seite wird nur insoweit berücksichtigt, als dies
zum Verständnis der Vorgänge unbedingt erforderlich ist.

---

11 Bonwetsch/Filitow, Chruschtschow und der Mauerbau, S. 158.
12 Vgl. ebenda, S. 158f., S. 170. Dieser Auffassung folgen – allerdings ohne eigene Forschung
zum Thema – auch Eisenfeld/Engelmann, 13. 8. 1961: Mauerbau, S. 44.
13 Honecker, Aus meinem Leben, S. 203.
14 Vgl. Wagner, Stacheldrahtsicherheit; Uhl, Die militärischen und politischen Planungen.

Das Berlin-Problem in den fünfziger Jahren

Pläne zur Abschottung des Schlupflochs West-Berlin hatten die SED-Führung bereits über die gesamten fünfziger Jahre hinweg beschäftigt. Versorgungsprobleme von ostdeutschen Ortschaften in der Randlage West-Berlins, die sich bei einer Sperrung der Sektorengrenze unter anderem in der Energie- und Wasserversorgung ergeben hätten, führten bei der Staatlichen Plankommission (SPK) und der Landesregierung Brandenburgs zu der Überlegung, diese Verflechtungen zu beseitigen. Der SPK-Vorsitzende Heinrich Rau machte Walter Ulbricht im August 1951 darauf aufmerksam, daß „mit relativ wenigen Mitteln und in verhältnismäßig kurzer Zeit jegliche Abhängigkeit von den Westsektoren Berlins beseitigt werden" könne[15]. Im Februar 1952 legte Ulbricht dem Chef der Sowjetischen Kontrollkommission (SKK), Armeegeneral Wassili I. Tschuikow, ein Papier vor, dessen zehn Punkte darauf abzielten, die vielfältigen Kontakte zwischen West-Berlin und seinem Umland so weit als möglich zu reduzieren[16]. Angeblich entwickelte der seinerzeitige MfS-Chef Zaisser schon damals ein Szenario, die ungeliebte Stadthälfte durch die Errichtung einer Mauer zu isolieren[17]. Das Politbüro setzte im September 1952 eine zentrale Kommission zur Bekämpfung der „Republikflucht" ein, der lokale Pendants auf Kreis- und Betriebsebene folgten. Die Politbüro-Kommission leitete dreierlei Maßnahmen ein: erstens Propagandaaktivitäten, welche die vermeintlich negativen Lebensbedingungen in Westdeutschland herausstellten; zweitens administrative Schritte zum Aufbau eines Informationssystems über Bevölkerungsbewegungen, um die Fluchtgründe besser zu erkennen; und drittens eine versuchte Gegenabwerbung unter bundesdeutschen Angehörigen von Intelligenzberufen, die mit den Versprechen guter Arbeits- und Aufstiegs- sowie Eingliederungsmöglichkeiten gelockt werden sollten[18]. Im Verlaufe des Jahres 1952 versuchte Ulbricht außerdem, den Kreml von der Idee einer Teilung Berlins zu überzeugen, erhielt jedoch im März 1953 eine Absage[19]. Gleichwohl gab es nach der schon 1948 erfolgten administrativen Teilung der Stadt inzwischen auch Trennungen gegenständlicher Art wie die Unterbrechung des Telefonnetzes zwischen den beiden Stadthälften im Mai 1952 und des durchgehenden Straßenbahnverkehrs im Januar 1953. Im Mai 1952 wurden zudem 200 der insgesamt 277 verschiedenen Zufahrtswege zur

---

[15] Stiftung Archiv der Parteien und Massenorganisationen der DDR im Bundesarchiv Berlin (künftig: SAPMO–BA), DY 30/3681, Bl. 39 f., Schreiben von Heinrich Rau an Walter Ulbricht, 10. 8. 1951.
[16] Vgl. Creuzberger, Abschirmungspolitik, S. 23 f.
[17] Vgl. Harrison, The Bargaining Power, S. 201 f.
[18] Vgl. Ross, Republikflucht, S. 615.
[19] Vgl. Creuzberger, Abschirmungspolitik, S. 35 f.; Major, Torschlußpanik und Mauerbau, S. 228.

Stadt – zu Wasser und zu Land – geschlossen[20]. Schon 1948 war auf Veranlassung der Sowjetischen Militäradministration ein durch ostdeutsche Grenzpolizei bewachter „Ring um Berlin" zur Kontrolle westlicher Militärtransporte hinsichtlich unrechtmäßig mitreisender Deutscher und des zivilen Güterverkehrs an Straßen, Bahnhöfen und Wasserstraßen eingerichtet worden[21]. Im gleichen Jahr verboten die Sowjets den Vertrieb aller westlich lizenzierten Zeitungen in ihrer Besatzungszone. Der Telefon- und Postverkehr zwischen Ost und West wurde vor der Unterbrechung der Fernmeldeverbindungen durch technische Maßnahmen und durch Postüberwachung erheblich erschwert. Das Einschalten und Hören der von Amerikanern und Briten betriebenen deutschsprachigen Radiosender sollte durch Boykottkampagnen eingeschränkt werden[22]. Als Vorbereitung einer späteren Isolierung West-Berlins konnte auch die kostspielige Verlegung eines Eisenbahnringes rund um die Westsektoren gelten. Hinweise auf entsprechende Absichten durch den 1958 geflohenen Fritz Schenk, damals persönlicher Referent des SPK-Vorsitzenden Bruno Leuschner, die von westlichen Geheimdiensten unter dem Codenamen „Chinese Wall" registriert wurden, fanden in Öffentlichkeit und Regierungskreisen keinen größeren Widerhall[23]. Bereits im Frühjahr 1953 war indes eine Studie des amerikanischen Auslandsgeheimdienstes Central Intelligence Agency (CIA) ebenfalls zu dem Ergebnis gekommen, daß Vorbereitungen zur Abschottung West-Berlins von der DDR und von Ost-Berlin praktisch abgeschlossen waren[24]. Der National Security Council (NSC) in Washington hielt im Frühjahr 1955 eine erneute Blockade Berlins durch sowjetische Organe oder durch die von Moskau dazu beauftragte DDR-Regierung als Vorspiel einer globalen militärischen Auseinandersetzung zwischen der UdSSR und den USA für ein denkbares Krisenszenario. Im gleichen Jahr beschloß das Politbüro der SED unter anderem, den kleinen Grenzverkehr zu erschweren sowie deutsch-deutsche Warenlieferungen und die Transitwege besser zu kontrollieren[25]. Mit der Verabschiedung des sogenannten Paßgesetzes vom Dezember 1957 wurde die Strafe für unbefugtes Verlassen der DDR auf bis zu drei Jahre Haft erhöht und auch die Planung, Vorbereitung und Unterstützung der ‚Republikflucht' unter Strafe gestellt; ferner reduzierten die ostdeutschen Behörden drastisch die Zahl der Ausreisegenehmigungen nach Westdeutschland –

[20] Ross, Before the Wall, S. 461.
[21] Vgl. ausführlicher zu Maßnahmen im Grenzregime zwischen 1948 und 1952 Diedrich, Die Grenzpolizei der DDR/SBZ, S. 205–210; ferner ders., Die militärische Grenzsicherung, S. 128–131.
[22] Vgl. Creuzberger, Abschirmungspolitik, S. 18–22.
[23] Vgl. Mahncke, Das Berlin-Problem, S. 1789; Rühle/Holzweißig, 13. August 1961, S. 16.
[24] Vgl. Pommerin, Die Berlin-Krise von 1961, S. 120.
[25] Vgl. SAPMO–BA, DY 30/J IV 2/2 A/399, Bl. 13–21, Protokoll Nr. 2/55 Politbürositzung, Tagesordnungspunkt (TOP) 3.: Einige Fragen der Verteidigung der Deutschen Demokratischen Republik, Anl. 1, 11. 1. 1955.

all dies trug wesentlich zur Abnahme der Flüchtlingszahlen 1958/59 bei[26].
Mit der kurzfristigen Abriegelung der Grenze zwischen Ost- und West-
Berlin anläßlich der DDR-Währungsreform im Oktober 1957 bewiesen die
ostdeutschen Machthaber, daß die innerstädtische Sektorengrenze mit aus-
reichendem Aufwand schnell und überraschend geschlossen werden
konnte. Sie wiederholten diesen Schritt noch einmal Ende August und Anfang September 1960, als sie neue Reisekontrollen einführten und für eine
Woche den Fahrzeug- und Passantenverkehr zwischen den Stadtteilen strikt
überwachten[27].

Obwohl die Abwanderungswelle der ostdeutschen Bevölkerung am Ende
der fünfziger Jahre kurzzeitig abflaute, stellte der Westteil der Stadt als
„Pfahl im Fleische des Ostens"[28], ja gewissermaßen als „trojanisches
Pferd"[29], ein ökonomisches und souveränitätsrechtliches Ärgernis und ein
Drehkreuz der Spionage im Kalten Krieg[30] dar. So entstand bereits Mitte
des Jahrzehnts im Präsidium der Ost-Berliner Volkspolizei „ein ausführlicher Plan über Beschränkungen im Verkehr der Bevölkerung zwischen dem
Westsektor Berlins und dem demokratischen Sektor"[31]. Dieser sogenannte
„Plan Anton" umschloß drei Etappen, deren letzte „eine vollkommene Einstellung des freien Verkehrs der Bevölkerung" vorsah, „bis zur Einführung
von Sonderausweisen nur für Angestellte der Behörden der DDR, die im
Westsektor Berlins wohnen"[32] (Dokument 1). Er beruhte auf einer Weisung
der Sicherheitskommission an den damaligen 1. Sekretär der SED-Bezirksleitung, Alfred Neumann, und den Ost-Berliner Polizeipräsidenten[33]. Noch
vor dem Chruschtschow-Ultimatum von 1958 existierten demnach, wie von
der CIA ganz richtig vermutet, konkrete Planungen in den Schubladen des
ostdeutschen Sicherheitsapparates zur Abriegelung West-Berlins. Das Ultimatum aus dem Kreml gab dem amerikanischen Auslandsnachrichtendienst
denn auch Grund, Anfang Februar 1959 wieder einmal über die Möglichkeit zu spekulieren, ob es der DDR und den Sowjets möglich sei, West-Berlin völlig abzuschotten. Dies wurde jedoch für ausgesprochen schwierig gehalten. Wegen der vielen Straßen, Plätze, Wälder, Seen und Kanäle sowie der
West-Berliner Exklaven im grenznahen Umland des DDR-Bezirkes Pots-

---

[26] Vgl. Ross, Republikflucht, S. 616.
[27] Vgl. Bailey/Kondraschow/Murphy, Die unsichtbare Front, S. 404, S. 435 f.
[28] Honecker, Aus meinem Leben, S. 202.
[29] Homann, Auf Ehre und Gewissen, S. 113.
[30] Vgl. Bailey/Kondraschow/Murphy, Die unsichtbare Front; Steury (Ed.), Front Lines of the
     Cold War.
[31] Die Bundesbeauftragte für die Unterlagen des Staatssicherheitsdienstes der ehemaligen
     DDR (künftig: BStU), Sekretariat des Ministers (SdM) 1201, Bl. 243–245, hier Bl. 245, Ver-
     merk über Reaktionen der West-Berliner Presse auf Vorfälle an der Grenze, ohne Absender
     und Adressaten, ohne Datum.
[32] Ebenda, Bl. 245.
[33] Vgl. ebenda, SdM 407, Bl. 6–11, hier Bl. 10, Auszüge aus der Sitzung der Sicherheitskommis-
     sion [nicht im Bestand Bundesarchiv–Militärarchiv], ohne TOP, 17. 3. 1955.

dam schien es nicht möglich, die Grenzen völlig abzuriegeln („impossible to seal"). Stattdessen glaubten die Geheimdienst-Analytiker, die östliche Seite würde ihre Taktik der Einschüchterung und Beunruhigung fortsetzen[34].

Berlin-Politik im Kalkül Chruschtschows und Ulbrichts, 1958 bis 1961

Als KPdSU-Chef Nikita S. Chruschtschow mit seinem Ultimatum vom 10. November 1958 (Rede im Moskauer Sportpalast) bzw. 27. November (diplomatische Noten an die drei Westmächte)[35] die neuerliche Berlin-Krise auslöste, wollte er das Problem des „Schaufensters" West-Berlin aus der Welt schaffen und durch einen Friedensvertrag die völkerrechtliche Anerkennung der DDR erreichen. Damit sollte die Anwesenheit alliierter Truppen in West-Berlin beendet und die DDR mit der vollen Souveränität über ihr Staatsgebiet inklusive des Zugriffs auf die Transitwege West-Berlins ausgestattet werden. Der von Chruschtschow vorgeschlagene Status einer „Freien Stadt" mit innenpolitischer Selbstbestimmung hätte die Bindung an den westlichen deutschen Teilstaat gekappt und die West-Berliner Administration einer „Wohlverhaltenspflicht" unterworfen; auf Dauer wäre die Stadt nicht nur jederzeit erpreßbar, sondern auch unfähig zum selbständigen Überleben geworden[36]. Die sowjetische Rede von der „Freien Stadt" kam also der ‚Befreiung', ergo der Elimination „gerade von den Garanten ihrer politischen Freiheit, nämlich von den westlichen Schutzmächten und

---

[34] Vgl. Bremen, Aspekte der westlichen Berlin-Politik, S. 131.

[35] Die sowjetische Regierung verlangte einen Friedensvertrag der Vier Mächte mit beiden deutschen Staaten und den Status einer „Freien Stadt" für West-Berlin. Sie forderte den Abzug der westlichen Besatzungstruppen aus West-Berlin, während die DDR die Befugnis erhalten sollte, alle Verkehrswege einschließlich des Transits nach West-Berlin als dann voll souveräner Staat ohne Vorbehaltsrechte auch der westlichen Siegermächte eigenverantwortlich zu kontrollieren. Die Frist des Ultimatums betrug sechs Monate. Die UdSSR drohte, wenn es nicht zu einer Einigung in ihrem Sinne käme, die geforderten Maßnahmen im Alleingang mit der DDR zu verwirklichen. Der Kreml erklärte zur Rechtfertigung seiner Politik, das vierseitige Potsdamer Abkommen als Rechtsgrundlage der westalliierten Präsenz in West-Berlin sei wegen der gegen die Sowjetunion und die DDR gerichteten westlichen Politik unwirksam geworden. Damit unterlief der sowjetischen Regierung schon im Ultimatum ein massiver Fauxpas, denn der Status Berlins war im Zuge des Londoner Protokolls vom September 1944 in zwei Ergänzungsabkommen vom November 1944 und vom Juli 1945 festgelegt worden, seit Anfang Mai 1945 unter Beitritt Frankreichs, während sich das dreiseitige Potsdamer Abkommen (USA, Großbritannien, UdSSR) Berlin-Fragen gar nicht zuwandte. Vgl. Wettig, Die sowjetische Politik während der Berlinkrise, S. 384f.; Lemke, Berlinkrise, S. 96. Der Text des Chruščev-Ultimatums findet sich in Rühle/Holzweißig, 13. August 1961, S. 22–35.

[36] Vgl. Wettig, Die UdSSR und die Krise um Berlin, S. 592. Wettig weiter: „Alle Benutzer der Verkehrswege zwischen der Stadt und der Außenwelt würden nach seinem Willen künftig genötigt sein, sich in Ost-Berlin um Genehmigung zu bemühen. Die Westmächte sollten auf diese Weise aller bisherigen Rechte entkleidet werden" (S. 593).

der überlebenssichernden Bundesrepublik", gleich[37]. Der sowjetische Staats- und Parteichef ging offensichtlich davon aus, daß die Westmächte wegen Berlin keinen Krieg riskieren und letztendlich nachgeben würden. Gleichzeitig mit dem politischen Gewicht des ostdeutschen Teilstaates gedachte Chruschtschow, auf diesem Wege auch sein eigenes Prestige zu stärken[38]. Weil der Sieg im Wettkampf der Gesellschaftssysteme nicht militärisch errungen werden konnte, beabsichtigte der sowjetische Parteichef die Überlegenheit – letztendlich noch überzeugender – auf wirtschaftlichem und ideologischem Gebiet vorzuführen. Dafür bot sich mit Deutschland die Nahtstelle der beiden konkurrierenden Weltordnungen an: Hier, auf seiten der DDR, sollte der Sozialismus über den Kapitalismus triumphieren[39]. Am 10. Januar 1959 ließ der Kremlherr seiner Note vom 27. November des Vorjahres daher den Entwurf eines Friedensvertrages mit beiden deutschen Staaten folgen, dessen Abschluß eine Berlin-Regelung in seinem Sinne bedeutet hätte. Am 6. März 1959 drohte Chruschtschow während eines DDR-Besuches in Leipzig damit, daß die UdSSR mit ihrem ostdeutschen Satelliten einen separaten Friedensvertrag unterzeichnen werde, sollten die Westmächte nicht auf seine bisherigen Vorstellungen eingehen[40].

Doch während Moskau den selbst evozierten Konflikt mit dem Westen in globaler Perspektive kontrollierbar halten mußte und daher auf Langmut setzte, begann Walter Ulbricht auf einen schnellen Erfolg zu drängen. Den ungehinderten Zugang zu den Westsektoren der Stadt betrachtete der SED-Chef schon seit vielen Jahren als Beeinträchtigung der eigenen staatlichen Souveränität und als Fluchtweg für den massenhaften Bevölkerungsexodus:

„In den letzten Jahren wurde der zur Zeit der Gründung der DDR und der Bundesrepublik bestehende Zustand in Westberlin durch die Schaffung vollendeter Tatsachen durch die Bonner Regierung geändert. Die Bonner Regierung schuf schrittweise Zweigstellen aller ihrer Ministerien, stellte für die Westberliner Bevölkerung Pässe der Bundesrepublik aus und macht Westberlin zu ihrem vorgeschobensten Stützpunkt für ihre Revanchepolitik, für Agententätigkeit gegen die sozialistischen Länder und zur Organisierung der Republikflucht aus der DDR."[41]

In Ulbrichts ideologisch verzerrter Sicht erschien der freie Verkehr von Menschen und Ideen als subversive Strategie, und er drängte Chruschtschow dieser entgegenzuwirken:

---

[37] Ders., Beweggründe für den Mauerbau, S. 116.
[38] Vgl. Lemke, Berlinkrise, S. 103–106.
[39] Vgl. Harrison, The Bargaining Power, S. 6; dies., Die Berlin-Krise und die Beziehungen zwischen der UdSSR und der DDR, S. 108–110; dies., Driving the Soviets up the Wall. Harrison zitiert in Ulbricht, Khrushchev, and the Berlin Wall, besonders sinnfällig Chruščevs Position: „Malenkov and Beria wanted to liquidate the GDR, but we fired one and shot the other and said that we would support a socialist Germany" (S. 343).
[40] Vgl. Eisenfeld/Engelmann, 13. 8. 1961: Mauerbau, S. 13.
[41] SAPMO–BA, DY 30/3507, Bl. 380, Schreiben Ulbrichts an Chruščev, 22. 11. 1960.

„Die Adenauer-Regierung und die NATO werden auch weiterhin versuchen, Feu-
erchen in der DDR anzuzünden. Das geschieht durch den Einsatz von Rückkehrern
und durch Beeinflussung von Gruppen der Jugend von Westberlin aus sowie durch
einige Kirchenleitungen, die eine halblegale Widerstandsbewegung organisieren.
Wir müssen deshalb die Sicherungsmaßnahmen verbessern."[42]

Das Ultimatum aus Moskau bot der DDR nun die Chance, den Störfaktor
West-Berlin für eine internationale Aufwertung der DDR zu instrumentali-
sieren[43]. Ein Friedensvertrag mit der UdSSR hätte der DDR die Kontrolle
des Zugangs zum Westteil der Stadt übertragen. Die Autorität des ostdeutschen Staates wäre innenpolitisch gewachsen, und außenpolitisch wäre dieser Schritt ein erster Hebel zur Neutralisierung der Hallstein-Doktrin gewesen. Dem von Chruschtschow vorgeschlagenen Modell einer „Freien
Stadt" West-Berlin konnte Ulbricht dagegen nicht viel abgewinnen, weil
eine solche Lösung die angestrebten Kontroll- und damit auch Souveräni-
tätsrechte der DDR sogleich wieder eingeschränkt hätte[44].
     Da die SED-Führung aber international nicht über eigene Durchset-
zungsmöglichkeiten zur Erreichung ihrer Ziele verfügte, versuchte sie, das
Handeln ihrer Blockführungsmacht zu beeinflussen[45]. Bei genauerem
Durchdenken der Lage hätte Chruschtschow indessen erkennen müssen,
daß ein separater Friedensvertrag eher geeignet war, die sowjetische Position zu schwächen als sie zu stärken. Schließlich konnte die UdSSR aufgrund ihrer Rechte als Siegermacht des Zweiten Weltkrieges und des fehlenden Friedensschlusses nach 1945 auf die Politik in Mitteleuropa unmittelbar
einwirken und war durch Militärmissionen in ganz Deutschland präsent[46].
Auch bot die Existenz der Inselstadt West-Berlin den sowjetischen Macht-
habern gegenüber der SED-Führung immer wieder direkte Möglichkeiten
zur politischen Einflußnahme[47]. Es machte in ihren Augen außerdem keinen Sinn, die DDR durch einen diplomatischen Akt stärken zu wollen, der
vom Westen abgelehnt wurde – was der UdSSR ihr vorrangiges Ziel verbaut
hätte, den Status quo in Europa und Deutschland vertraglich zu sanktionie-
ren[48]. In diesen weltpolitischen Kategorien vermochte Ulbricht nicht zu
denken und schon gar nicht zu handeln. Sein Maximalziel blieb ein separater Friedensvertrag, hätte doch ein gesamtdeutscher Vertrag zuviel Kom-
promisse und zuwenig Unabhängigkeit von Bonner Mitsprache bedeutet.
Weil dieses Ziel dem Kreml trotz der voreiligen Versprechungen des

---

[42] Ebenda, Bl. 386.
[43] Vgl. Lemke, Einheit oder Sozialismus, S. 449.
[44] Vgl. Lemke, Berlinkrise, S. 108–112.
[45] Vgl. Harrison, The Bargaining Power; dies., Driving the Soviets up the Wall.
[46] Vgl. Lemke, Die SED und die Berlin-Krise, S. 133; Schmidt, Dialog über Deutschland,
     S. 85 f.
[47] Vgl. Harrison, Driving the Soviets up the Wall, S. 59.
[48] Lemke, Berlinkrise, S. 281.

KPdSU-Chefs letztlich nicht abzuringen war, schwenkte Ulbricht auf sein Minimalziel um, die Schließung des Schlupflochs West-Berlin[49].

Dort wurde die Lage immer dramatischer. Die Zahl der Flüchtlinge stieg, nach einem Tiefpunkt im Jahr 1959, seit dem Frühjahr 1960 bis zum Höhepunkt im Sommer 1961 drastisch an. 1960 setzten sich fast 200 000, in den ersten siebeneinhalb Monaten des Jahres 1961 knapp 160 000 Menschen in den Westen ab. Die von der Staatlichen Plankommission vorab einberechnete Zahl von 80 000 „Republikfluchten" für 1961 war Mitte August bereits um hundert Prozent übertroffen worden. In den 16 Jahren vom Kriegsende bis zum Mauerbau hatten drei Millionen Menschen oder ein Sechstel der Bevölkerung die SBZ/DDR verlassen. Durch die verschärfte Grenzüberwachung an der deutsch-deutschen Demarkationslinie wurde West-Berlin immer mehr zum bevorzugten Durchschlupf: 1956 erfolgten über die Stadt 40 Prozent aller Fluchten, 1960 schon fast 95 Prozent[50]. Die propagandistischen Gegenmaßnahmen, die die SED-Führung zur Eindämmung der Massenflucht einsetzte, so etwa „Komitees gegen Menschenhandel", welche die DDR-Bürger davon überzeugen sollten, „daß sie von westdeutschen Kopfjägern und Agenten verfolgt würden"[51], waren ebenso unglaubwürdig wie untauglich.

Das Problem der demographischen Destabilisierung der DDR hatte beim sowjetischen Ultimatum von 1958 ursprünglich keine Rolle gespielt. Ulbricht, der die Fluchtbewegung dem Kreml gegenüber stets kleingeredet hatte, wendete nun aber seine Taktik ins Gegenteil und hob die Folgen der Abwanderung für den ostdeutschen Arbeitsmarkt und die Wirtschaftsentwicklung hervor. Chruschtschow sagte daraufhin der DDR für den Fall eines drohenden westlichen Wirtschaftsboykotts ökonomische Unterstützung zu und bestätigte gegenüber Ulbricht im November 1960 wider besseres Wissen noch einmal das Vorhaben eines separaten Friedensvertrages, um international seine Glaubwürdigkeit zu erhalten. Ein Fehler, wie sich bald herausstellte: Denn Ulbricht nahm den sowjetischen Amtskollegen beim Wort, während man in Moskau zugleich erkennen mußte, daß die eigene Wirtschaftskraft zur Substitution des ostdeutschen Westhandels nicht ausreichte[52]. Deshalb hielt Chruschtschow den Ostdeutschen bis zu seinem ersten Treffen mit dem neuen amerikanischen Präsidenten John F. Kennedy hin. Noch im März 1961 lehnten die Warschauer Pakt-Verbündeten eine

---

[49] Vgl. ders., Einheit oder Sozialismus, S. 462f.: „Unter dem Druck insbesondere der Republikflucht koppelte das Politbüro jedoch das strategische Ziel des separaten Friedensvertrages von der aktuellen Hauptaufgabe, der Schließung der Fluchtpforte Westberlin, ab" (S. 463).

[50] Genaue Zahlen bei Major, Torschlußpanik und Mauerbau, S. 222–224 und S. 234.

[51] Ebenda, S. 229.

[52] Umfassend bei Lemke, Berlinkrise, S. 46–57, 63–69, 149–158; Harrison, The Bargaining Power, S. 175–194; zusammengefaßte Darstellung bei Wettig, Die sowjetische Politik, S. 386–389.

Teilung Berlins durch Grenzbefestigungen ab. Chruschtschow fürchtete, das könnte als Bankrotterklärung und ideologische Niederlage des Sozialismus verstanden werden[53]. Das kompromißbereite Verhalten Kennedys interpretierte er falsch. Aus seiner Sicht demonstrierte der vermeintlich schwache Amerikaner aus innenpolitischen Gründen Stärke, weshalb er mit einem Entgegenkommen der USA nicht rechnete[54]. Über ein schlüssiges Konzept für den Fall der Nichterfüllung seiner Forderungen verfügte Chruschtschow allerdings nicht. Bei dem Treffen mit Kennedy in Wien am 3./4. Juni erneuerte er deshalb sein Ultimatum – in der Frage des Friedensvertrages und der Berlin-Problematik sei ein weiteres Festhalten am Status quo nicht vorstellbar – und gab anschließend die Zustimmung zu einer nochmaligen Erörterung der Grenzabriegelung in Berlin auf einer Konferenz der Warschauer Vertragsorganisation[55]. Der KPdSU-Chef mußte befürchten, daß Ulbricht andernfalls die Notbremse ziehen und die Sektorengrenze auf eigene Faust schließen würde; entsprechende Signale hatte ihm sein Botschafter in Ost-Berlin übermittelt. Inzwischen aber sah wohl auch Chruschtschow keinen anderen Weg mehr, die Massenflucht aus der DDR zu unterbinden[56]. Schon mit dem Berlin-Ultimatum und dann mit dem Umschwenken Chruschtschows auf Ulbrichts Forderungen – gegen den Rat seiner deutschlandpolitischen Experten – hatte „sich faktisch die konfrontative Berlin-Konzeption der SED gegen das berlinpolitische Status-quo-Denken im sowjetischen Außenministerium durchgesetzt"[57]. Daß Ulbricht aber die eigene Schwäche als Druckmittel für den Mauerbau nutzte, kostete ihn in langfristiger Perspektive erhebliche Sympathien in Moskau[58].

Ost-Berlin, Oktober 1960 bis Februar 1961

Schon seit Herbst 1960 hatte der SED-Parteichef und frisch gekürte Staatsratsvorsitzende sich immer mehr mit dem Gedanken angefreundet, das für die Existenz seines Staates bedrohlich gewordene Fluchtproblem durch die Schließung der Sektorengrenze zu „lösen". Auf der 3. Sitzung des Nationalen Verteidigungsrates der DDR (NVR), der als Spitzengremium für die Planung und Steuerung von Sicherheitsangelegenheiten erst wenige Monate zuvor die parteiinterne, ebenso hochrangig besetzte Sicherheitskommission

---

[53] Vgl. Lemke, Die SED und die Berlin-Krise, S. 134.
[54] Vgl. Steininger, Der Mauerbau, S. 171–176.
[55] Vgl. Wettig, Die sowjetische Politik, S. 391; ders., Die UdSSR und die Krise um Berlin, S. 596.
[56] Vgl. Lemke, Die SED und die Berlin-Krise, S. 135.
[57] Lemke, Einheit oder Sozialismus, S. 449.
[58] Vgl. Harrison, The Bargaining Power, S. 249f.

beim Politbüro der SED ersetzt hatte[59], wurde im Oktober 1960 unter anderem eine „Liste von Gesetzen, die auszuarbeiten sind", bestätigt[60]. Aus
dem Protokoll wird nachträglich nicht eindeutig ersichtlich, um welche
Rechtsnormen es sich dabei handeln sollte. Der mit der Durchführung dieses Tagesordnungspunktes beauftragte Minister für Staatssicherheit, Erich
Mielke, kam allerdings der Aufforderung nicht nach, bereits im Januar 1961
die verlangten Entwürfe im Verteidigungsrat vorzulegen. Stattdessen stand
die Besprechung von Gesetzesvorlagen erst auf der ersten Sitzung des NVR
nach dem Mauerbau Ende August und der darauf folgenden Zusammenkunft am 29. November 1961 auf dem Programm[61]. Im August wurde u. a.
das Verteidigungsgesetz der DDR, im November das Wehrpflichtgesetz behandelt. Die Umstände sprechen dafür, diese Vorlagen auf die im Oktober
1960 vom Verteidigungsrat verlangte Liste zurückzuführen. Angesichts der
politischen Gesamtsituation ist davon auszugehen, daß gerade die Einführung der allgemeinen Wehrpflicht nur möglich war nach Schließung der
Staatsgrenzen, um eine verstärkte Abwanderungswelle der männlichen
DDR-Jugend in den Westen zu verhindern[62]. Somit könnte die Abriegelung
der Übergänge nach West-Berlin (und der Bundesrepublik) schon im
Herbst 1960 eine im obersten Führungskreis der SED und ihres Sicherheitsapparates fixierte Ausgangsposition kommender Verhandlungspolitik mit
Moskau gewesen sein. Dafür spricht auch, daß der 2. Sekretär der sowjetischen Botschaft in Ost-Berlin bereits am 17. Oktober 1960 nach Moskau
kabelte, die ostdeutschen „Freunde" würden nach Möglichkeiten suchen,
die Massenflucht einzudämmen, und eine mögliche Maßnahme sei die Beendigung der Bewegungsfreiheit über die innerstädtischen Sektorengrenzen[63].
Im Januar 1961 setzte das Politbüro eine Arbeitsgruppe um den ZK-Si-
cherheits- und NVR-Sekretär Erich Honecker, Innenminister Karl Maron
und MfS-Chef Mielke ein, die sich mit der Unterbindung der Fluchtbewegung beschäftigen sollte. Daneben existierte vermutlich noch ein weiteres
Gremium, in dem unter Ulbrichts persönlicher Leitung vor allem Regie-
rungsmitglieder saßen. Davon berichtete jedenfalls Hans Bentzien 1995 in

---

[59] Vgl. Wagner, Der Nationale Verteidigungsrat der DDR, dort besonders S. 173–184; ders.
     ausführlicher dazu in: Walter Ulbricht und die geheime Sicherheitspolitik der SED.
[60] Vgl. Bundesarchiv–Militärarchiv (künftig: BA–MA), DVW–1/39460, 3. NVR-Sitzung,
     TOP 3.: Bestätigung der Liste von Gesetzen, die auszuarbeiten sind, 19. 10. 1960. – Inhalt-
     lich gehen aus dem Tagesordnungspunkt keine Einzelheiten zu den als notwendig erachteten
     Gesetzen hervor. Eine Anlage zum TOP existierte nicht.
[61] Vgl. ebenda, DVW–1/39464, 7. NVR-Sitzung, TOP 1.: Fragen der Verteidigungsbereitschaft
     der Deutschen Demokratischen Republik, 28. 8. 1961; ebenda, DVW–1/39465, 8. NVR-Sit-
     zung, TOP 15.: Gesetz über die Einführung einer allgemeinen Wehrpflicht, 29. 11. 1961.
[62] Vgl. vor allem Ross, East Germans and the Remilitarization of the GDR, S. 128–135. Siehe
     auch: Giese, Die SED und ihre Armee, v.a. S. 199 ff. und Hagemann, Parteiherrschaft in der
     NVA, S. 149 ff.
[63] Vgl. Harrison, Driving the Soviets up the Wall, S. 63.

seinen Memoiren. Bentzien trat am 23. Februar 1961 seinen ersten Arbeitstag als neuer Kulturminister der DDR an. Am Nachmittag des gleichen Tages mußte er an einer Zusammenkunft teilnehmen, bei der unter anderem
der Vorsitzende der Staatlichen Plankommission, Bruno Leuschner, Verkehrsminister Erwin Kramer und Bauminister Ernst Scholz das Wort führten. „Ich war bei einer Tagung der Vorbereitungskommission für den Mauerbau gewesen", so Bentzien, „allerdings wurden militärische Fragen dort
nicht besprochen. Die Generäle betrieben ihre Vorbereitung gesondert mit
dem sowjetischen Stab in Wünsdorf."[64] Dies geschah augenscheinlich aber
erst zu einem späteren Zeitpunkt; zunächst hielt sich die SED-Führung mit
ihren Plänen bedeckt. Selbst der Apparat des sowjetischen Geheimdienstes
KGB in Berlin-Karlshorst schien lange Zeit keinen Einblick in diese Planungen zu besitzen[65].

Moskau, Oktober/November 1960

Wann die UdSSR mit ersten detaillierten Planungen zur radikalen Lösung
der Berlin-Frage durch die strikte Abriegelung des Westteils der Stadt begann, ist immer noch unklar. Fest dürfte jedoch stehen, daß im Gegensatz
zur DDR im Herbst 1960 in Moskau hierfür noch keine Überlegungen existierten. Dies legt zum Beispiel ein Brief nahe, den Chruschtschow am
24. Oktober des Jahres an Ulbricht sandte. Der sowjetische Staats- und Parteichef vertröstete seinen auf eine Regelung der Berlin-Frage drängenden
Kollegen auf dessen nächste, im November bevorstehende Visite an der
Moskwa und verlangte zugleich, daß bis dahin „keine Maßnahmen durchgeführt werden sollen, die die Lage an der Grenze zu West-Berlin verändern"[66].

Gleichwohl lassen jüngst im Russischen Staatsarchiv für Wirtschaft aufgefundene Dokumente vermuten, daß sich Chruschtschow für eine wie
auch immer geartete militärische Lösung des Berlin-Problems wappnen
wollte. Zumindest beendete er Ende 1960 die bisherige offizielle Abrüstungspolitik der UdSSR und verfügte eine mehr als dreißigprozentige Erhöhung der Rüstungsausgaben für 1961[67]. Besonders den Bereich der strate-

---

[64] Bentzien, Meine Sekretäre und ich, S. 172–174, Zitat S. 174.
[65] Vgl. Bailey/Kondraschow/Murphy, Die unsichtbare Front, S. 482. Im Juli 1961 erhielt das
KGB dann allerdings den Auftrag, durch weltweite verdeckte Operationen und Desinformationskampagnen die westliche Aufmerksamkeit von Berlin abzulenken. Vgl. Zubok/
Pleshakov, Inside the Kremlin's Cold War, S. 253–255.
[66] SAPMO–BA, DY 30/3682, Bl. 39, Schreiben von Chruščev an Ulbricht, 24. 10. 1960.
[67] Vgl. Rossijskij gosudarstvennyi archiv ėkonomiki – Russisches Staatsarchiv für Wirtschaft
(künftig: RGAE), 4372/79/659 (bei der Archivchiffre werden die Bezeichnung des Fonds/
des Opis'/und der Dela durch Schrägstriche getrennt), Bl. 2–15, Schreiben von Kosygin,
Kozlov, Brežnev, Malinovskij u.a. an das ZK der KPdSU, 23. 12. 1960. Interessant dürfte

gischen Rüstung wollten dabei die sowjetischen Politiker und Militärs verstärkt sehen. Gab die UdSSR 1959 noch 810 Millionen Rubel für die Ausstattung der sowjetischen Streitkräfte mit Atomraketen aus, so sollten es 1961 bereits 2287 Millionen Rubel sein, eine Steigerung um mehr als 250 Prozent. Aber auch dem konventionellen Rüstungsbereich flossen umfangreiche Mittel zu[68].

Chruschtschow ging es mit dieser Vorgehensweise augenscheinlich darum, seine bisherige Berlin-Politik, die im wesentlichen auf Drohgebärden beruht hatte, endlich auch mit tatsächlich verfügbaren militär-strategischen Machtmitteln abzusichern und zum gegebenen Zeitpunkt zu modifizieren. Er hatte erkennen müssen, daß die von ihm immer wieder behauptete strategische Überlegenheit der UdSSR auf dem Gebiet der Raketenwaffen in Wirklichkeit nicht bestand und sich das militärische Kräfteverhältnis in raschem Tempo zugunsten der USA entwickelte. Chruschtschows Versuche, die Erfolge der sowjetischen Raumfahrt als Beweis der militärischen Stärke der Sowjetunion erscheinen zu lassen, waren Ende 1960 endgültig gescheitert[69] und damit auch die Politik, durch bloße Androhung von Gewalt die Westmächte zum Abschluß eines Friedensvertrages zu bringen. Infolge dessen war Chruschtschow bestrebt, die militärische Stärke der UdSSR wesentlich zu erhöhen und so das Bedrohungspotential gegenüber dem Westen zu verstärken, um diesen zu einer Lösung des Berlin-Problems im sowjetischen Sinne zu zwingen[70].

Doch noch hielt der sowjetische Partei- und Staatschef seine eigenen Kräfte für zu schwach und den Zeitpunkt für eine mögliche militärische Konfrontation um Berlin für verfrüht. Während des erwähnten Treffens im November 1960 in Moskau sperrte sich Chruschtschow deshalb weiterhin gegen die von Ulbricht erwogene Abriegelung West-Berlins. Der Kremlchef wollte Gespräche mit dem neuen US-Präsidenten Kennedy abwarten, um die Streitfragen über Berlin beizulegen bzw. um Zeit zu gewinnen.

---

sein, daß Chruščev die bereits 1960 beschlossene Erhöhung der sowjetischen Verteidigungsausgaben erst am 8. Juli 1961 offiziell verkündete und als eine Reaktion auf die Erhöhung der Militärausgaben der NATO darstellte. Vgl. hierzu Adomeit, Die Sowjetmacht in internationalen Krisen und Konflikten, S. 322 und S. 350–355.

[68] Vgl. RGAĖ, 4372/79/659, Bl. 85 f., Memorandum über den Umfang der Rüstungslieferungen an das Verteidigungsministerium 1959–1962, 16. 12. 1960.

[69] Eine Schlüsselrolle spielten hierbei amerikanische Aufklärungssatelliten, die seit 1960 erfolgreich über der UdSSR eingesetzt wurden. Ihre Aufnahmen zeigten, daß die strategischen Waffenkapazitäten der Sowjetunion sehr begrenzt waren und kaum mehr als eine Handvoll atomar bestückter Interkontinentalraketen umfaßten. Diese stellten nach US-Einschätzung zwar „a grave threat to a number of US urban areas" dar, waren jedoch gleichzeitig nur „a limited threat to US-based nuclear striking forces". Vgl. CIA – National Intelligence Estimate Nr. 11–8/1–61: Strength and Deployment of Soviet Long Range Ballistic Missile Forces, 21. 9. 1961, S. 3, Kopie im Besitz der Verfasser.

[70] Vgl. hierzu Horelick/Rush, Strategic Power and Soviet Foreign Policy, S. 117–125; Adomeit, Imperial Overstretch, S. 102 f.; Wolfe, Soviet Power and Europe, S. 84–96.

Ost-Berlin – Moskau – Wünsdorf, Januar bis Mai 1961

Trotz des weiter bestehenden Neins aus Moskau setzte Ulbricht seine Überlegungen zur Abriegelung West-Berlins fort. Anfang Januar 1961 wies der Partei- und Staatschef der DDR seinen Verteidigungsminister, General-oberst (ab März 1961: Armeegeneral) Heinz Hoffmann an, mit dem Oberkommandierenden der Gruppe der Sowjetischen Streitkräfte in Deutschland (GSSD), Generaloberst Iwan I. Jakubowskij, eine ganze Reihe von militärischen Fragen zu klären. Das deutet darauf hin, daß Ulbricht für eine Lösung des Berlin-Problems den Einsatz von bewaffneten Kräften zunehmend ins Kalkül zog. Ihn bewegte besonders, ab wann und in welchem Umfang die GSSD bei Krisensituationen in der DDR eingreifen würde und ob sie die Schaffung eines ständigen einsatzbereiten Sperrsystems an der Westgrenze der DDR für erforderlich hielt[71]. Auf dem Treffen zwischen Hoffmann und Jakubowskij, das am 10. Februar 1961 stattfand und an dem überraschenderweise auch der Oberkommandierende der Vereinten Streitkräfte des Warschauer Paktes, Marschall Andrej A. Gretschko, teilnahm, berieten die Militärs dann tatsächlich auch über Fragen der zweckmäßigen Organisation des Einsatzes von sowjetischen Truppen in der DDR[72].

Am 29. März 1961 präsentierte Walter Ulbricht auf der Tagung des Politisch Beratenden Ausschusses (PBA) des Warschauer Paktes seine Vorstellungen zur Lösung des Berlin-Problems. In seiner Rede bezeichnete er die Stadt nicht nur „als großes Loch inmitten unserer Republik"[73], sondern insistierte auch, die Zeit sei gekommen, „daß der Friedensvertrag […] von der Sowjetunion und den Staaten, die dazu bereit sind, abgeschlossen wird"[74]. Weiter führte er aus, daß mit der Vorbereitung eines Friedensvertrages die Beseitigung der Anomalie der Lage in Berlin unmittelbar verbunden sei[75]. Daß Ulbricht darunter eine strikte Abtrennung des Westteils der Stadt verstand, verdeutlichte der von DDR-Seite vorbereitete Entwurf einer Erklärung der Regierung der Warschauer-Pakt-Staaten, den er im März 1961 in Moskau mit im Gepäck hatte. Es ist wohl kein Zufall, daß dieser

---

71 Vgl. BA–MA, AZN 32612, Bl. 72–75, Schreiben von Ulbricht an Hoffmann, 21. 1. 1961.
72 Vgl. ebenda, DVW–1/18771, Bl. 25–29, Niederschrift über Beratung im Ministerium für Nationale Verteidigung (MfNV), 10. 2. 1961. Hinsichtlich des Einsatzes sowjetischer Truppen im Inneren der DDR führte Marschall Grečko aus: „Ein einheitlicher Plan für das Handeln im Inneren ist notwendig, weil auch sowjetische Truppenteile im Interesse der Regierung der DDR eingesetzt werden. Es gab diesen Plan, er muß wieder erneuert werden. Einheitlicher Plan, auf dessen Grundlage das Zusammenwirken zu organisieren ist, die Räume festzulegen sind und durch beide Seiten zu bestätigen sind. Der Kreis der Personen muß sehr begrenzt bleiben (3–4 Mann). Den Ausführenden persönlich zuleiten. Ich war Teilnehmer (*[Juni 19]*53) und kenne die Wichtigkeit dieses Planes." (Bl. 27).
73 SAPMO–BA, DY 30/3386, Bl. 166, Wortlaut der Rede Ulbrichts auf der Tagung des Politisch Beratenden Ausschusses des Warschauer Paktes, 29. 3. 1961.
74 Ebenda, Bl. 173.
75 Vgl. ebenda, Bl. 176.

exakt der bekannten Verlautbarung des Warschauer Paktes vom 13. August 1961 entsprach[76].

Mit seiner Rede und möglicherweise in sich daran anschließenden Vier-Augen-Gesprächen gelang es Ulbricht offenbar, Chruschtschow erstmals von der Unvermeidbarkeit der Schließung der Grenzen in Berlin zu überzeugen. Augenscheinlich gab der sowjetische Staats- und Parteichef seine bisher ablehnende Haltung zu einseitigen Veränderungen des Status von West-Berlin auf und setzte zur Beilegung der Berlin-Krise nicht mehr ausschließlich auf die bevorstehenden Gespräche mit dem amerikanischen Präsidenten. Seit Ende April/Anfang Mai 1961 begannen die sowjetischen Streitkräfte offensichtlich mit ersten konkreten Planungen für eine mögliche militärische Eskalation der Berlin-Krise. Nach Angaben einer Quelle des westdeutschen Bundesnachrichtendienstes (BND) im Hauptquartier der GSSD in Wünsdorf sollte deren Oberbefehlshaber am 2. Mai 1961 an einer Sitzung des sowjetischen Verteidigungsrates in Moskau teilnehmen. Dort hatte er über notwendige Maßnahmen in der DDR zu berichten, welche die Militärführung der UdSSR in Verbindung mit der Vorbereitung einer neuen Berlin-Krise zu treffen gedachte. Jakubowskij zählte dazu eine Verstärkung der eigenen Truppen in der DDR, deren verbesserte Bewaffnung sowie die Ausstattung mit modernen Kommunikationsmitteln[77].

Ost-Berlin, Mai bis Juli 1961

Spätestens zwei Monate vor der nächsten, für Anfang August anberaumten PBA-Tagung setzte Ulbricht dann alles auf eine Karte. Noch vor dem Wiener Gipfeltreffen zwischen Chruschtschow und Kennedy unterrichtete der Botschafter der UdSSR in Ost-Berlin, Michail G. Perwuchin, am 19. Mai seinen Außenminister, die DDR denke entgegen der sowjetischen Linie an eine sofortige Schließung der Grenze[78]. Auf die in der Literatur vielzitierte Frage einer Reporterin der *Frankfurter Rundschau* während einer vier Wochen später, am 15. Juni 1961, abgehaltenen Pressekonferenz, ob die eventuelle Bildung einer „Freien Stadt" bedeuten würde, daß die DDR-Staatsgrenze am Brandenburger Tor errichtet werde, gab Partei- und Staatschef

---

[76] Vgl. ebenda, Bl. 181–187, Entwurf der Erklärung der Regierungen der Warschauer-Vertrags-Staaten, ohne Datum.

[77] Vgl. Bundesarchiv Koblenz (künftig: BA Koblenz), B 206/114, Standortkartei des BND – allgemeine Beobachtungen Panzertruppenschule Wünsdorf (Stab GSSD), Information S-Nr. 932237, 26. 4. 1961. Nach Informationen des Agenten, bei dem es sich um einen sowjetischen Militärangehörigen gehandelt haben dürfte, wollte Jakubowskij auf der Sitzung des Verteidigungsrates in Moskau u. a. eine Verstärkung der GSSD um 2 motorisierte Schützendivisionen, 2 Panzerregimenter, 3 Fallschirmjägerbrigaden und 4–6 Flugabwehr-Raketen-Abteilungen erreichen.

[78] Vgl. Harrison, The Bargaining Power, S. 203f.

Ulbricht seine zum Schlagwort gewordene Antwort: „Niemand hat die Absicht, eine Mauer zu errichten". Wenn diese Antwort auch vielleicht mehr ein Signal oder ein Druckmittel gegenüber dem Kreml gewesen sein mochte[79], belegt sie bei genauerer Betrachtung doch, daß Ulbricht bereits über die prinzipielle Frage des Ja oder Nein zu einer Grenzabriegelung hinaus gelangt war und sich sogar Gedanken über die technische Umsetzung – eben eine Mauer, kein Zaun oder anderes – gemacht hatte. Von einer Mauer war in der Frage der Journalistin aber gar nicht die Rede gewesen, und „in moderner Zeit war die Festlegung einer Staats- oder Stadtgrenze noch nie gleichbedeutend mit dem Bau einer Mauer"[80]. Obwohl die Vorbereitungen zur Grenzabriegelung zu diesem Zeitpunkt längst angelaufen waren, handelte es sich allerdings insofern nicht einfach um eine simple Lüge des ostdeutschen Staats- und Parteichefs, als dieser ja tatsächlich die Befestigung der Staatsgrenze ursprünglich nicht favorisierte, sondern eben die Kontrolle der Zufahrtswege vorgezogen hätte, um auf diese Weise den Flüchtlingsstrom zu unterbinden[81]. Genau das aber konnte er vor und auch nach der Pressekonferenz im Juni in Moskau nicht durchsetzen, und so blieb Ulbricht bei der inzwischen gewählten Alternative.

Nach Julij A. Kwizinskij, späterer Botschafter der UdSSR in Bonn und damals junger Diplomat an der sowjetischen Vertretung in Ost-Berlin, erreichte Ulbricht bei Chruschtschow mit seinem beharrlichen Drängen nicht erst in der zweiten Juli-Hälfte, sondern schon Anfang des Monats die Erlaubnis, technische Vorbereitungsmaßnahmen für eine Schließung der Sektorengrenze und der innerdeutschen Demarkationslinie in Gang zu setzen – in Wirklichkeit waren diese auf ostdeutscher Seite, wie gezeigt, schon deutlich früher angelaufen. Ende Juni oder Anfang Juli lud Ulbricht Perwuchin zusammen mit dem damaligen Attaché Kwizinskij in sein Haus am Döllnsee ein, um dort nochmals nachdrücklich die Schließung der Grenze einzufordern, weil ansonsten der Zusammenbruch der DDR unvermeidlich sei und er nicht garantieren könne, die Lage unter Kontrolle zu behalten[82]. Perwuchin übermittelte daraufhin am 4. Juli dem sowjetischen Außenminister Andrej A. Gromyko erneut seine Einschätzung der Situation. Der Botschafter hielt die Schließung der Grenze für technisch schwierig und poli-

---

[79] Hannes Adomeit sieht für den Fall, daß Ulbricht sich nicht nur versehentlich versprochen hat, sondern seine Bemerkung bewußt äußerte, zwei mögliche Intentionen des SED-Chefs: Die *Beruhigung* der Bevölkerung, um den Flüchtlingsstrom zu drosseln, oder im Gegenteil ihre *Beunruhigung*, um die Fluchtbewegung noch zu steigern und so Druck auf die eigenen Bündnispartner ausüben zu können und Chruščev zu überspielen. Vgl. Adomeit, Die Sowjetmacht in internationalen Krisen und Konflikten, S. 274 und S. 377.

[80] Ebenda, S. 274. Text der Pressekonferenz in zentralen Auszügen bei Rühle/Holzweißig, 13. August 1961, S. 69–73.

[81] Vgl. Kowalczuk/Wolle, Roter Stern über Deutschland, S. 184.

[82] Vgl. Kwizinskij, Vor dem Sturm, S. 179 f.

tisch nicht besonders klug, aber möglicherweise nicht mehr zu vermeiden[83]. Nach der weiteren Schilderung Kwizinskijs[84] fiel deshalb der Entschluß Chruschtschows zeitlich mit deutlichem Abstand vor der Konferenz des Warschauer Paktes. Kwizinskij glaubt sich zu erinnern, daß das endgültige „Ja" aus Moskau am 6. Juli in der Botschaft Unter den Linden eintraf und von Perwuchin und ihm sofort Ulbricht überbracht wurde, der sich gerade in der Volkskammer aufhielt[85]. Mitte Juli 1961 standen demnach die konkreten Maßnahmen fest; denn daß die Entscheidung zur Grenzschließung bereits zu diesem Termin gefällt war, legt auch der sonstige Schriftwechsel Ost-Berlins mit Moskau nahe[86]. Ungeklärt bleibt allerdings weiterhin, von wem nun der Vorschlag kam, tatsächlich eine *Mauer* zu errichten[87].

Am 24. Juli 1961 unterrichtete Bruno Wansierski, stellvertretender Leiter der im zentralen Parteiapparat für Sicherheitsfragen zuständigen ZK-Abteilung, SED-Chef Ulbricht persönlich in einem Bericht über die Durchführung von Maßnahmen zur erhöhten Sicherung der Grenze zwischen Ost- und West-Berlin. Diese waren vom Nationalen Verteidigungsrat bereits am 3. Mai 1961 angeordnet worden[88]. Im Kern ging es um die Aufstellung zweier Verbände, die später innerhalb von Berlin einen wesentlichen Beitrag zur Grenzabriegelung leisten sollten *(Dokumente 2, 6, 7)*. Ein sogenanntes Sicherungskommando in Stärke von 1500 Mann war beim Präsidium der Volkspolizei zu bilden, dessen Auftrag den Schutz der Grenze innerhalb Berlins, die Kontrolle des Personen- und Fahrzeugverkehrs ebendort und die Organisierung der Tiefensicherung entlang der Grenze durch Posten- und Streifendienst umfaßte. Dieses „Sicherungskommando" wurde ergänzt von Volkspolizei-Schnellkommandos bei den Volkspolizei-Inspektionen der Stadtbezirke Pankow, Prenzlauer Berg, Mitte und Treptow, die nur zur Unterstützung bei der Sicherung der Übergänge nach West-Berlin eingesetzt werden durften, sowie vor allem von einer neu aufzustellenden motorisierten Brigade der Bereitschaftspolizei mit über 3500 Mann als schnell verfügbarer Reserve der Bezirkseinsatzleitung (BEL) Berlin. Dies war ein Schritt, der gerade in organisatorischer Hinsicht aufgrund der enormen Bin-

---

[83] Vgl. Zubok/Pleshakov, Inside the Kremlin's Cold War, S. 250 f.

[84] Vgl. Kwizinskij, Vor dem Sturm, S. 179 f.

[85] Klaus Wiegrefe, Die Schandmauer, in: *Der Spiegel,* Nr. 32, 2001, S. 71.

[86] Ausgiebige Textexegese und Quellenkritik bei Schmidt, Dialog über Deutschland, S. 72–76.

[87] Frank, Walter Ulbricht, S. 348 f., spricht die Idee der Mauer der SED-Führung zu, während Chruščev vorerst für einen Stacheldrahtzaun plädiert habe. Chruščev nahm die Initiative in seinen Memoiren für sich in Anspruch, obwohl nach der Schilderung des sowjetischen Diplomaten Kwizinskij (Vor dem Sturm, S. 180) Ulbricht bereits einen fertigen Plan vorbereitet hatte; vgl. aber Zubok/Pleshakov, Inside the Kremlin's Cold War, S. 250–252. Die möglichen Interpretationen stellt gegenüber Steininger, Der Mauerbau, S. 235–242.

[88] Vgl. SAPMO–BA, DY 30/3682, Bl. 128–146, Bericht der ZK-Abteilung für Sicherheitsfragen an Walter Ulbricht über die Kampf- und Einsatzbereitschaft der Kräfte des VP-Präsidiums in Berlin, 24. 7. 1961; vgl. BA–MA, DVW–1/39462, Bl. 82–87, 5. NVR-Sitzung, TOP 10.: Durchführung des Beschlusses über die Brigade Berlin, Anl. 9 u. 10, 3. 5. 1961.

dung von Personal und Logistik nur dann plausibel erscheint, wenn ein tat-
sächlicher Einsatz bald bevorstand, bedeutete er doch eine personelle Redu-
zierung der übrigen Bereitschaftspolizei-Verbände in der DDR um ein
Drittel[89]. Tatsächlich bildeten die beiden neu geschaffenen Verbände des
Ministeriums des Innern nach dem 13. August 1961 das Rückgrat der ersten
Staffel der Grenzsicherung in und um Berlin[90].

Gleichzeitig verband Wansierskis Bericht diese personelle Verstärkung
der Einsatzkräfte mit einer Analyse der Gesamtkriminalität in Ost-Berlin,
die sich angeblich unter negativen Einflüssen aus dem Westteil der Stadt entwickelte. „Ein großer Teil" der Jugendlichen etwa, denen „Bandenunwesen
und Rowdytum" vorgeworfen wurde, verkehre „ständig in Westberlin"
und sei „den feindlichen Einflüssen direkt ausgesetzt, so daß ein beträchtlicher Prozentsatz von ihnen bei feindlichen Handlungen vom Gegner einbezogen werden kann."[91] Die sofortige verstärkte polizeiliche Sicherung der
Sektorengrenze und die Vorbereitung der Grenzabriegelung erschienen damit als Teil eines Maßnahmetableaus zur allgemeinen Kriminalitätspräven-
tion; zur Kriminalität wurden eben auch „illegale Abwanderungen" gezählt
(Dokument 6).

In die militärischen Vorbereitungen zur Abriegelung West-Berlins wurde
auch die Nationale Volksarmee der DDR (NVA) eingebunden. Am 22. Juni
1961 legte Oberstleutnant Horst Skerra, Leiter der Verwaltung Operativ
des DDR-Verteidigungsministeriums, dem Chef des Hauptstabes, Generalmajor Sigfrid Riedel, eine erste Planskizze vor. Diese enthielt Maßnahmen, welche man im Hauptstab als zwingend notwendig für den „Abschluß
eines Friedensvertrages mit der DDR Ende dieses Jahres" erachtete *(Dokument 3)*[92]. Hierzu zählte die Erhöhung der Kampffähigkeit der NVA, die
Kontrolle des Luftverkehrs von und nach Berlin sowie die Sicherung der
„Staatsgrenze West" und des Ringes um Berlin[93]. Zur Verstärkung der
Kampfkraft der NVA sollten u. a. bis zum 1. November 1961 vierzehn mo-

[89] Wansierski merkte nämlich an, daß damit die Einheiten der Bereitschaftspolizei in den übri-
gen DDR-Bezirken nicht mehr in der Lage wären, ihre Aufgaben zu erfüllen; vgl.
SAPMO–BA, DY 30/3682, Bl. 130, Bericht der ZK Abteilung für Sicherheitsfragen über die
Kampf- und Einsatzbereitschaft der Kräfte des Präsidiums der Deutschen Volkspolizei in
Berlin, 24. 7. 1961, Vgl. auch Major, Torschlußpanik und Mauerbau, S. 238.
[90] Vgl. BA–MA, DVW–1/6284, Bl. 32–35, Befehl des Ministers für Nationale Verteidigung
Nr. 1/61, 12. 8. 1961; Sälter, Restrukturierung von Polizeieinheiten der DDR, S. 69ff.
[91] SAPMO–BA, DY 30/3682, Bl. 138, Bericht der ZK-Abteilung für Sicherheitsfragen über die
Kampf- und Einsatzbereitschaft der Kräfte des Präsidiums der Deutschen Volkspolizei in
Berlin, 24. 7. 1961
[92] Vgl. BA–MA, DVW–1/18790, Bl. 1f., Schreiben der Verwaltung Operativ des MfNV, ausgefertigt durch Oberstleutnant Horst Skerra, 22. 6. 1961.
[93] Vgl. ebenda, Bl. 6, Schreiben der Verwaltung Operativ des MfNV, 28. 6. 1961.

torisierte Schützenbataillone und dreißig Panzerkompanien neu aufgestellt werden[94].

Hinsichtlich der Kontrolle des Luftverkehrs von und nach West-Berlin sahen die Pläne der NVA folgende Maßnahmen vor: Auflösung des Internationalen Flugsicherungszentrums Berlin, Übernahme seiner Funktionen durch die DDR; Verlagerung des in West-Berlin abgewickelten zivilen Luftverkehrs nach Berlin-Schönefeld und eine mögliche Blockade der West-Berliner Flugplätze Tempelhof, Tegel und Gatow sowie ihrer Einflugschneisen durch Sperrflüge, Sperrballons und den gezielten Einsatz von Funkstörmaßnahmen. Da der DDR die für eine Sperrung der Flughäfen notwendigen technischen Mittel jedoch nicht zur Verfügung standen, sollte diese Aufgabe nach Einschätzung des Ministeriums für Nationale Verteidigung (MfNV) der Gruppe der Sowjetischen Streitkräfte in Deutschland zufallen. Hauptziel der Maßnahmen sollte es sein, den gesamten zivilen *und* militärischen Flugverkehr von und nach West-Berlin unter die Kontrolle der DDR zu zwingen. Das schloß ausdrücklich auch das Recht auf die Durchführung von Personenkontrollen der Passagiere ein, die mit amerikanischen, britischen und französischen Fluggesellschaften Berlin verlassen wollten. Mit dieser Vorgehensweise hätte die DDR den Vier-Mächte-Status von West-Berlin frappant verletzt[95].

Ob die NVA-Führung schon Ende Juni/Anfang Juli 1961 im Detail die Möglichkeit diskutierte, die Sektorengrenzen zur gewaltsamen Abtrennung West-Berlins zu schließen, ist nicht völlig geklärt. Ein NVA-Offizier erklärte im Vorfeld des 40. Jahrestages des Mauerbaus 2001 sogar, er sei bereits im Januar 1961 als Hauptmann aus einer Truppenverwendung in die Verwaltung Operativ des Verteidigungsministeriums nach Strausberg versetzt worden, um dort „große Aufgaben zur Sicherung der Staatsgrenze" mit vorzubereiten[96]. In den Plänen des Hauptstabes ging es zunächst jedoch lediglich darum, die Einheiten der Deutschen Grenzpolizei (DGP) am Berliner Ring durch Kräfte des Amts für Zoll und Kontrolle des Warenverkehrs (AZKW)[97] zu

---

[94] Vgl. ebenda, Bl. 10–13, Schreiben der Verwaltung Operativ des MfNV, ausgefertigt durch Oberstleutnant Kurt Gottwald, 1.7.1961.

[95] Vgl. ebenda, Bl. 7f., Schreiben der Verwaltung Operativ des MfNV, 28.6.1961; ebenda, Bl. 22–32, Schreiben der Verwaltung Operativ, ausgefertigt durch Oberstleutnant Gottwald, 19.7.1961; SAPMO–BA, DY 30/3508, Bl. 303–309, Maßnahmen zur Sicherstellung der Kontrolle des Luftverkehrs bei Abschluß eines Friedensvertrages, ohne Datum. Ausgearbeitet wurden die Planungen zur Kontrolle über den Luftverkehr durch den damaligen Chef der Luftstreitkräfte/Luftverteidigung, Generalleutnant Heinz Keßler.

[96] So der NVA-Oberstleutnant a.D. Klaus Nodes in der Reportage von Müller, Böhmerwald, S. 9.

[97] Vgl. zum AZKW siehe Suwalski, Die Entwicklung der Zollverwaltung der DDR, S. 579–583.

verstärken und eine eventuelle Unterstellung der DGP unter das Ministerium für Nationale Verteidigung zu erreichen[98].

Allerdings hatte Ulbricht zu diesem Zeitpunkt seinen Verkehrsminister Erwin Kramer bereits damit beauftragt, „Maßnahmen zur Sicherstellung der Kontrolle des Verkehrs zwischen der Deutschen Demokratischen Republik einschließlich ihrer Hauptstadt und Westberlin" zu erarbeiten. Der entsprechende Entwurf sah vor, zum gegebenen Zeitpunkt alle direkten Verkehrsverbindungen zwischen Ost- und West-Berlin zu kappen[99]. In den einzelnen DDR-Ministerien arbeiteten also besondere Planungsgruppen an ausgewählten Szenarien der Operation, sie besaßen jedoch keinen vollständigen Gesamtüberblick. Die Teams, die zumeist aus dem entsprechenden Minister und einzelnen hochrangigen Mitarbeitern bestanden, bekamen ihre Anweisungen von Ulbricht, dem sie auch persönlich wieder berichten mußten. Dieser wiederum stimmte seine Schritte mit dem Partei- und Staatschef der UdSSR ab. Chruschtschow selber veranlaßte dann auf ähnlichem Wege wie Ulbricht die Ausarbeitung der sowjetischen Pläne für die Abriegelung West-Berlins. Eine gemeinsame Koordinierung der militärischen Handlungen beider Seiten hatte zu diesem Zeitpunkt allerdings noch nicht stattgefunden. Sie erfolgte erst ab Mitte Juli 1961[100].

Während man lange geglaubt hat, daß eine operative Gruppe des Ministeriums für Nationale Verteidigung zur Erstellung der Einsatzpläne erst am 9. August gebildet wurde[101], gab der bereits erwähnte NVA-Oberstleutnant Skerra, ebenfalls Mitglied dieser Gruppe, über dreißig Jahre später eine andere Darstellung. Danach wurde die Arbeitsgruppe im MfNV schon Ende Juli oder Anfang August gegründet. Eine Verwechslung des Datums scheidet insofern aus, als Skerra berichtete, er sei zusammen mit Verteidigungsminister Hoffmann und Luftwaffenchef Keßler Anfang August mit der SED-Delegation unter Ulbrichts Führung zu der Warschauer-Pakt-Konferenz in die sowjetische Hauptstadt geflogen: „Da ich an der Planungsgruppe, die sich mit der Heranführung der beiden *[NVA-]* Divisionen an die Staatsgrenze beschäftigt hatte, beteiligt war, wurde ich vom Minister mit nach Moskau genommen, um diesem eventuelle Auskünfte zu diesem Sachverhalt geben zu können."[102] Die Offiziere nahmen nach Skerras Darstellung in Moskau an Besprechungen im Stab der Vereinten Streitkräfte teil,

---

98 Vgl. BA–MA, DVW–1/8790, Bl. 8f., Schreiben der Verwaltung Operativ des MfNV, 28. 6. 1961.

99 Vgl. SAPMO–BA, DY 30/3508, Bl. 328–332, Maßnahmen zur Sicherstellung der Kontrolle des Verkehrs zwischen der Deutschen Demokratischen Republik einschließlich ihrer Hauptstadt und Westberlin, ohne Datum.

100 Vgl. Uhl, Die militärischen und politischen Planungen, S. 317–321.

101 Vgl. Diedrich, Die militärische Grenzsicherung, S. 136; Froh, Zur Geschichte des Militärbezirkes V, S. 168; Eisenfeld/Engelmann, 13. 8. 1961: Mauerbau, S. 47.

102 Zitiert nach Wagner, Stacheldrahtsicherheit, S. 123.

wo über die militärische Seite der Aktion gesprochen wurde[103]. Diese Angaben bestätigt der damalige ZK-Mitarbeiter und Dolmetscher Ulbrichts, das spätere Politbüro- und NVR-Mitglied Werner Eberlein in seinen Memoiren. Er berichtet darin, daß „parallel" zur Sitzung der Parteichefs des Warschauer Paktes vom 3. bis 5. August „die DDR-Minister für Verteidigung, für Staatssicherheit und für Verkehrswesen Verhandlungen mit ihren sowjetischen Partnern führten."[104] All dies spricht dafür, daß intern, zwischen Chruschtschow und Ulbricht, die definitive Entscheidung für die Grenzschließung schon einige Zeit vor der Moskauer Tagung gefallen war. Andernfalls hätten die Militärs im Stab der Vereinten Streitkräfte der politischen Entscheidung auf der zeitgleichen Konferenz mit ihren Planungen vorgegriffen.

Moskau, Frühsommer 1961

Während man in Berlin noch an den Vorschlägen und Varianten zur Abriegelung West–Berlins arbeitete, setzte auch die Sowjetunion konsequent ihre Planungen zur Vorbereitung der Aktion fort. Beschleunigt wurden diese durch das Scheitern des sowjetisch-amerikanischen Gipfeltreffens in Wien[105]. Da die UdSSR davon ausging, daß eine eventuelle Schließung der Grenzen in West-Berlin zumindest einen bundesdeutschen Handelsboykott gegen die DDR zur Folge haben würde, wies Chruschtschow Anfang Juni 1961 das Staatliche Planungskomitee (GOSPLAN) an, mit den Vorbereitungen für die Schaffung einer besonderen Materialreserve beim Ministerrat der UdSSR zu beginnen. Diese war für eine unverzügliche Hilfeleistung der Sowjetunion im Fall eines Abbruchs der Handelsbeziehungen zwischen der DDR und der Bundesrepublik gedacht. Zu diesem Zweck schlug GOSPLAN u. a. vor, mehr als 53 Tonnen Gold auf dem Weltmarkt zu verkaufen, um zusätzliche Rohstofflieferungen in die DDR finanzieren zu können. Darauf, daß diese Planungen in direktem Zusammenhang mit dem Mauerbau standen, weist die Tatsache hin, daß die Ausarbeitungen von GOSPLAN am 29. Juli 1961 vom Präsidium des ZK der KPdSU, also dem Politbüro, angefordert wurden[106]. Einen Tag vor dem Mauerbau, am 12. August 1961, bestätigte der Ministerrat der UdSSR den von GOSPLAN ausgearbeiteten Entwurf und erließ den Beschluß Nr. 761–327 zur „Schaffung einer

---

[103] Vgl. ebenda, S. 123. Nach Skerra fand diese Besprechung zeitgleich zur politischen Konferenz statt. Siehe hierzu auch: Gribkow, Der Warschauer Pakt, S. 137–139.
[104] Eberlein, Geboren am 9. November, S. 324.
[105] Vgl. Orlov, Tajnaja bitva sverchderžav, S. 417f.; Kornienko, Upuščennaja vozmožnost', S. 102–106.
[106] Vgl. RGAĖ, 4372/79/939, Bl. 58–67, Schreiben des Leiters von GOSPLAN, Vladimir N. Novikov, an das ZK der KPdSU, 29. 7. 1961.

speziellen Ministerratsreserve für die unverzügliche Hilfe für die DDR im Fall des Abbruchs der Wirtschaftsbeziehungen zur BRD"[107]. Das Präsidium des ZK ordnete außerdem an, daß Fachleute der sowjetischen Plankommission binnen fünf Tagen Reisevisa für die DDR erhalten sollten, um dort vor Ort die ostdeutsche Industrie zu unterstützen[108].

Auch die sowjetischen Militärs wurden von der politischen Führung der UdSSR in die strategischen Vorbereitungen zur Abriegelung West-Berlins eingebunden. Ende Juni 1961 erhielt Jakubowskij aus Moskau die persönliche Anweisung Chruschtschows, eine Lagebeurteilung zu geben und zu prüfen, ob es möglich sei, die Grenze in Berlin komplett zu schließen. Gleichzeitig sollte eine genaue Karte des Grenzverlaufs in Berlin erstellt werden. Diese Unterlagen seien dann, so die späteren Aussagen von Sergej Chruschtschow, dem Sohn Nikita Chruschtschows, auf die Krim geschickt worden, wo der sowjetische Partei- und Staatschef im Urlaub weilte. Nachdem sich Chruschtschow durch die Informationen Jakubowskijs von der Möglichkeit überzeugt hatte, eine Stadt wie Berlin vollständig abzuriegeln, habe er zusammen mit Außenminister Gromyko und dessen deutschlandpolitischem Berater Wladimir S. Semjonow die Entscheidung für die Schließung der Sektorengrenzen in Berlin getroffen. Zur Umsetzung dieses Beschlusses sei dann ein konkreter Maßnahmenplan erarbeitet worden[109].

Obwohl dieser Plan bis heute für die Forschung nicht zugänglich ist, wird zumindest dessen Existenz indirekt durch einen Tagesbericht des Verteidigungsministers der UdSSR an das ZK der KPdSU über die Situation in Berlin und der DDR vom 16. August 1961 bestätigt, in dem es heißt: „Die Truppenteile und Einheiten [...] befinden sich in erhöhter Gefechtsbereitschaft und liegen in den Gebieten, die sie entsprechend dem Maßnahmenplan für Berlin eingenommen haben."[110] Auch der russische Historiker Alexander Fursenko bestätigt die frühzeitige Existenz eines entsprechenden sowjetischen Operationsplanes für die Abriegelung der Grenzen zu West-Berlin. Nach seinen Forschungen, für die er u. a. Dokumente aus dem Archiv des Präsidenten der Russischen Föderation einsah, wurde der vom sowjetischen Oberkommando in Zusammenarbeit mit der GSSD ausgearbeitete Einsatzplan mit dem Titel: „Maßnahmen zur Durchführung einer verstärkten Kontrolle und Bewachung an den Außen- und Sektorengrenzen

---

[107] Vgl. Rossijskij gosudarstvennyj archiv novejšej istorii – Russisches Staatsarchiv für Zeitgeschichte (künftig: RGANI), 3/14/494, Bl. 1 f., Protokoll Nr. 340 der Sitzung des Präsidiums des ZK der KPdSU, TOP 1: Fragen die DDR betreffend, 12. 8. 1961.

[108] Vgl. Bailey/Kondraschow/Murphy, Die unsichtbare Front, S. 480 f.

[109] Vgl. Chruščev, Krizisy i rakety, S. 128. Neben dem Militär war auch das KGB in die Erarbeitung von Maßnahmenplänen eingebunden. Diese sollten vor allem die Aufmerksamkeit der USA und ihrer Verbündeten vom Krisenschauplatz West-Berlin ablenken. Vgl. Fursenko/Naftali, One Hell of a Gamble, S. 138 f.

[110] RGANI, 5/30/367, Bl. 5, Bericht des sowjetischen Verteidigungsministeriums an das ZK der KPdSU über die Situation in Berlin und der DDR, 16. 8. 1961.

Groß-Berlins" bereits am 1. Juli 1961 in Moskau von der Führung der KPdSU bestätigt[111].

Nach Sergej Chruschtschow sah der Plan hinsichtlich der militärischen Fragen vor, daß die unmittelbare Abriegelung der Grenze durch Truppen der DDR erfolgen sollte. Die sowjetischen Truppen erhielten die Aufgabe, sich in voller Kampfbereitschaft in der zweiten Reihe zu halten. Dadurch sollte den Westmächten klargemacht werden, daß jeder Versuch, den Status an der Grenze zu ändern, unweigerlich zur militärischen Konfrontation mit der UdSSR führen würde[112].

Gleichzeitig wandte sich Nikita Chruschtschow aber gegen die zusätzlich von Ulbricht vorgeschlagene Variante der Sperrung des Luftverkehrs von und nach West-Berlin. Der SED-Chef hatte Anfang Juli 1961 das bereits erwähnte „Material über die Kontrollmaßnahmen für den Fernbahn- und Berliner S-Bahn-Verkehr sowie Material über die Kontrollmaßnahmen für den Flugverkehr in Verbindung mit Abschluß eines Friedensvertrages" zur Prüfung nach Moskau geschickt[113]. Während das erste Papier im Kreml uneingeschränkte Zustimmung fand, wurde der zweite Maßnahmenkatalog, erarbeitet vom damaligen Chef der Luftstreitkräfte der DDR, Heinz Keßler, von der UdSSR ohne Diskussion abgelehnt[114]. Der Grund hierfür dürfte gewesen sein, daß Ulbricht und Keßler nicht nur wie geplant verlangten, den gesamten zivilen Luftverkehr West–Berlins nach Schönefeld zu verlegen, vielmehr forderten sie jetzt auch, alle ein- und ausfliegenden Flugzeuge auf den in West-Berlin liegenden Flugplätzen durch Vertreter der Regierung der DDR kontrollieren zu lassen[115]. Da Chruschtschow klar war, daß eine derartige Beschneidung der alliierten Rechte in Berlin sehr ernste Folgen bis hin zu einem militärischen Konflikt haben würde, wies er derartige Forderungen der DDR zurück. Er hatte sich vielmehr entschlossen, das Problem „West–Berlin" durch eine strikte Teilung der Stadt zu beenden. Hierin sah er das geringste Risiko einer Gegenreaktion durch die Westmächte. Alle anderen von der DDR vorgeschlagenen Pläne hätten sein Hauptziel gefährdet, den Mauerbau zur Lösung der Berlin-Krise ohne den Ausbruch einer bewaffneten Auseinandersetzung mit den USA und ihrer Verbündeten zu verwirklichen[116].

Um das für die Schließung der Grenzen in Berlin erforderliche Drohpotential der UdSSR zu verstärken, begannen im Frühsommer 1961 umfang-

---

111 Vgl. Fursenko, Kak byla postroena berlinskaja stena, S. 73.
112 Vgl. Chruščev, Roždenie sverchderžavy, S. 401 f.
113 SAPMO–BA, DY 30/3478, Bl. 6, Schreiben von Ulbricht an Chruščev (russisch), ohne Datum.
114 Vgl. ebenda, DY 30/3508, Bl. 303–314, Maßnahmen zur Sicherstellung der Kontrolle des Verkehrs bei Abschluß eines Friedensvertrages, ohne Datum.
115 Vgl. ebenda, Bl. 307.
116 Vgl. hierzu auch Kroll, Lebenserinnerungen eines Botschafters, S. 509–512.

reiche Verlegungen sowjetischer Truppen – vor allem Panzer- und Flugab-
wehrverbände – in die DDR. Gleichzeitig erhielten die bereits in der DDR
stationierten Einheiten der GSSD modernere Bewaffnung und verbesserte
Ausrüstung[117]. Damit bestätigen sich im Nachhinein Angaben von Oberst
Oleg Penkowskij, der Spitzenquelle des britischen und amerikanischen Geheimdienstes im militärischen Nachrichtendienst der UdSSR (GRU), der
seinerzeit diese Verstärkung der GSSD durch Truppenverlegungen aus der
Sowjetunion meldete[118].

Ost-Berlin, Mitte bis Ende Juli 1961

Nachdem Moskau der von Ulbricht immer wieder geforderten Grenzschließung im Juli 1961 endgültig zugestimmt hatte, unterstützte die UdSSR
die einmal getroffene Entscheidung in ihrer Durchführung nachhaltig.
Letztlich übernahm sie sogar die strategische Führung des Mauerbaus. Bereits am 15. Juli 1961 ordnete der Oberkommandierende der Vereinten
Streitkräfte des Warschauer Paktes, Marschall Andrej A. Gretschko, die Er--
höhung der Gefechtsbereitschaft der NVA an. Gleichzeitig übertrug er dem
Oberkommandierenden der GSSD das Weisungsrecht über die ostdeutschen Streitkräfte *(Dokument 5)*[119].

Am 25. Juli 1961 fand eine Absprache zwischen dem Chef des Stabes der
GSSD, Generalleutnant Grigorij I. Ariko, und dem Chef des NVA-Hauptstabes, Generalmajor Riedel, statt *(Dokumente 9, 10)*. Dort wurde die Sicherung der Sektorengrenze in Berlin und am „Ring um Berlin" sowie an
der „Staatsgrenze West" besprochen. Hinsichtlich der Sicherung der Berliner Sektorengrenzen legten die beiden Militärs fest,

---

[117] Vgl. National Security Archive Washington, D.C. (künftig: NSA), Berlin Crisis, box 29,
Headquarters United States Army Europe (USAREUR) – Intelligence Estimate 1962 (U),
1. 1. 1962, S. 14; BA Koblenz, B 206/107, Standortkartei des BND – Transporte Biesdorf/
Kaulsdorf, Information 89870 US, Juli 1961; ebenda, B 206/109, Standortkartei des BND –
allgemeine Beobachtungen Dresden, Querschnitt Dieter Thomas, 14. 7. 1961; ebenda,
B 206/13, Standortkartei des BND – allgemeine Beobachtungen Rathenow, Nachricht E
46094, 12. 6. 1961. Die Quelle des BND meldete u.a.: „Im Stadtbild viele neue Soldaten.
Fallen durch Einkauf von Süßigkeiten, längeres Stehenbleiben vor Schaufenstern usw. auf."
[118] Vgl. Penkowskij, Geheime Aufzeichnungen, S. 181 und S. 286. Bei den „geheimen Aufzeichnungen" Penkovskijs handelt es sich in Wirklichkeit um eine offenbar von der CIA in
Auftrag gegebene Überarbeitung der Gesprächsprotokolle zwischen dem GRU-Angehöri-
gen und seinen amerikanischen und britischen Führungsoffizieren. Die Originale der
Protokolle und anderes CIA-Material des Spionagefalls sind veröffentlicht auf:
http://www.foia.ucia.gov/penkovsky.asp. Zu Penkovskij vgl. auch Schecter/Deriabin, Die
Penkowskij-Akte.
[119] Vgl. BA–MA, AZN 32595, Bl. 25f., Schreiben des Oberkommandierenden der Vereinten
Streitkräfte des Warschauer Vertrages Grečko an den Minister für Nationale Verteidigung
Hoffmann, 15. 7. 1961

„daß die Gruppe der sowjetischen Streitkräfte in Zusammenarbeit mit dem Ministerium des Inneren der DDR einen Plan zur Sicherung der Sektorengrenze erarbeitet. Hierbei ist vorgesehen, daß keine sowjetischen Truppen oder Truppenteile der Nationalen Volksarmee zur unmittelbaren Sicherung der Grenze herangezogen werden. Diese Aufgabe wird ausschließlich durch die Kräfte des Ministeriums des Inneren gelöst.
Außerdem wird durch die Gruppe der sowjetischen Streitkräfte ein Plan erarbeitet, der Aufgaben zur Sicherung Berlins von außen durch Kräfte der Gruppe der sowjetischen Streitkräfte und der Nationalen Volksarmee enthält, falls die Kräfte des Ministeriums des Inneren hierfür nicht ausreichen. […] Die unmittelbare Sicherung an der Grenze erfolgt durch die Deutsche Grenzpolizei. Für die eingeteilten Verbände der sowjetischen Streitkräfte und der Nationalen Volksarmee werden Abschnitte entlang der Grenze in einer Tiefe von 1 bis 2 Kilometern vorgesehen."[120]

Innerhalb der folgenden zehn bis 14 Tage war demnach zu diesem Zweck ein Plan zu erstellen, der die eigentliche Sicherungsaufgabe den Kräften des Ministeriums des Innern (MdI) übertrug, während sich GSSD und NVA zurückzuhalten hatten[121].

Damit zeigt sich auch, daß die immer wieder zitierte Kennedy-Rede vom 25. Juli 1961 offenbar weniger Einfluß auf die sowjetische Entscheidungsfindung hatte, als bisher angenommen wird. Als der US-Präsident seine Fernsehansprache hielt, war die Grenzschließung bereits beschlossene Sache. Sie dürfte allenfalls dazu beigetragen haben, den ursprünglich geplanten Termin nach vorne zu verschieben[122].

Der DDR oblag fortan nur noch die Ausarbeitung der Details, die sich mit der direkten Abriegelung der jeweiligen Grenzabschnitte beschäftigten. Nur zwei Tage nach dem Treffen der beiden Stabschefs, am 27. Juli 1961, kamen Vertreter des MdI und der GSSD zusammen, um den konkreten Plan „zur Sicherung der Sektorengrenze" auszuarbeiten. Am Ende des Treffens lag eine genaue Karte der in und um Berlin durchzuführenden Sperrmaßnahmen vor. Noch am gleichen Tag wurde das Material über Botschafter Perwuchin an den sowjetischen Partei- und Staatschef Chruschtschow weitergeleitet[123]. Nachdem damit die Absprachen zwischen dem MdI und der GSSD erfolgt waren, befahl am 31. Juli 1961 Innenminister Karl Maron dem

---

120 Ebenda, DVW–1/18771, Bl. 13 f., Notiz über die Absprache zwischen dem Chef des Stabes der Gruppe der Sowjetischen Streitkräfte in Deutschland, Generalleutnant Ariko, und dem Stellvertreter des Ministers für Nationale Verteidigung und Chef des NVA-Hauptstabes, Generalmajor Riedel, ohne Datum.
121 Vgl. ebenda, Bl. 14, sowie ebenda, Bl. 19–22, Niederschrift zum Treffen am 25. Juli 1961 zwischen Ariko und Riedel, 31. 7. 1961.
122 So auch noch Steininger, Der Mauerbau, S. 224–236; Eisenfeld/Engelmann, 13. 8. 1961: Mauerbau, S. 42–44.
123 Vgl. ebenda, DVW–1/6284–5, Bl. 832, Karte des Plans der Sicherung Berlins, ausgearbeitet vom MdI und der GSSD, 27. 7. 1961. Leider fanden sich weder im Bundesarchiv-Militärarchiv Freiburg noch im Bundesarchiv Berlin schriftliche Notizen oder Protokolle dieses Treffens. Siehe hierzu auch: Fursenko, Kak bylo postroena berlinskaja stena, S. 76.

Kommandeur der Deutschen Grenzpolizei, „unter Wahrung strengster Geheimhaltung in kürzester Zeit den verstärkten pioniermäßigen Ausbau der Staatsgrenze der DDR zu Westberlin zu planen und vorzubereiten"[124]. Einheiten der Deutschen Grenzpolizei begannen am 1. August damit, an der Westgrenze der DDR befindliches Pioniermaterial (18 200 Betonsäulen, 150 Tonnen Stacheldraht, 5 Tonnen Bindedraht und 2 Tonnen Krampen) für die Verlagerung nach Berlin vorzubereiten. Die dazu zwischen dem 7. und dem 14. August notwendigen 400 LKW-Transporte wurden zur Tarnung auf Straßen über verschiedene Bezirke der Republik geleitet und in der Nähe Berlins dezentral gelagert[125].

Moskau, Mitte Juli bis Anfang August 1961

Bis heute ist wegen fehlender Akteneinsicht leider nur bruchstückhaft bekannt, welche Schritte der Generalstab der Streitkräfte der UdSSR tatsächlich erwogen hat, um die geplante Grenzschließung mit all ihren Eventualitäten abzusichern[126]. Feststehen dürfte, daß die Militärführung vor allem versuchte, ihr strategisches Bedrohungspotential gegenüber den USA in Stellung zu bringen, um diese von einem Eingreifen in Berlin abzuhalten[127]. Um dessen Zuverlässigkeit und Einsatzbereitschaft zu testen und dies zugleich auch den Vereinigten Staaten wirkungsvoll zu demonstrieren, fand am 16. Juli 1961 in Pleseck bei Archangelsk eine umfangreiche Übung der Strategischen Raketentruppen der UdSSR statt. In deren Verlauf starteten die beteiligten Einheiten erstmals selbständig, das heißt ohne die Hilfe von technischen Beratern der sowjetischen Raketenindustrie, innerhalb von 24 Stunden zwei Interkontinentalraketen des Typs R-7A. Diese Fernlenkwaffe, die einen Atomsprengkopf mit einer Sprengkraft von fünf Megatonnen über eine Distanz von 9500 Kilometern befördern konnte, war zum damaligen Zeitpunkt die einzige Fernwaffe der Sowjetarmee, mit der die USA ernsthaft bedroht werden konnten[128].

---

[124] BA–MA, DVW–1/14835, Bl. 34, Studie des Instituts für Deutsche Militärgeschichte „Die Nationale Volksarmee in der Aktion vom 13. August 1961", 20. 2. 1964.

[125] Vgl. ebenda, Bl. 35. Obwohl der Bundesnachrichtendienst (BND) am 1. August 1961 die bevorstehende Abriegelung der Berliner Sektorengrenze sowie die Unterbrechung des S- und U-Bahnverkehrs meldete und am 9. August sogar die „totale Absperrung West-Berlins" vorhersagte, konnte er das genaue Datum und Details des Mauerbaus nicht ermitteln. Gerade der Transport des Baumaterials entging nach gegenwärtigem Kenntnisstand den BND-Quellen. Vgl. Zolling/Höhne, Pullach intern, S. 276; Wiegrefe, Die Schandmauer, S. 64–77, hier S. 72 f.

[126] Auch neuere Publikationen russischer Militärhistoriker geben hierüber nur sehr begrenzt Auskunft. Vgl. Rossii (SSSR) v lokal'nych vojnach, S. 137–139; Zolotarev/Saksonov/Tjuškevič, Voennaja istorija Rossii, S. 594 f.; Istorija voennoj strategii Rossii.

[127] Vgl. Adomeit, Militärische Macht als Instrument sowjetischer Außenpolitik, S. 216.

[128] Vgl. Raketnyj ščit otečestva, S. 62; Raketnye Vojska Strategičeskogo Naznačenija, S. 199;

Eine weitere militärische Maßnahme stellte die Ernennung von Marschall Iwan St. Konew zum Oberkommandierenden der GSSD dar. Der hochdekorierte Weltkriegsgeneral und Miteroberer Berlins war hierfür extra aus dem Ruhestand reaktiviert worden. Die Berufung des „Häuserkampfspezialisten" Konew sollte nach Chruschtschow vor allem eine außenpolitische Symbolwirkung haben[129]. Der mögliche „innenpolitische" Aspekt der Ernennung gegenüber der DDR wird zumeist übersehen. Schließlich hatte der Marschall 1956 bei der blutigen Niederschlagung des Volksaufstandes in Ungarn eine Schlüsselrolle gespielt[130]. Wenig bekannt ist auch, daß an den sensiblen Grenzen des Warschauer Paktes ebenfalls erfahrene Weltkriegsveteranen zum Einsatz kamen. Im Transkaukasischen Militärbezirk übernahm Marschall Konstantin K. Rokossowski das Kommando und sicherte die exponierte Südflanke gegenüber der Türkei. Marschall Kirill A. Merezkow wurde zum Befehlshaber des Militärbezirks Turkestan ernannt, und Armeegeneral Pawel I. Batow erhielt das Kommando über die Südgruppe der sowjetischen Streitkräfte in Ungarn[131]. Die neu ernannten Oberbefehlshaber waren als unmittelbare Vertreter des Strategischen Oberkommandos (STAVKA)[132], anders als die bisherigen Kommandoinhaber, ortsungebunden. Sie konnten ihre Truppen bei Bedarf auch von Moskau aus führen und besaßen wesentlich mehr Vollmachten als ihre Amtsvorgänger. Dadurch wollten Chruschtschow und seine Militärführung sicherstellen, daß sich die fähigsten Generäle und Marschälle einerseits an den entscheidenden Brennpunkten der Krise befanden, andererseits jedoch engsten Kontakt zur politischen Führung des Landes halten konnten[133]. Doch es wurden nicht nur

Pervov, Raketnoe oružie RVSN, S. 64–67. Mitte 1961 verfügte die UdSSR über sechs Startrampen für die R-7A, von denen sich vier in Pleseck befanden. Zwei weitere lagen auf dem Territorium des Kosmodroms Bajkonur. Bereits seit 1948 überwachten Funkexperten britischer und amerikanischer Geheimdienste die Raketentests der UdSSR. Grundlage hierfür waren die bei jedem Start entstehenden Telemetriedaten der Rakete, die per funkelektronischer Überwachung aufgefangen wurden. Vgl. MacKenzie, Inventing Accuracy, S. 300–303; Prados, The Soviet Estimate, S. 57.

[129] Vgl. Kowalczuk/Wolle, Roter Stern über Deutschland, S. 184 f.; Chruschtschow erinnert sich, S. 460 f.

[130] Vgl. hierzu u. a. Sovetskij Sojuz i vengerskij krizis; Horváth, Militärgeschichtliche Aspekte der ungarischen Revolution, S. 135–148; Vida, Die Sowjetunion und die ungarischen Ereignisse, S. 79–112.

[131] Vgl. Gribkov, Neproiznesennoe vystuplenie; ders., Der Warschauer Pakt, S. 138.

[132] Zum System der Strategischen Führung der sowjetischen Streitkräfte vgl. Wagenlehner, Militärpolitik und Militärdoktrin der UdSSR, S. 11–40, hier S. 22–33; Scott/Scott, The Armed Forces of the USSR, S. 97–126. In der sowjetischen Literatur wird das Strategische Oberkommando (STAVKA) auch als Hauptquartier des Kommandos des Obersten Befehlshabers bezeichnet und gilt als höchstes Organ zur strategischen Leitung der Kriegshandlungen der sowjetischen Streitkräfte. Seine Aufgabe: die unmittelbare Führung der Fronten und Teilstreitkräfte, die Organisation ihres Zusammenwirkens, Koordination ihrer Handlungen sowie deren logistische Unterstützung. Vgl. Panow, Geschichte der Kriegskunst, S. 434.

[133] Bewährt hatte sich dieses Prinzip der Vertreter des Strategischen Oberkommandos bereits im 2. Weltkrieg. Vgl. Suvorov, Die sowjetische strategische Führung, S. 123–126.

erfahrene und hochdekorierte Militärs in die westlichen und südwestlichen Militärbezirke der UdSSR versetzt; gleichzeitig verstärkte das sowjetische Oberkommando ab Ende Juli 1961 systematisch die hier vorhandenen Truppenverbände[134].

Während der sowjetische Staats- und Parteichef offenbar nicht ernsthaft damit rechnete, daß die Grenzschließung zu einem bewaffneten Konflikt mit den USA und ihren Verbündeten führen würde, schlossen die sowjetischen Militärs derartige Konsequenzen in ihren Planungen nicht aus. Deshalb verlangte der Oberkommandierende des Warschauer Paktes, Marschall Gretschko, am 25. Juli 1961 von Ulbricht, unverzüglich beträchtliche zusätzliche Mobilmachungskapazitäten für die GSSD und die NVA bereitzustellen *(Dokument 8)*, u. a. 135 000 Tonnen Treib- und Schmierstoffe, Ausrüstung und Material für zwei Straßenbrückenbau-Brigaden, drei Straßen-Kommandanten-Brigaden und vier Flugplatzbau-Bataillone; ferner forderte Gretschko die Übergabe von Auszügen aus der Kraftfahrzeug-Hauptkartei der Volkspolizeikreisämter an die Wehrkreiskommandos der NVA für alle zur Verwendung bei den Streitkräften geeigneten PKW und LKW. Weiterhin war die Aufstellung von 50 Kraftfahrzeugkolonnen zu je 250 LKW vorzubereiten. Als Termin für den Abschluß der genannten Planungen, die unter strengster Geheimhaltung erfolgen sollten, nannte der Marschall den 10. August 1961[135]. Auch die medizinische Versorgung im Falle bewaffneter Zusammenstöße wollte der Oberkommandierende der Vereinten Streitkräfte gesichert sehen. Zu diesem Zweck befahl er, daß das Ministerium für Gesundheitswesen der DDR ebenfalls bis zu dem genannten Termin dem MfNV eine Aufstellung aller Krankenhäuser und Sanatorien zu übergeben habe, die kurzfristig in Armeelazarette (mit einer Gesamtkapazität von 35 000 Betten) umgewandelt werden konnten. Gleichzeitig waren in den Bezirken und Kreisen der DDR 1500 Krankentransportfahrzeuge zu erfassen, um innerhalb eines Tages 15 Sanitätstransportkolonnen aufstellen zu können[136].

Für alle unmittelbar an der Abriegelung der Grenzen zu West-Berlin Beteiligten stand Ende Juli/Anfang August 1961 fest, daß der Mauerbau kurz bevorstand. Lediglich die konkreten Einsatzbefehle für die vorgesehenen Einheiten mußten noch präzisiert werden. Bei der Zustimmung zur Grenzschließung während der Moskauer Konferenz[137] handelte es sich deshalb

---

[134] Vgl. RGAĖ, 4372/79/882, Bl. 112–116, Schreiben des Chefs der rückwärtigen Dienste der Sowjetarmee, Marschall Ivan Ch. Bagramjan, an den Vorsitzenden von GOSPLAN, Vladimir N. Novikov, 28. 7. 1961.

[135] Vgl. BA–MA, AZN 32612, Bl. 61–67, Schreiben von Verteidigungsminister Hoffmann an Ulbricht nebst Anlagen, 25. 7. 1961.

[136] Vgl. ebenda, Bl. 65.

[137] Entgegen der auch jüngst bei Frank, Walter Ulbricht, S. 348 f., gegebenen Darstellung ist festzuhalten, daß ein eindeutiger Beleg für den angeblich durch einen Flug nach Berlin am 4. August 1961 unterbrochenen Moskau-Aufenthalt Ulbrichts nach wie vor fehlt. Laut

nur noch um einen Nachtrag, der auf die formelle Einwilligung der übrigen osteuropäischen Hauptstädte – nicht Moskaus – zielte. Der Kreml drängte anschließend auf ein schnelles Handeln, bevor der Entschluß vorzeitig bekannt würde: „Wir vertrauten damals nicht sehr darauf, daß unsere Freunde, insbesondere diejenigen in Polen und Ungarn, ‚wasserdicht‘ waren.“[138] Hatte Chruschtschow der ihm von Ulbricht aufgedrängten Abriegelung zunächst zögerlich gegenübergestanden und dann vornehmlich aus einer Nützlichkeitserwägung als geringstem Übel zugestimmt, unterstützten die Sowjets die einmal getroffene Entscheidung in ihrer Durchführung gleichermaßen mit praktischen wie mit eher demonstrativen Schritten. Offen blieb vorerst noch, an welchem Tag die perfekt vorbereitete Aktion durchgeführt werden sollte.

Moskau – Ost-Berlin – Schloß Wilkendorf – Biesenthal, Anfang bis Mitte August 1961

Die Entscheidung über den genauen Termin des Einsatzes der Streitkräfte der DDR und UdSSR zur Grenzschließung in Berlin sollte kurz vor der Sitzung des Politisch Beratenden Ausschusses des Warschauer Paktes in Moskau fallen. Am 3. August 1961, unmittelbar vor der Eröffnung des Treffens der Staats- und Parteichefs des sozialistischen Lagers, legte Chruschtschow während einer Vorbesprechung mit Ulbricht fest, die Grenze zu West-Berlin am 13. August 1961 abzuriegeln *(Dokument 11)*[139]. Handschriftlich notierte Walter Ulbricht, wie sich der sowjetische Partei- und Staatschef die Abriegelung West-Berlins vorstellte:

1. „Äußeren Grenzring schließen. Einreise Bürger der DDR nur auf spezielle Passierscheine.
2. Einwohnern der DDR verbieten, ohne Genehmigung West-Berlin aufzusuchen. Alle Fußgänger, alle Passagen, alle Bahnen am Übergangskontrollpunkt kontrollieren. S-Bahn an Grenzstationen Kontrolle aller Reisenden. Alle müssen aus dem Zug nach Westberlin aussteigen, außer den Westberlinern.
3. Durchgangsverkehr von Potsdam Züge der Umgehungsbahn verstärken.
4. Westberliner Besuche von Hauptstadt der DDR und Westd*[eutschland]* bis Abschluß Friedensvertrag bestehen lassen.

Konferenzprotokoll hielt Ulbricht just an diesem Tag vormittags seine Rede und führte am Nachmittag/Abend den Vorsitz der Konferenz. Vgl. Bonwetsch/Filitow, Chruschtschow und der Mauerbau, S. 160; Steininger, Der Mauerbau, S. 242.

[138] Kwizinskij, Vor dem Sturm, S. 182.

[139] Vgl. SAPMO–BA, DY 30/3682, Bl. 150, handschriftliche Notizen von Ulbricht über Unterredung mit Chruščev, 3. 8. 1961. Für genauere Informationen zu dieser Besprechung siehe: Fursenko, Kak byla postroena berlinskaja stena, S. 78–79.

5. Ordnung an Berliner Grenzen für Diplomaten und Militär 4 Mächte bestehen lassen."[140]

Diese Notizen belegen, daß die Tagung des Warschauer Paktes vom 3. bis 5. August 1961 in Moskau nicht, wie bisher oft vermutet[141], über die Möglichkeit der Schließung der Sektorengrenze in Berlin diskutierte[142], denn auf der Sitzung wurden lediglich die von der UdSSR und der DDR vorgelegten Pläne zur Kenntnis genommen. Akten aus dem Russischen Staatsarchiv für Zeitgeschichte zeigen, daß alle von der Tagung des Politisch Beratenden Ausschusses verabschiedeten Beschlüsse und Dokumente bereits am Vormittag des 3. August 1961 vom Präsidium des ZK der KPdSU bestätigt wurden. Dies betrifft sowohl die Erklärung der Warschauer Pakt-Staaten[143] als auch die Mitteilung für die Ersten Sekretäre der Kommunistischen und Arbeiterparteien über die Sitzung der Pakt-Staaten[144]. Entsprechend den jetzt konkretisierten Zeitplänen begann noch während der Moskauer Tagung die Verlegung starker sowjetischer Truppenverbände nach Berlin. Allein zwischen dem 4. und 5. August 1961 trafen hier mehr als 4600 sowjetische Soldaten ein[145]. Insgesamt kann davon ausgegangen werden, daß bis zum 13. August 1961 Kräfte in Stärke einer sowjetischen Division direkt nach Ost-Berlin verlegt wurden[146]. Am äußeren Ring der Stadt gingen zum Zweck der vollständigen Abriegelung West-Berlins neben der 1. Motorisierten Schützendivision der NVA (Potsdam) noch die Einheiten dreier weiterer sowjetischer Divisionen der 20. Gardearmee in Stellung[147]. Die in der

---

[140] Ebenda, Bl. 148 f.
[141] Vgl. u. a. Filitow, Die Entscheidung zum Mauerbau, S. 66–67; Eisenfeld/Engelmann, 13. 8. 1961: Mauerbau, S. 44; Kowalczuk/Wolle, Roter Stern über Deutschland, S. 184; McAdams, Germany divided, S. 52
[142] Für Auszüge aus den Sitzungsprotokollen der Tagung des Warschauer Vertrages vgl. Bonwetsch/Filitow, Chruschtschow und der Mauerbau, S. 155–198.
[143] Vgl. RGANI, 3/14/494, Bl. 79, Protokoll Nr. 340 der Entscheidungen des Präsidiums des ZK der KPdSU vom 28. Juli bis zum 12. August 1961, Punkt Nr. 58, 3. 8. 1961; ebenda, 3/14/469, Bl. 6–8, Anlage zum Punkt Nr. 58: Entwurf der Erklärung der Warschauer Vertragsstaaten, ohne Datum.
[144] Vgl. ebenda, 3/14/494, Protokoll Nr. 340 der Entscheidungen des Präsidiums des ZK der KPdSU vom 28. Juli bis zum 12. August 1961, Punkt Nr. 59, 3. 8. 1961, Bl. 80; ebenda, Bl. 9–11.3/14/469, Anlage zum Punkt Nr. 59: Entwurf der Mitteilung an die Ersten Sekretäre der Kommunistischen und Arbeiterparteien über die Sitzung der Warschauer Vertragsstaaten, ohne Datum,
[145] Vgl. BA Koblenz, B 206/107, Standortkartei des BND – Lage Berlin, 64/61 – Transporte und Kolonnen nach Berlin, Information CCFFA (Befehlshaber der in Deutschland stationierten französischen Streitkräfte), 4.–5. 8. 1961.
[146] Vgl. RGANI, 5/30/367, Bl. 176, Bericht des sowjetischen Verteidigungsministeriums an das ZK der KPdSU über die Situation an der Grenze zu West-Berlin und zur Bundesrepublik, 27. 10. 1961; ebenda, 5/30/399, Bl. 45, Bericht des sowjetischen Verteidigungsministeriums an das ZK der KPdSU über die Situation an der Grenze zu West-Berlin und zur Bundesrepublik, 27. 1. 1962. Nach derzeitigen Erkenntnissen waren in Ost-Berlin während der Grenzschließung zumindest das 68. Panzerregiment sowie das 16. und 81. Gardeschützenregiment der 6. Mot. Gardeschützendivision der GSSD eingesetzt.
[147] Vgl. BA–MA, DVW–1/6284, Bl. 32–35, Befehl des Ministers für Nationale Verteidigung

Nacht zum 13. August aufmarschierenden ostdeutschen Verbände waren über deren Einsatzpläne für Berlin nicht informiert. „Erstaunt wurde registriert", so einer der beteiligten NVA-Offiziere, „daß bei Bernau Haubitz*[en]*batterien der GSSD in Feuerstellung entfaltet waren. Wozu? Am Sonntag?"[148]

Gleichzeitig brachte das Kommando der sowjetischen Streitkräfte in der DDR entlang der Autobahnstrecke Helmstedt-Berlin umfangreiche sowjetische Truppenverbände in Gefechtsposition. Ihr Auftrag: Die Abwehr von eventuellen Versuchen der Amerikaner, mit Waffengewalt vom Territorium der Bundesrepublik aus nach West-Berlin durchzubrechen[149].

Weder Ost-Berlin noch der Kreml waren sich darüber im klaren, wie die Bevölkerung der DDR auf die Grenzschließung reagieren würde. Da die zuständigen Sicherheitsorgane die Gefahr eines eventuellen Volksaufstandes nicht ausschließen konnten, fuhren in einigen Städten der DDR, u.a. in Merseburg und Rostock, zusätzliche sowjetische Einheiten auf *(Dokument 22)*. Ihre Aufgabe bestand darin, so der Verteidigungsminister der UdSSR, Marschall Rodion Malinowski, kurz und knapp, „falls notwendig die Ordnung aufrechtzuerhalten"[150].

Obwohl der Nationale Verteidigungsrat der DDR mit ersten organisatorischen Vorbereitungen zu den Grundlagen der Grenzschließung beitrug, blieb zwischen der Rückkehr der SED-Delegation aus Moskau am 5. August und der Durchführung der Abriegelungsmaßnahmen am 13. August indessen das Politbüro mit Sitzungen am 7., 8. und 11. des Monats federführend. Am Montag, den 7. August, legte das Politbüro einen Zeitplan für die weiteren Vorbereitungen fest *(Dokument 12)*. Es ordnete an, die Volkskammer für den 11. des Monats, den kommenden Freitag, einzuberufen, damit das Parlament einen Beschluß „zur Frage des Kampfes gegen den Menschenhandel" fassen konnte, „in dem dem Ministerrat alle Vollmachten erteilt werden"[151]. Bereits am 8. August lag der entsprechende Resolutionsentwurf vor, der noch vor der Einschaltung des Parlaments umgehend vom Politbüro bestätigt wurde. Auch in dieser Resolution wurde zunächst nur

Nr. 01/61, 12. 8. 1961 (ausgearbeitet am 11. 8. 1961 durch Oberstleutnant Skerra); NSA, Berlin Crisis, box 29, United States Army Europe (USAREUR) – Intelligence Estimate 1962 (U), 1. 1. 1962, S. 13.

148 Löffler, Soldat im Kalten Krieg, S. 42.

149 Vgl. BA Koblenz, B 206/107, Standortkartei des BND – allgemeine Beobachtungen Dessau, Auszug Wochenbericht Narzisse (Deckname des BND für den französischen Geheimdienst) 33/61, 17.–24. 8. 1961; NSA, Berlin Crisis, box 35, USAREUR – Unilateral Planning for the Use of Tripartite Forces with Respect to Berlin, 21. 9. 1961. Zu alliierten Planungen für Berlin siehe: Bremen, Das Contingeny Planning; Maloney, Notfallplanung für Berlin.

150 Vgl. RGANI, 5/30/367, Bl. 15, Bericht des Verteidigungsministeriums der UdSSR an das ZK der KPdSU über die Situation in Berlin und der DDR, 22. 8. 1961.

151 SAPMO–BA, DY 30/J IV 2/2 A/841, Bl. 2, Protokoll Nr. 39/61 Politbürositzung, TOP 1.: Bericht über die Beratung der 1. Sekretäre der ZK der Kommunistischen und Arbeiterparteien aus den Staaten des Warschauer Vertrages, 7. 8. 1961.

der Abschluß eines deutschen Friedensvertrages erwähnt, der aber in keiner Weise tagesaktuell war. Daß tatsächlich die Schließung der Grenzen bevorstand, ließ sich nur anhand einiger vager Formulierungen erahnen:

„Die Volkskammer der Deutschen Demokratischen Republik verurteilt auf das schärfste, daß die Friedenspolitik der sozialistischen Staaten von der Bonner Regierung, von den Interessenverbänden des westdeutschen Monopolkapitals, von den reaktionären, militaristischen und revanchistischen Organisationen sowie von den Agenten- und Spionagediensten in Westdeutschland und Westberlin mit einer enormen Verschärfung des kalten Krieges, mit der Schürung einer sinnlosen Kriegshysterie, mit systematischen Bürgerkriegsvorbereitungen gegen die Deutsche Demokratische Republik und mit großangelegten und freigebig finanzierten Maßnahmen zur Untergrabung ihrer Wirtschaft beantwortet wurde [...].
Die Volkskammer bestätigt die vom Ministerrat, vom Magistrat von Großberlin und den Räten der Bezirke Potsdam und Frankfurt (Oder) eingeleiteten Maßnahmen zur Sicherung der Deutschen Demokratischen Republik und zur Unterbindung der von Westdeutschland und Westberlin aus organisierten Kopfjägerei und des Menschenhandels. Sie beauftragt den Ministerrat, alle Maßnahmen vorzubereiten und durchzuführen, die sich auf Grund der Festlegungen der Teilnehmerstaaten des Warschauer Vertrages und dieses Beschlusses als notwendig erweisen."[152]

Die vom Ministerrat, vom Ost-Berliner Magistrat und den Räten der beiden Bezirke einzuleitenden Maßnahmen erfuhren nirgendwo eine inhaltliche Konkretisierung. Die Abgeordneten konnten nicht eindeutig erkennen, daß sie der Grenzabriegelung zustimmten. Dem „formalen Abstimmungsdemokratismus"[153] war allerdings damit Genüge getan. Wenigstens den Hellhörigen unter den Abgeordneten entging aber nicht, daß wirklich Einschneidendes bevorstand, „denn jeder wußte, es lag was in der Luft"[154]. Schließlich erteilte das Politbüro am 11. August alle noch notwendigen Instruktionen und genehmigte verschiedene Bekanntmachungen für die Bevölkerung[155].
Der zentrale Akteur dieser ersten Phase war Walter Ulbricht, der sich schon im voraus detaillierte Gedanken zur Ausführung der Operation gemacht und nur wenige andere Spitzenfunktionäre in die Planungsphase eingebunden hatte, um sich die Kontrolle nicht aus der Hand nehmen zu lassen:

152 Ebenda, DY 30/J IV 2/2 A/843, Bl. 145–148, Zitat Bl. 147 f., Protokoll Nr. 40/61 Politbürositzung [Fortsetzung], TOP 17.: Im Umlauf bestätigter Entwurf des Volkskammer-Beschlusses, nicht numerierte Anl., 8. 8. 1961
153 Prokop, Unternehmen „Chinese Wall", S. 155.
154 Bentzien, Meine Sekretäre und ich, S. 178; vgl. auch Modrow, Ich wollte ein neues Deutschland, S. 85, und Müller, Wendejahre 1949–1989, S. 157 f.
155 Vgl. SAPMO–BA, DY 30/J IV 2/2 A/844, Protokoll Nr. 41/61 Politbürositzung, einziger TOP: Durchführung des Beschlusses der Volkskammer, 11. 8. 1961.

„Deshalb entschied er, nur Erich Mielke, den Minister für Staatssicherheit, Innenminister Karl Maron, Verteidigungsminister Heinz Hoffmann und Verkehrsminister Erwin Kramer einzuweihen. Sie alle hatten Befehl, das Material nur persönlich vorzubereiten, mit der Hand zu schreiben und im eigenen Safe aufzubewahren. Die Ausarbeitung des Gesamtkonzepts übernahm Ulbricht selbst. Erst einige Tage später teilte er mit, daß er beschlossen habe, Erich Honecker als Stabschef einzusetzen."[156]

Mehrere Vorbereitungsstäbe wurden ins Leben gerufen. Im Schloß Wilkendorf bei Strausberg trat am 9. August 10.00 Uhr vormittags die laut Horst Skerra schon länger existierende operative Gruppe des MfNV zusammen. Sie wurde von Verteidigungsminister Hoffmann und von Hauptstabschef Riedel direkt geführt und bestand aus weiteren elf Offizieren[157]. Aus Geheimhaltungsgründen erstellte diese Gruppe alle Einsatzpläne bis hinunter zur Regimentsebene für die 1. und 8. Motorisierte Schützendivison sowie alle notwendigen Maßnahmen für die erhöhte Gefechtsbereitschaft der gesamten NVA unter Umgehung der militärischen Kommandoebenen von Militärbezirk und Divisionen. Die Befehle und Unterlagen mußten bis zum 12. August 06.00 Uhr morgens vorliegen. „Als zusätzliche ‚Einlage' wurden wir dann zwischenzeitlich auch noch in ein Gästehaus jenseits des Straussees verlegt, um Schloß Wilkendorf für die als ‚Kommandeurstreffen' getarnte Befehlsausgabe des Ministers an die Kommandeure freizumachen."[158] Etwa zur selben Zeit wurde in der Polizeischule der Deutschen Volkspolizei in Biesenthal bei Berlin eine operative Gruppe des Ministeriums des Innern unter Leitung des Stellvertreters des Ministers für die bewaffneten Organe, Generalmajor Willi Seifert, gebildet. Dieser gehörten außerdem der Chef des Stabes des MdI, Oberst Horst Ende, sowie fünf weitere Offiziere aus dem Stab, aus dem Kommando der Grenzpolizei, dem Volkspolizei (VP)-Präsidium in Ost-Berlin und der Hauptabteilung Transportpolizei im MdI an. Sie fertigten in Klausur alle Pläne für die Sperrung der Grenzübergangsstellen zu West-Berlin einschließlich der S-, U- und einiger Fernbahn-Linien aus. Außerdem wurden in Biesenthal, analog zum Vorgehen der NVA-Gruppe in Wilkendorf, unter Umgehung des Kommandos der Grenzpolizei und des Volkspolizei-Präsidiums die Einsatzbefehle an die DGP und die Brigade Berlin der Bereitschaftspolizei entworfen[159].

---

156 Kwizinskij, Vor dem Sturm, S. 180. Nach der Schilderung des sowjetischen Diplomaten begannen diese Vorbereitungen im kleinen Kreis Anfang Juli.
157 Unter diesen elf Offizieren, 1961 keiner von ihnen mit höherem Dienstgrad als Oberstleutnant/Fregattenkapitän, befanden sich allein fünf spätere Generale: Kurt Gottwald, Günther Kopetz, Walter Paduch, Horst Skerra und Werner Wunderlich.
158 Paduch, Erlebnisse und Erfahrungen beim Berliner Mauerbau, S. 151.
159 Vgl. BA–MA, DVW–1/14835, Bl. 33 f., Studie des Instituts für deutsche Militärgeschichte „Die Nationale Volksarmee in der Aktion vom 13. August 1961", 20. 2. 1964.

Hinsichtlich der Koordination von GSSD, NVA und DGP konnte dabei auf bereits früher erarbeitete Planungen zurückgegriffen werden[160].

Im Ministerium für Staatssicherheit hatte Erich Mielke schon am 7. Juli über sechzig verantwortliche Offiziere zu einer Dienstbesprechung versammelt *(Dokument 4)*. Er äußerte sich dabei weitschweifig zum Lieblingsthema Ulbrichts, dem Friedensvertrag. Von einer Grenzschließung war keine Rede, aber einige Andeutungen mußten auch die MfS-Offiziere hellhörig machen, so die Weisung des Ministers, in der nächsten Zeit „alles Material auf den Linien zusammenzutragen, damit zu einem bestimmten Zeitpunkt nach einem einheitlichen Plan operative Maßnahmen durchgeführt werden können"[161]. Ob im MfS ebenfalls eine spezielle Gruppe zur Vorbereitung gebildet wurde, ist bisher nicht bekannt und eher unwahrscheinlich. Die gesamte Führungsriege des Ministeriums wurde von Mielke jedenfalls erst am frühen Abend des 11. August informiert *(Dokument 14)*. Auch hier findet sich im Protokoll kein konkreter Hinweis auf die bevorstehenden Maßnahmen. Aber selbst wenn Mielke nähere Erklärungen wiederum vermieden haben sollte, konnte sich nunmehr wohl jeder der Anwesenden denken, warum die bevorstehenden Aktionen gegen die Republikflucht, „wobei besonders der Ring um Berlin der Schwerpunkt sein wird", für die Staatssicherheit „einen neuen Abschnitt der tschekistischen Arbeit" einleiten würden[162].

Eine weitere operative Gruppe der NVA unter Führung des für Ausbildung zuständigen Stellvertreters des Verteidigungsministers, Generalmajor Kurt Wagner[163], wurde am 12. August gegen 14.00 Uhr eingesetzt. Sie übernahm ihre Arbeit, als die vorbereitenden Aufgaben der Expertenstäbe in Wilkendorf und Biesenthal weitestgehend abgeschlossen waren. Als Vorgeschobener Gefechtsstand hielt sie in Karlshorst die Verbindung mit den Sowjets und war für die militärische Seite der Führung zuständig. Die NVA-Verbände waren am 10. August alarmiert und unter dem Vorwand einer Überprüfung des Standes der Gefechtsausbildung mit der Order, zwei Tage

---

160 Vgl. ebenda, Bl. 34. Während über diese operative Gruppe des MdI bisher kaum etwas bekannt ist, vgl. zum Einsatz der DGP, Bereitschafts- und Volkspolizei am 13. August 1961 u. a. Diedrich, Die Grenzpolizei der DDR/SBZ, S. 217–220; Wagner, Stacheldrahtsicherheit, S. 124–130; Geschichte der Deutschen Volkspolizei (I), S. 335–349.

161 BStU, SdM 1557, Bl. 247–258, Zitat Bl. 255, Protokoll über die Dienstbesprechung vom 7. 7. 1961 beim Minister, 18. 8. 1961. Das Protokoll wurde erst am 18. August 1961 zusammen mit dem Protokoll der Dienstbesprechung unmittelbar vor der Grenzschließung vom 11. August 1961 angefertigt.

162 Ebenda, Bl. 231–241, Zitate Bl. 231 bzw. Bl. 233, Protokoll über die Dienstbesprechung vom 11. 8. 1961 beim Minister, 18. 8. 1961.

163 Neben Wagner gehörten sieben weitere Offiziere im Dienstgrad Oberstleutnant/Oberst der Verbindungsgruppe an – jeweils einer aus der Politischen Verwaltung, der Verwaltung Operativ sowie den Fachverwaltungen für Nachrichten, Pionierwesen, Aufklärung, vom Stab der Rückwärtigen Dienste des MfNV und vom Kommando Luftstreitkräfte/Luftverteidigung. Darunter befanden sich die späteren Generale Horst Noack und Günter Oldenburg.

später um 15.00 Uhr einsatzbereit zu sein, in Bereitstellungsräume nahe
Berlin verlegt worden. Am 12. August fand dann in den Mittagsstunden zur
Aufrechterhaltung der Tarnung tatsächlich eine simulierte Inspektion durch
Generalmajor Wagner und Generalmajor Siegfried Weiß, den Leiter der
Verwaltung Ausbildung in Wagners Stellvertreterbereich, statt. Danach
wurde den Truppenteilen Ruhe befohlen[164]. Die Kommandeure und Polit-
offiziere der im Feldlager stehenden Verbände sowie andere Offiziere aus
dem MfNV befahl die NVA-Führung dagegen am frühen Abend nach
Schloß Wilkendorf – offiziell, um an einem Filmabend mit anschließendem
Essen teilzunehmen. Am 12. August gegen 21.00 Uhr klärte Verteidigungsminister Hoffmann, der in Begleitung seines Politchefs Waldemar Verner
und von NVA-Stabschef Riedel erschienen war, die dort versammelten Offiziere über die Lage auf *(Dokumente 46, 47)*. Kampfgruppen der Arbeiterklasse, Einheiten der Deutschen Grenzpolizei und die Brigade Berlin der
Bereitschaftspolizei sollten bei der Schließung der Grenze die erste Abriege-
lungsstaffel unmittelbar an der Sektorengrenze bilden. „Wir als Armeeangehörige hatten im Zusammenwirken mit der Sowjetarmee den rückwärtigen
Raum zu sichern; darauf kam es für uns an."[165] Die 1. Motorisierte Schützendivision (Potsdam) sicherte Teile der äußeren Stadtgrenzen, die 8. MSD
(Schwerin) erhielt den Auftrag, ihre Truppenteile nach Ost-Berlin hinein in
Marsch zu setzen.

Döllnsee, 12. August 1961

Am gleichen Tag unterzeichnete Ulbricht in seiner Funktion als Vorsitzen-
der des Nationalen Verteidigungsrates gegen 16.00 Uhr die vorbereiteten
Befehle und beauftragte Erich Honecker als Sekretär des Gremiums mit
ihrer Durchführung[166]. Anschließend empfing er die Mitglieder des Mini-
ster- und des Staatsrates sowie hohe SED-Funktionäre am Döllnsee zum
Nachmittagskaffee und einem Spaziergang. Über seine Taktik für diesen
Tag hatte der Parteichef zuvor Botschafter Perwuchin in Kenntnis gesetzt:
Danach kam die Einladung „auf seine Datsche" einer Isolierung der führen-
den Vertreter der Blockparteien gleich, denn obwohl sich Ulbricht „vollkommen überzeugt" gab, daß sie der Grenzabriegelung zustimmen würden,

[164] Vgl. Froh, Zur Geschichte des Militärbezirkes V, S. 169 und S. 171; BA–MA,
      DVW–1/14835, Bl 46 f., Studie des Instituts für Deutsche Militärgeschichte „Die Nationale
      Volksarmee in der Aktion vom 13. August 1961", 20. 2. 1964.
[165] Archiv des Militärgeschichtlichen Forschungsamtes, Arbeitsgruppe Befragungen/Erinne-
      rungen des Militärgeschichtlichen Instituts der DDR, Erinnerungsbericht Generalmajor
      a.D. Hans Leopold (1989), Bl. 5 f., Zitat Bl. 6. Siehe hierzu auch: Zur geschichtlichen Ent-
      wicklung und Rolle der NVA, S. 170–174.
[166] Vgl. Honecker, Aus meinem Leben, S. 204.

„lasse ich sie nicht weg, bis die Aktion beendet ist. Sicher ist sicher"[167]. Der Tag verging, so das ebenfalls anwesende Politbüro-Mitglied Alfred Neumann, „mit Plätscher, Plätscher, Witze erzählen und Musik hören"[168]. Erst nach dem Abendessen, zwischen 21.00 und 22.00 Uhr, berief Ulbricht dann in informeller Atmosphäre eine außerordentliche Sitzung des Ministerrates – unter Hinzuziehung der Staatsratsmitglieder – ein[169]:

„Das löste erst einmal ein bißchen Erstaunen aus; denn jeder dachte, er befand sich zu einer Sommerparty im Landhaus von Ulbricht. Dann trug Ulbricht vor, daß die Maßnahmen am 13. August durchzuführen waren. Ins Detail ging er nicht, sondern er las nur die zu fassende [!] Entscheidung vor, der allgemein zugestimmt wurde. Nur wenige sagten ein paar Worte dazu."[170]

Gerade einmal zwei Stunden vor Auslösung des Alarms für die NVA durfte die versammelte Führungsspitze des Staates den schon seit einigen Tagen intensiv angelaufenen Maßnahmen zur Grenzsperrung formal zustimmen:

„Nachts gegen 22.30 Uhr oder 23.00 Uhr wurde der Beschluß angenommen. Als die Gesellschaft ungefähr gegen 23.30 Uhr oder etwas später aufgehoben wurde und nach Hause fuhr, war die Chaussee nach Berlin bereits mit sowjetischen Panzern voll. Die Entscheidung war also bereits vorher gefallen"[171],

was keinen der Blockpolitiker wirklich erstaunen konnte. Und, so Werner Eberlein noch fünfunddreißig Jahre später: „Jeder verstand, daß der Beschluß des Ministerrates zwar im nachhinein erfolgt, ihm aber die Entscheidung nicht völlig weggenommen worden war [!]."[172]

X-Zeit

Ebenfalls am 12. August hatte Karl Maron per Befehl für die kommende Nacht den Beginn der Absperrungen in Berlin angeordnet (Dokumente 15, 16, 17)[173]. Acht Tage nach dieser „X-Zeit" sollte der pioniertechnische Ausbau des westlichen Außenrings um Berlin abgeschlossen werden. Verteidigungsminister Hoffmann erließ am gleichen Tag den Einsatzbefehl für die

---

[167] Kwizinskij, Vor dem Sturm, S. 184.
[168] Poltergeist im Politbüro, S. 176.
[169] Vgl. Bundesarchiv Berlin (künftig: BA Berlin), DC 20 I/3 345, Bl. 196 f., 37. außerordentliche Sitzung des Ministerrates beim Vorsitzenden des Staatsrates, 12. 8. 1961; vgl. auch Otto, 13. August 1961 (I), S. 65. Daß Minister- und Staatsrat gemeinsam tagten, bestätigte Werner Eberlein jüngst noch einmal; vgl. Der Schatten der Mauer, S. 21.
[170] Zit. nach Otto, 13. August 1961 (II), S. 55–92, hier S. 88 (Gespräch der Autorin mit Werner Eberlein vom 5. September 1996).
[171] Ebenda, S. 88.
[172] Ebenda.
[173] Teile der weiteren dafür erlassenen Befehle sind abgedruckt in: Im Schatten der Mauer, S. 12–23.

NVA, wobei an exponierter Stelle Teile der 1. und 8. Motorisierten Schützendivision in und um Berlin die zweite Sicherungsstaffel in der Tiefe zu
bilden hatten. Zugleich wurde für die gesamte NVA erhöhte Gefechtsbereitschaft angeordnet. Die vorhandene Bewaffnung und Technik war zu
entkonservieren und einsatzbereit zu machen; alle beweglichen Vorräte
mußten auf Kraftfahrzeuge verladen werden; alle Kampfflugzeuge der NVA
waren aufzumunitionieren und für den Gefechtsstart vorzubereiten[174].

Um 20.00 Uhr wurde der Grenzpolizei am Ring um Berlin verstärkter
Dienst befohlen. Noch immer war Geheimhaltung das Gebot der Stunde:
DGP-Offiziere, die gerade dienstfrei hatten, wurden unter Vorwänden zu
ihren Einheiten befohlen[175]. In dieser Nacht „um 0.00 Uhr wurde Alarm
gegeben und die Aktion ausgelöst. Damit begann eine Operation, die an
dem nun anbrechenden Tag, einem Sonntag, die Welt aufhorchen ließ."[176]
Gegen zwei Uhr in der Nacht war die Marschbereitschaft der beiden beteiligten NVA-Divisionen hergestellt. Entlang der Berliner Sektorengrenze
sollten drei Stunden nach Alarmierung die erforderlichen Verbände von Polizei, Kampfgruppen-Miliz und Armee in größtmöglicher Zahl präsent sein.
Innerhalb dieser Zeit waren die meisten innerstädtischen Grenzkontroll-
punkte zu schließen und durch Pioniermaßnahmen zu versperren. Zugleich
wurde der S- und U-Bahnverkehr von und nach Berlin unterbrochen[177].
Obwohl Honecker in seinen Memoiren hinsichtlich des gesamten Operati-
onsablaufes das sicherlich zutreffende Urteil fällte, „daß wir nichts Wesent-
liches unberücksichtigt gelassen hatten"[178], kam es bei der Alarmierung und
Zusammenziehung der in der ersten Reihe eingesetzten Kampfgruppen-
Angehörigen zu zeitlichen Verzögerungen. Die Truppenteile der 8. Motorisierten Schützendivision, die entlang der innerstädtischen Grenze zum Einsatz kamen, bezogen dagegen bis 6.30 Uhr die vorgesehenen Räume. Erst
jetzt wurde den beteiligten Offizieren und Mannschaften klar, daß sie ihr
Auftrag nach Berlin führte. Denn selbst bei der nächtlichen Befehlsausgabe
im Bereitstellungsraum hatten sie auf ihre Frage nach dem Einsatzort lediglich die Antwort erhalten: „Dem Spitzenfahrzeug folgen, die gesamte
Marschstrecke ist reguliert."[179]

---

[174] Vgl. BA–MA, DVW–1/6281, Bl. 22, Studie der Verwaltung Operativ über den Einsatz der
NVA am 13. August 1961, April 1963.
[175] Vgl. Frotscher, Zu militärpolitischen Aspekten der Grenzschließung, S. 68.
[176] Honecker, Aus meinem Leben, S. 204. Honecker irrt in der Zeitangabe. Die Alarmierung
fand allgemein um 01.00 Uhr statt, diese Zeit wurde für die Chronologie aller Maßnahmen
auch als „X-Zeit" gewertet; vgl. BA–MA, DVW–1/39575, Bl. 1, Plan der Maßnahmen für
den 13. August, 9. 8. 1961. Nur die NVA-Verbände wurden etwas früher, zwischen Mitter-
nacht und 01.00 Uhr, alarmiert.
[177] Vgl. Befehl von Innenminister Maron zur Veränderung des Verkehrsnetzes in Berlin, 12. 8.
1961, abgedruckt in: Im Schatten der Mauer, S. 16–19.
[178] Honecker, Aus meinem Leben, S. 203.
[179] Zitiert nach Löffler, Soldat im Kalten Krieg, S. 42.

Die 1. MSD erreichte ihre Stationierungsgebiete entlang der Grenze zwischen West-Berlin und dem Bezirk Potsdam bis 07.45 Uhr. Ausgerechnet das für die rückwärtige Sicherung am Brandenburger Tor vorgesehene Panzer-Regiment der Schweriner Division kam allerdings aufgrund einer mangelhaften Verlegung aus dem Feldlager erst zwischen 16.00 und 17.00 Uhr in der Hauptstadt an[180]. Auch beim öffentlichen Nahverkehr gab es Probleme. Dennoch gelang mit einem Personalaufwand von etwa 5000 Grenz- und ebenso vielen Volkspolizisten sowie 4500 Mitgliedern der Kampfgruppen und über 7300 NVA-Soldaten bis etwa 06.00 Uhr am Morgen des 13. August die Abriegelung West-Berlins[181].

Unter Leitung von Honecker kam ein Zentraler Stab, der die Operation koordinierte, zunächst im Ost-Berliner Polizeipräsidium, seit dem Abend des 17. August im Haus des ZK zusammen[182]. Zu dieser Einsatzleitung zählten von der politischen Ebene außerdem die drei Sicherheitsminister Hoffmann, Maron und Mielke, Verkehrsminister Kramer sowie der Berliner Parteisekretär Paul Verner. Als Mitarbeiter aus dem Sicherheitsapparat traten der Stellvertreter des Innenministers für die bewaffneten Organe, Generalmajor Seifert, der im Verteidigungsministerium für das Bauwesen zuständige Generalmajor Rudolf Menzel, MdI-Stabschef Ende, der Ost-Berliner Polizeipräsident Fritz Eikemeier sowie einige andere Offiziere aus MdI, MfS und NVA hinzu. Außerdem waren je ein Vertreter der sowjetischen Botschaft und der GSSD anwesend[183]. An den Lagebesprechungen der folgenden Zeit nahmen neben diesem Kreis gelegentlich noch Walter Ulbricht und der SED-Chefideologe Albert Norden teil. Während aus Karlshorst die operative Gruppe des MfNV in Abstimmung mit den Sowjets die NVA-Kräfte dirigierte, oblag die Gesamtführung der bewaffneten Kräfte des MdI – mit Ausnahme der weiterhin dem MdI direkt unterstellten Transportpolizei, aber einschließlich der Kampfgruppen – der Bezirkseinsatzleitung Berlin unter Verner und Eikemeier, die als gleichzeitige Mitglieder des Zentralen Stabes eine doppelte Aufgabe erfüllten. Ulbricht, der im Vorfeld detaillierte Vorstellungen zum Charakter der Operation entwickelt hatte, hielt sich aus der Durchführung überwiegend heraus. Er zeigte sich stattdessen vor Ort an der Grenze und übernahm die politische Rechtfertigung der Teilung Berlins. Im DDR-Fernsehen erklärte er fünf Tage danach: „Niemand kann uns nachsagen, daß wir Stacheldraht besonders gern hätten. Aber Sta-

180 Vgl. BA–MA, DVW–1/6281, Bl. 27, Studie der Verwaltung Operativ über den Einsatz der NVA am 13. August 1961, April 1963.
181 Zahlen bei Diedrich, Die militärische Grenzsicherung, S. 137f. und Froh, Zur Geschichte des Militärbezirkes V, S. 170.
182 Vgl. Honecker, Aus meinem Leben, S. 204.
183 Vgl. BA–MA, DVW–1/40338, Bl. 17, Aufstellung über die Teilnehmer an den Lagebesprechungen im Zusammenhang mit den Maßnahmen des 13. August 1961, 22. 2. 1980; ebenda, DVW–1/14835, Bl. 229, Studie des Instituts für Deutsche Militärgeschichte „Die Nationale Volksarmee in der Aktion vom 13. August 1961", 20. 2. 1964.

cheldraht ist zweifellos gut und nötig als Schutz gegen diejenigen, die die
Deutsche Demokratische Republik überfallen wollen."[184]

Zwischen dem 13. und 21. August trat der Zentrale Stab zu 15 Lagebesprechungen zusammen, bis einschließlich zum 18. zweimal täglich. Diese
Sitzungen wurden in der Regel von Honecker, dreimal auch von Ulbricht
geleitet. Unter Ulbrichts Vorsitz konnte bereits in der Morgenlage am
17. August festgestellt werden, „daß der Westen nichts besonderes unternehmen wird"[185]. Deshalb beabsichtigte der Stab, gemäß Weisung des Politbüros ab dem 21. August zu regulären Sicherungsmaßnahmen überzugehen.
Nachdem die eigentliche Absperraktion sowohl innen- als auch außenpolitisch recht reibungslos abgelaufen war, hatte sich das Konfliktszenario seit
dem 13. August in eine von der SED-Führung eher unerwartete Richtung
gewandelt. Nicht innerer Aufruhr weckte das „Juni-Syndrom" der Spitzenfunktionäre zu neuem Leben, stattdessen erstaunten die in ihrer Häufig-
und Heftigkeit so nicht erwarteten Fluchtversuche[186]. In etwas mehr als einem Monat erfolgten über 200 Grenzdurchbrüche, bei denen 417 Personen
nach West-Berlin entkamen. Täglich gab es in der Stadt fünf bis sechs erfolgreiche Übertritte mit zehn bis elf Flüchtigen[187]. Am 20. September trat
daher der Zentrale Stab noch einmal in großer Runde zusammen, um die
„Nachlässigkeiten im Grenzsicherungssystem" zu beseitigen[188]. „Alle
Durchbruchversuche", verlangte NVR-Sekretär Honecker kategorisch,
„müssen unmöglich gemacht werden"[189]. Das Protokoll der Lagebesprechung dokumentiert eine gewisse Enttäuschung der SED-Führungsspitze,
hatte diese doch mit einer grundsätzlichen Lösung der Fluchtproblematik
gerechnet. Jetzt beriet sie über pioniertechnische Maßnahmen zur Verstärkung der Grenzsperren: Das Ziehen von Kfz-Gräben und das Legen von
Betonplatten und Betonschwellen, das Aufschütten von Sand und die Abriegelung der Kanalisation wurden besprochen. Ein besonderer Vorschlag
kam vom Stab des MdI. Er sah vor, in einem bestimmten Abschnitt der
innerstädtischen Grenze „18 bis 20 km Grenzmauer" zu errichten[190]. Die

---

[184] Ulbricht in einer Fernsehansprache am 18. August 1961, zit. nach Major, Vor und nach dem
13. August 1961, S. 326.
[185] BA–MA, DVW–1/39573, Bl. 38, Lagebesprechung des Zentralen Stabes – vormittags, 17. 8.
1961. Mahnend hieß es dort: „Das darf bei uns nicht zu Illusionen führen. Die Sperr- und
Sicherungsmaßnahmen werden entschieden durchgeführt."
[186] Vgl. ebenda, DVW–1/39573, Bl. 93, Lagebesprechung des Zentralen Stabes, 20. 9. 1961. Das
Protokoll der Lagebesprechung vom 20. September 1961 ist faksimiliert wiedergegeben bei
Filmer/Schwan, Opfer der Mauer, S. 374–380.
[187] Vgl. BA–MA, DVW–1/39573, Bl. 93, Lagebesprechung des Zentralen Stabes, 20. 9. 1961.
[188] Ebenda, Bl. 92.
[189] Ebenda.
[190] Ebenda, Bl. 94. Siehe dazu auch ebenda, DVW–1/6824–5, Bl. 832, Karte des MdI – System
der Sperren um West-Berlin, ohne Datum (wahrscheinlich Ende August 1961). Die Sperr-
mauer sollte insbesondere an den Grenzen zu den Stadtbezirken Kreuzberg, Tiergarten und
Wedding errichtet werden.

Reaktion namentlich der beiden Minister Mielke und Hoffmann darauf war nicht von einhelliger Zustimmung geprägt. Mielke sprach sich für eine Drahtsperre aus, „sie ist haltbarer und für die Bekämpfung von Grenzdurchbrüchen geeigneter"[191]. Hoffmann zog ebenfalls „Drahtzaun mit Betonblöcken und Gräben" vor[192]. Allerdings votierten beide in diesem Zusammenhang speziell gegen eine Mauer „entlang der sogenannten grünen Grenze" – eine unklare Formulierung: Denn von einer innerstädtischen Grenze als „grüne Grenze" zu sprechen, ist selbst abseits bebauter Flächen ungewöhnlich; andererseits war bei der Besprechung am 20. September ausschließlich von der Berliner Grenze, nicht von der Staatsgrenze zur Bundesrepublik die Rede. So meinten die Minister wohl vor allem den Stadtrand West-Berlins, der an den DDR-Bezirk Potsdam angrenzte. Trotz vernehmbaren Widerspruchs[193] setzte sich, ganz offensichtlich aufgrund der persönlichen Vorstellungen von Walter Ulbricht, die Mauerlösung durch. Zwar hatte auch er Stacheldraht als schnell handhabbares Sperrmaterial favorisiert, aber dieser, so Ulbricht, „reize die Menschen und provoziere sie zu immer neuen Versuchen, die Grenze zu durchbrechen"; deshalb müsse der Draht durch eine Betonmauer ersetzt werden[194].

Übereinstimmung konnte aber hinsichtlich von Forderungen Marschall Konews darin erzielt werden, in der 100-Meter-Sperrzone „ein strenges militärisches Regim[e] einzuführen" und „gegen Verräter und Grenzverletzer […] die Schußwaffe anzuwenden"[195]. Konew hatte außerdem verlangt, Fluchtversuche von Angehörigen der Grenzpolizei nicht als Desertion, sondern „als Verrat der Deutschen Demokratischen Republik auszulegen"[196]. Die Forderung machte zum einen klar, daß die Sowjets den Anspruch erhoben, die Gestaltung des Grenzregimes wesentlich mitzubestimmen oder gar das letzte Wort zu behalten. Zum anderen verdeutlichte Konew, daß das Grenzsystem aus sowjetischer Sicht – und in klarer Übereinstimmung mit Ulbrichts Intentionen – keine primär militärisch-abwehrende als vielmehr vorrangig eine binnenorientiert-repressive Funktion besaß: „Der pioniermäßige und technische Ausbau der Grenze ist in erster Linie in den hauptsächlichen Grenzverletzungsrichtungen zu beginnen."[197] Diese Anordnung bezog sich eindeutig auf „Republikfluchten" und nicht auf etwaige Einwirkungen von westlicher Seite.

---

[191] BA–MA, DVW–1/39573, Bl. 95, Lagebesprechung des Zentralen Stabes, 20. 9. 1961.

[192] Ebenda, Bl. 96.

[193] Vgl. ebenda, Bl. 95: Viele „Genossen" seien gegen den Bau einer Mauer, hieß es in der Sitzung. Eine Mauer nämlich „wirft bei Nacht Schatten und gibt günstige Möglichkeiten der Annäherung für den Gegner."

[194] Kwizinskij, Vor dem Sturm, S. 187.

[195] BA–MA, DVW–1/39573, Bl. 97, Lagebesprechung des Zentralen Stabes, 20. 9. 1961.

[196] Vgl. Schreiben von Marschall Konev an Verteidigungsminister Hoffmann, 14. 9. 1961 abgedruckt in: Otto, 13. August (II), S. 90–92, Zitat S. 92.

[197] Ebenda, S. 90.

Weil in diesem Zusammenhang die vom Nationalen Verteidigungsrat 1960 verabschiedete Direktive zum Schußwaffengebrauch, welche die Feuererlaubnis relativ restriktiv handhabte[198], den neuen Gegebenheiten nicht mehr gerecht wurde, verfügte der Zentrale Stab ihre Aktualisierung. Nun wurde der Waffengebrauch im Grenzregime zum normalen, bedarfsweise alltäglichen Zwangsmittel *(Dokumente 30, 31)*. Der NVR setzte dies noch 1961 in die geforderte Weisung um, gegen „Verräter und Grenzverletzer" Feuererlaubnis zu geben[199]. Die Führung der GSSD und Botschafter Perwuchin wirkten allerdings trotz der von Konew selbst geforderten Härte zwischen August und Oktober 1961 mehrmals auf Ulbricht, Hoffmann und Honecker ein, an der Berliner Grenze nicht vorschnell auf Flüchtige zu schießen *(Dokument 26)*. Der sowjetische Generalstab war darum bemüht, die brisante Situation nach der Grenzschließung nicht durch zusätzliche Provokationen in der Stadt aufzuschaukeln[200]. Oleg Penkowskij, die hochrangige westliche Quelle in Moskau, berichtete allerdings von der Meinung führender sowjetischer Militärs, die Präsenz ihrer Truppen würde von großen Teilen der DDR-Bevölkerung abgelehnt. Deshalb sei alles „darauf vorbereitet, nicht nur gegen Westdeutschland, sondern ebenso gegen Ostdeutschland zu kämpfen", da nach Ansicht der Generale „alle Deutschen antisowjetisch eingestellt" seien[201]. Aus diesem Grund sei auch „die Evakuierung von Familienangehörigen der in der Deutschen Demokratischen Republik stationierten Soldaten befohlen" worden[202]. Was in der durch amerikanische Geheimdienstkreise nach der Enttarnung und Hinrichtung Penkowskijs betriebenen Publikation für den zeitgenössischen Leser wie leicht übertriebene westliche Propaganda im Kalten Krieg wirken konnte, wird zwischenzeitlich durch die Kenntnis der beschriebenen Unterredung[203] zwischen Ariko und Riedel vom 25. Juli 1961 unterstützt. Zu den von den beiden Generalen festgelegten Einzelmaßnahmen im Zuge der anstehenden

---

[198] Vgl. BA–MA, DVW–1/39459, Bl. 41–44, 2. NVR-Sitzung, TOP 6.: Direktive zu den Schußwaffengebrauchsvorschriften der bewaffneten Organe der DDR, Anl. 4, 15. 7. 1960.

[199] Diedrich, Die Grenzpolizei der SBZ/DDR, S. 219. Diedrich hält fest, daß Fluchtwillige damit „endgültig kriminalisiert" wurden. Die Anweisungen Marschall Konevs gingen in zwei Richtungen. Er verlangte „eine größere Klarheit und eine Erhöhung der Verantwortlichkeit der Grenzsoldaten", und zwar „sowohl für Untätigkeit bei vorliegender Notwendigkeit der Anwendung der Waffe als auch für eine Überschreitung der ihnen gewährten Rechte"; vgl. Schreiben Konevs an Verteidigungsminister Hoffmann, 14. 9. 1961, abgedruckt in: Otto, 13. August 1961 (II), S. 92.

[200] Vgl. Menning, The Berlin Crisis from the Perspective of the Soviet General Staff, S. 56 bzw. S. 60.

[201] Penkowskij, Geheime Aufzeichnungen, S. 285; siehe hierzu auch: Penkowskij – Meeting Nr. 32, Bl. 26, 22. 9. 1961, auf: http://www.foia.ucia.gov/penkovsky.asp.

[202] Ebenda, S. 285; siehe hierzu auch: Penkovskij – Meeting Nr. 31., Bl. 19, 20. 9. 1961, auf: http://www.foia.ucia.gov/penkovsky.asp.

[203] Siehe oben S. 33 f.

Erhöhung der Gefechtsbereitschaft gehörte nämlich auch der Punkt „Plan der Evakuierung der Familien überprüfen"[204].

Strausberg – Berlin, Mitte August bis September 1961

Bereits am 16. August trafen führende Armeeoffiziere unter Leitung von Politchef Verner und Stabschef Riedel im DDR-Verteidigungsministerium zusammen und zogen eine erste, alles in allem positive Bilanz des NVA-Einsatzes[205]. Wenige Tage später wurden die drei Sicherheitsminister vom Politbüro angewiesen, einen Beschluß zur Einführung eines „ordnungsgemäßen" Grenzregimes vorzubereiten und durch den Nationalen Verteidigungsrat bestätigen zu lassen.[206] Die Einsatzführung vor Ort verblieb bis zum 28. August beim Kommandeur der Brigade Berlin der Bereitschaftspolizei[207]. Ursprünglich allerdings sollte wie am „Ring um Berlin" auch innerhalb der Stadt künftig die Grenzpolizei die Befehlsgewalt übernehmen. Nach diesen Vorstellungen war innerhalb weniger Tage eine eigene Grenzbrigade aufzustellen, die sich aus der bisherigen Bereitschaftspolizei-Brigade Berlin, dem Sicherungskommando der VP, Teilen der 5. Grenzbrigade vom „Ring um Berlin" und weiteren Einheiten der Bereitschaftspolizei zusammensetzen sollte *(Dokument 25)*[208]. Die Volks- und Bereitschaftspolizisten wären in die Grenzpolizei übernommen und in die neue, 9. Grenzbrigade eingegliedert worden. Der entsprechende Befehl wurde jedoch nur eine Woche später aus bislang nicht bekannten Gründen wieder aufgehoben. Weil am „Ring um Berlin" zunächst noch die DGP den Auftrag zur Bewachung der Absperrungen besaß, entstand dadurch ein uneinheitliches Unterstellungsverhältnis, kommandierte doch ein Offizier der Bereitschaftspolizei die Grenzsicherungskräfte *in* der Stadt, ein Grenzpolizeioffizier jene *um* die Stadt. Klare Verhältnisse entstanden erst mit den Befehlen 37/61 und 38/61 des Ministers des Innern vom 6. September 1961. Danach wurden mit Wirkung vom 16. des Monats, 01.00 Uhr, nunmehr statt unter der Befehlsgewalt der Grenzpolizei zwei Grenzbrigaden (B) unter dem Kommando der Bereitschaftspolizei aufgestellt; die 5. Grenzbrigade schied

204 BA–MA, DVW–1/18771, Bl. 20, Niederschrift zum Treffen am 25. Juli 1961 zwischen Ariko und Riedel, 31. 7. 1961.

205 Vgl. BA–MA, DVW–1/13197, Bl. 185–188, Dienstbesprechung im NVA-Hauptstab, 16. 8. 1961. Nur einmal, in der Nacht vom 12. auf den 13. August, war es in der Wilhelmstraße zum unmittelbaren Einsatz einer NVA-Kompanie mit Schützenpanzerwagen in der ersten Reihe der Grenzsicherungskräfte gekommen.

206 Vgl. SAPMO–BA, DY 30/J IV 2/2 A/848, Protokoll Nr. 45/61 Politbürositzung, TOP 4.: Maßnahmen zur Sicherung der Grenzen der DDR, 22. 8. 1961.

207 Vgl. Befehle des Ost-Berliner BEL-Vorsitzenden Paul Verner zur Herauslösung der Kampfgruppen und zum weiteren Ausbau der Grenzbefestigungen, 22. 8. 1961, abgedruckt in: Im Schatten der Mauer, S. 30–32.

208 Vgl. BStU, SdM 1874, Bl. 151 f., Befehl Nr. 32/61 des Ministers des Innern, 25. 8. 1961.

dazu aus der DGP aus. Die neue 1. Grenzbrigade (B) entstand aus der bisherigen „Brigade Berlin" der Bereitschaftspolizei und geringeren Teilen der
ehemaligen 5. Grenzbrigade der Grenzpolizei sowie dem Sicherungskommando der VP. Die 2. Grenzbrigade (B) formierte sich aus der Mehrzahl der
DGP-Kräfte von der 5. DGP-Grenzbrigade am „Ring um Berlin". Bei besonderen Lageentwicklungen konnten diese Grenzbrigaden der Bereitschaftspolizei operativ direkt Innenminister Maron unterstellt werden (Dokumente 32, 33).[209] Zudem löste der Nationale Verteidigungsrat die Deutsche Grenzpolizei aus dem Verantwortungsbereich des Innenministers und
unterstellte sie dem Minister für Nationale Verteidigung[210].

Das vormalige Kommando der DGP, umgewandelt in ein „Kommando
Grenze", fungierte nunmehr als Führungsstab der Grenzeinheiten (bis 1962
mit Ausnahme eben jener beiden noch dem Innenministerium zugehörigen
Grenzbrigaden der Bereitschaftspolizei im Berliner Raum) im Verteidigungsministerium. Es brachte über 38 000 Mann in Hoffmanns Ressort ein,
die fortan als Soldaten in den nach militärischen Strukturen reorganisierten
Grenztruppen Dienst taten (Dokument 44).[211] Im August 1962 unterstellte
schließlich ein Befehl des NVR-Vorsitzenden auch die Einheiten in und um
Berlin unter das militärische Kommando der Grenztruppen. Die Befehlsgewalt übernahm ab diesem Zeitpunkt ein NVA-Generalmajor auf dem
neugeschaffenen Dienstposten des Stadtkommandanten von Berlin. Die
Stadtkommandantur wurde in der Kommandohöhe wie ein Militärbezirk
eingestuft und dem Verteidigungsminister direkt unterstellt[212].

Die 1. Motorisierte Schützendivision (Potsdam) wurde mit Ausnahme
eines Mot.-Schützenregiments am 28. August aus der unmittelbaren Grenzsicherung am Außenring um West-Berlin zurückgezogen und in ihre Hei-
matstandorte verlegt, während die 8. Motorisierte Schützendivision
(Schwerin) mit immer noch mindestens 3500 Mann in Ost-Berlin verblieb,
jedoch mit jeweils der Hälfte ihres Personalbestandes auf einem Truppenübungsplatz bei Berlin die normale Ausbildung wieder aufnahm. Dieses
Truppenkontingent der NVA wurde erst seit den Abendstunden des
20. Septembers in die Garnisonen zurückverlegt, die Verbindungsgruppe in

---

209 Vgl. BA–MA, DVW–1/14835, Bl. 160, Studie des Instituts für Deutsche Militärgeschichte
„Die Nationale Volksarmee in der Aktion vom 13. August 1961", 20. 2. 1964.
210 Vgl. BA–MA, DVW–1/39464, 7. NVR-Sitzung, TOP 3.: Ausarbeitung eines Planes über
die reguläre Sicherung der Staatsgrenze durch Einheiten der Grenzpolizei und der Nationalen Volksarmee, 28. 8. 1961; ebenda, DVW–1/40335, Bl. 198–200, Befehl des NVR-Vorsitzenden über Maßnahmen zur Erhöhung der Kampfkraft der bewaffneten Kräfte der Deutschen Demokratischen Republik, 12. 9. 1961.
211 Vgl. Diedrich, Die Grenzpolizei der SBZ/DDR, S. 219 f.
212 Vgl. BA–MA, DVW–1/39469, Bl. 13, 12. NVR-Sitzung, TOP 1.: Bericht über die Gewährleistung der Sicherheit an der Staatsgrenze nach Westberlin, Anl. 2, 14. 9. 1962; ebenda,
DVW–1/39470, Bl. 18, 13. NVR-Sitzung, TOP 3.: Statut des Stadtkommandanten der
Hauptstadt der Deutschen Demokratischen Republik, Berlin, und Bezeichnung des Wachregiments der Nationalen Volksarmee, Anl. 3: Statut des Stadtkommandanten, 23. 11. 1962.

Karlshorst anschließend aufgelöst. Angesichts der weiteren Eskalation der Berlin-Krise, die im Oktober 1961 mit der Panzerkonfrontation am Checkpoint „Charlie" ihren Höhepunkt fand, ordnete Armeegeneral Hoffmann allerdings die Verschiebung von turnusgemäßen Personalentlassungen, eine Urlaubssperre und die sofortige Einsatzbereitschaft der gesamten Nationalen Volksarmee an. Erst am 5. Dezember 1961 wurde die erhöhte Gefechtsbereitschaft für alle Teile der NVA-Streitkräfte endgültig aufgehoben[213].

Walter Ulbricht hatte in seiner Eigenschaft als NVR-Vorsitzender am Mittag des 30. August für 14 DDR-Bezirke den Alarm für beendet erklärt. In Berlin erfolgte die Aufhebung des Alarms dagegen erst am Morgen des 4. September[214]. Kampfgruppen und Volkspolizei hatten in der DDR-Hauptstadt auch danach Einsatzreserven bereitzuhalten[215]. Im Politbüro rückte nun die Sicherung der „Staatsgrenze West" zur Bundesrepublik in den Mittelpunkt der Aufmerksamkeit. Dabei wurde unter anderem auch die Ausweisung von mißliebigen Personen aus dem Grenzgebiet der DDR-Westgrenze bestätigt[216]. Außerdem entschied das Politbüro, den vom Verteidigungsrat vorgelegten Entwurf eines Verteidigungsgesetzes anzunehmen und der Volkskammer noch im September 1961 „zur Beratung und Beschlußfassung" zu übermitteln[217]. Auch der bereits vorliegende Entwurf des Wehrpflichtgesetzes wurde bestätigt, jedoch noch zurückgehalten, um ihn der Volkskammer „zu einem vom Politbüro noch festzulegenden Zeitpunkt" zuzuleiten[218].

Die Oktoberkrise

Während Ulbricht und seine Militärs Anfang September 1961 offensichtlich davon ausgingen, daß die Abriegelung der Grenzen um West-Berlin zu keinen größeren militärischen Spannungen führen würden, schätzte die UdSSR die Bedrohungssituation anders ein. Sie sah immer noch die Gefahr einer möglichen bewaffneten Konfrontation mit den USA und erhöhte deshalb weiter ihr vorhandenes Abschreckungspotential. Bereits am 28. August 1961 teilte Chruschtschow dem SED-Chef Ulbricht streng vertraulich mit,

---

[213] Vgl. Froh, Zur Geschichte des Militärbezirkes V, S. 179–183.
[214] Vgl. BA–MA, DVW–1/40335, Bl. 201–206, Befehle des NVR-Vorsitzenden Ulbricht an die BEL-Vorsitzenden zur Alarm-Aufhebung, 30.8.–4. 9. 1961.
[215] Vgl. Befehl von Paul Verner über die Aufhebung der Gefechts-Alarmstufe II, abgedruckt in: Im Schatten der Mauer, S. 33.
[216] Vgl. SAPMO–BA, DY 30/J IV 2/2 A/849, Protokoll Nr. 46/61 Politbürositzung, TOP 3.: Zu einigen Fragen der Verteidigung der Deutschen Demokratischen Republik, 29. 8. 1961. Zu der Ausweisungsaktion, die in ähnlicher Form schon einmal 1952 stattgefunden hatte, vgl. Bennewitz/Potratz, Zwangsaussiedlungen an der innerdeutschen Grenze, S. 100–169.
[217] SAPMO–BA, DY 30/J IV 2/2 A/849, Protokoll Nr. 46/61 Politbürositzung, TOP 3.: Zu einigen Fragen der Verteidigung der Deutschen Demokratischen Republik, 29. 8. 1961.
[218] Ebenda.

daß die UdSSR in nächster Zeit Kernwaffenversuche durchführen würde, um die Bereitschaft zu demonstrieren, „jeglichen Abenteuern seitens der aggressiven Staaten gewappnet entgegenzutreten"[219]. Ab 1. September 1961 begann die Sowjetunion eine umfangreiche Kernwaffentestserie, die am 30. Oktober 1961 in der Erprobung einer 150-Megatonnen-Bombe gipfelte, deren Sprengkraft jedoch auf 50 Megatonnen gedrosselt worden war[220].

Am 29. August 1961 wies das ZK der KPdSU zudem Verteidigungsminister Malinowski an, die in der sowjetischen Armee bevorstehenden Herbstentlassungen „bis zum Abschluß eines Friedensvertrages mit Deutschland" auszusetzen[221]. Durch den Aufschub der geplanten Entlassungen gelang es der Militärführung der UdSSR, die Stärke der vorhandenen Streitkräfte um rund 200 000 Mann zu erhöhen[222]. Gleichzeitig plante der sowjetische Generalstab, wie auch schon 1959, in der DDR strategische Atomraketen des Typs R–5M (Nato-Code SS-3 „Shyster") zu stationieren, rückte später jedoch wieder von diesem Vorhaben ab[223]. Am 13. Oktober 1961 wurden schließlich, offensichtlich im Zusammenhang mit Manövern des Strategic Air Command (SAC) der United States Air Force, die Strategischen Raketentruppen, die Fernbomberverbände, die Luftverteidigung sowie die Jagdfliegerverbände der Militärbezirke und der im Ausland stationierten sowjetischen Streitkräfte in erhöhte Alarmbereitschaft versetzt[224]. Nur wenige Tage später ordnete Chruschtschow an, die ersten zehn, ursprünglich für die Ausbildung vorgesehenen, Startstellungen der Interkontinentalrakete R-16 (NATO-Code SS-7 „Saddler") ab 20. Oktober 1961 in den Gefechtsdienst der Strategischen Raketentruppen zu übernehmen[225]. Auch die NVA traf ab Mitte September 1961 auf sowjetische Anweisung umfangreiche Maßnahmen zur Erhöhung ihrer Gefechtsbereitschaft (Dokumente 34, 35).

Verschärft wurde diese angespannte militärische Situation durch die Ereignisse am Checkpoint „Charlie". Ab 15. Oktober begannen Volkspolizisten damit, von Amerikanern in Zivil Ausweise zu verlangen und ihre Einreise nach Ost-Berlin zu behindern. Als am 22. Oktober schließlich Allan Lightner, der stellvertretende Chef der US-Mission in Berlin, am Übergang in der Friedrichstraße gestoppt und zurückgewiesen wurde, fuhren am

---

[219] Ebenda, DY 30/3386, Bl. 222–223, Schreiben von Chruščev an Ulbricht, 28. 8. 1961.

[220] Vgl. Zaloga, The Kremlin's Nuclear Sword, S. 71–72; Sacharow, Mein Leben, S. 247–257; Adamskij/Smirnov, 50-megatonnyj vzryv nad novoj zemlej, S. 1–54.

[221] Vgl. Adomeit, Die Sowjetmacht in internationalen Krisen und Konflikten, S. 274. Für den genauen Wortlaut des Beschlusses siehe: DzD IV/7, S. 277–283.

[222] Vgl. RGAĖ, 4372/79/882, Bl. 125–128, Schreiben von Rjabikov, Garbuzov und Zacharov an den Ministerrat der UdSSR, 21. 9. 1961.

[223] Vgl. Dolinin, Vremja „Č" tak i ne nastupilo, S. 2. Zur Stationierung sowjetischer Atomraketen in der DDR im Jahr 1959 siehe: Ivkin/Uhl, „Operation Atom", S. 299–308.

[224] Vgl. RGANI, 5/30/367, Bl. 132 f., Bericht des sowjetischen Verteidigungsministeriums an das ZK der KPdSU über die Situation in Berlin und der DDR, 14. 10. 1961.

[225] Vgl. RGAĖ, 4372/80/371, Bl. 135–136, Schreiben von Ustinov, Zacharov und Moskalenko an das ZK der KPdSU, 28. 12. 1961.

Checkpoint „Charlie" erstmals amerikanische Panzer auf, die sich später jedoch wieder zurückzogen. Am 25. Oktober eskalierte die Situation weiter.
Der Befehlshaber der amerikanischen Streitkräfte in Berlin, General Lucius
D. Clay, ließ nach erneuten Versuchen der ostdeutschen Grenzposten, amerikanischen Zivilpersonen die Einreise nach Ost-Berlin zu verweigern, wiederum Panzer auffahren; gleichzeitig löste er um 15.00 Uhr für die amerikanische Garnison Alarm aus[226].

Nur wenige Minuten später berichtete der stellvertretende Oberbefehlshaber der Gruppe der Sowjetischen Streitkräfte in Deutschland, Generalleutnant Petr A. Belik, über die Ereignisse in der Friedrichstraße direkt dem
Generalstab nach Moskau, der unverzüglich Verteidigungsminister Malinowski informierte. Dieser setzte Partei- und Staatschef Chruschtschow
von der Situation in Kenntnis, der wiederum durch den am gerade stattfindenden XXII. Parteitag der KPdSU teilnehmenden Marschall Konew befehlen ließ, unverzüglich am Checkpoint „Charlie" einen sowjetischen Offizier zu postieren *(Dokument 36)*.

Ein Gespräch zwischen dem sowjetischen und dem amerikanischen
Kommandanten von Berlin *(Dokument 37)* entspannte die Lage nicht. Am
Abend des 26. Oktober ließ Konew schließlich 30 Panzer in die Nähe des
Checkpoints verlegen und in den umliegenden Straßen postieren *(Dokument 38)*. Als Clay in den Nachmittagsstunden des 27. Oktobers erneut
acht Panzer auffahren ließ, antwortete Konew entsprechend und brachte
ebenfalls acht sowjetische Panzer in Stellung *(Dokument 40)*. Mehr als 16
Stunden standen sich, erstmals in der Geschichte des Kalten Krieges, Panzer
der Amerikaner und Sowjets mit scharfer Munition direkt gegenüber. Um
Chruschtschow auf die Gefährlichkeit der Situation hinzuweisen, berichtete
Verteidigungsminister Malinowski erstmals nicht nur über die ständigen
Luftpatrouillen des SAC, sondern auch über die Anwesenheit von vier amerikanischen Raketen-Atom-U-Booten der Polaris-Klasse auf Gefechtsposition im Nordmeer. Jedes davon wäre in der Lage gewesen, jeweils 16 Atomraketen auf Ziele in der Sowjetunion abzufeuern.

Obwohl der Oberbefehlshaber der GSSD noch ein weiteres Panzerbataillon in den Raum Friedrichstraße verlegen ließ, zogen sich nach Geheimabsprachen zwischen Chruschtschow und Kennedy am Vormittag des 28. Oktobers zunächst die Sowjets und wenig später auch die Amerikaner vom
Checkpoint „Charlie" zurück *(Dokument 42)*[227]. Während die USA und
die UdSSR damit eine der gefährlichsten militärischen Konfrontationen des
Kalten Krieges im gegenseitigen Einverständnis beendeten, mußte DDR-
Staats- und Parteichef Ulbricht eine herbe Niederlage einstecken. Chruscht-

---

[226] Für eine detaillierte Darstellung der Ereignisse siehe u.a.: Steiniger, Der Mauerbau,
S. 305–314; Smyser, From Yalta to Berlin, S. 172–178; Ausland, Kennedy, Khrushev and the
Berlin-Cuba-Crisis, S. 37–41.
[227] Vgl. Garthoff, Berlin 1961, S. 152 f.

schow machte Ulbricht wesentlich für die Oktoberereignisse mitverant-
wortlich und besaß damit einen weiteren Grund, ihn die erhoffte Maximal-
lösung eines separaten Friedensvertrages zu verweigern[228].

Die Errichtung der Berliner Mauer: Ergebnisse

Die Abriegelung der Sektorengrenzen in Berlin im August 1961 war in ihrer
militärischen Durchführung eine erfolgreiche Operation, deren Geheimhaltung hervorragend gelungen war. Die in der zweiten Jahreshälfte 1961 ge-
wonnenen Erkenntnisse flossen in die Anstrengungen des Nationalen Verteidigungsrates ein, die in den kommenden Jahren zur sicherheitspolitischen
Perfektionierung der inneren Prävention, Alarmierung und Mobilmachung
und der davon nicht zu trennenden Vorbereitungen für den Kriegszustand
unternommen wurden[229]. Sowohl die Mauer rings um West-Berlin als auch
das Sperrsystem an der „Staatsgrenze West" richteten sich nicht gegen angeblich drohende bewaffnete Überfälle aus westdeutscher Richtung, wie es
die offizielle DDR-Propaganda vom „antifaschistischen Schutzwall" stets
suggerierte. Nirgendwo wurde von ostdeutschen Dienststellen eine gezielte
westdeutsche Provokation, der Aufmarsch westlicher Truppenverbände
oder das Einschleusen von „Diversanten" oder kleinen Kampfgruppen der
NATO-Streitkräfte („Rangern") gemeldet. Stattdessen handelte es sich bei
den „Grenzverletzern" fast ausschließlich um fluchtwillige DDR-Bürger.
Zutreffend hat Götz Aly in diesem Zusammenhang darauf verwiesen, daß
die Mauer die Funktion anderer großer historischer Bollwerke wie des Li-
mes, der Maginot-Linie oder der mittelalterlichen Stadtbefestigungen ins
Gegenteil verkehrte, war es doch nicht ihr Ziel, einen feindlichen Angriff
aufzuhalten und zu brechen, sondern die eigene Bevölkerung einzusper-
ren[230]. Äußere Angriffe gegen die DDR gab es nämlich vor und nach 1961
zwar vereinzelt in Form gewalttätiger Anschläge gegen die Grenzanlagen,
nicht aber in auch nur ansatzweise *militärisch* bedrohlicher Gestalt.

Die DDR und die UdSSR bereiteten die Schließung der Grenzen in Berlin
gemeinsam vor, wobei Ost-Berlin wesentlich früher als bisher angenommen
– nämlich etwa seit dem Herbst 1960 – mit Überlegungen und Vorbereitungen dazu begann, ohne zu dieser frühen Zeit das Einverständnis des Kreml
zu besitzen. Die Sowjetunion und ihre Streitkräfte sicherten später die geplante Aktion strategisch ab. Die DDR übernahm die Ausarbeitung der mit
der Grenzschließung verbundenen praktischen und taktischen Maßnahmen.
Ulbrichts weitergehende Versuche nach dem August 1961, West- (wie auch

---

[228] Vgl. Steininger, Der Mauerbau, S. 313; Wettig, Die UdSSR und die Krise um Berlin, S. 605.
[229] Dazu näher Wagner, Walter Ulbricht und die geheime Sicherheitspolitik der SED.
[230] Vgl. Aly, Warte nur auf bessere Zeiten, S. 11.

Ost-)Berlin dem Alliierten-Recht zu entziehen und faktisch in die DDR einzugliedern, zeigten dem SED-Chef indessen die Grenzen seines Erfolges vom Sommer 1961. Den ungehinderten Zugang der Westmächte nach Ost-Berlin konnte er auch weiterhin, trotz der Eskalation am Checkpoint „Charlie" Ende Oktober des Jahres, nicht verhindern, denn hinter den Kulissen machten der Kreml und der GSSD-Oberkommandierende der SED-Führung klar, daß die DDR im Grenzregime den Vorschlägen und Wünschen der UdSSR zu folgen habe.

Der amerikanischen Historikerin Hope Harrison ist zuzustimmen, wenn sie feststellt, daß sich im Ergebnis der Berlin-Krise 1961 zwischen der UdSSR und der DDR in verschiedenen Zielrichtungen der östlichen Politik jeweils die Seite durchsetzen konnte, die an einzelnen Punkten das größere Interesse besaß:

„Ulbricht obsiegte bei der Innenpolitik der DDR, der Wirtschaftshilfe durch die Sowjetunion und der Grenzschließung, während Chruschtschow sich bei Fragen durchsetzte, die unmittelbar die Beziehungen zum Westen betrafen: dem Friedensvertrag (der schließlich nicht unterzeichnet wurde), dem Status von West-Berlin (der nicht verändert wurde) und den Zugangswegen der Westmächte (deren Kontrolle nicht an die DDR übertragen wurde)."[231]

Obwohl Ulbricht also Chruschtschow zum Mauerbau drängte, war die Handlungsfreiheit des Partei- und Staatschefs der DDR nach der Zustimmung aus Moskau nur noch begrenzt. Hauptziel der sowjetischen Politik war es, auf jeden Fall eine bewaffnete Auseinandersetzung um Berlin zu vermeiden[232]. Deshalb mußte Ulbricht auf Anweisung aus Moskau Schritte zurücknehmen oder entschärfen, die dazu geführt hätten, die Situation weiter eskalieren zu lassen. Doch nur dadurch, daß er sich den sowjetischen Vorgaben unterordnete, gelang es Ulbricht, sein Ziel – die Schließung der Grenzen – durchzusetzen. Für Chruschtschow dagegen war

„der Bau der Berliner Mauer nicht nur ein Weg, die DDR zu retten, indem der Flüchtlingsstrom unterbunden wurde; für ihn bot die Abriegelungsaktion auch die Gelegenheit, Ulbricht in Ost-Berlin einzumauern, so daß dessen Möglichkeiten eingeschränkt waren, durch unilaterale Handlungen einen Konflikt mit dem Westen heraufzubeschwören."[233]

Die Westmächte akzeptierten die Abriegelung West-Berlins, um den zum damaligen Zeitpunkt gefährlichsten internationalen Krisenherd endlich zu

---

[231] Harrison, Wie die Sowjetunion zum Mauerbau getrieben wurde, S. 90 f.; vgl. auch dies., Driving the Soviets up the Wall, S. 68. Mit gleichem Tenor Lemke, Einheit oder Sozialismus, S. 463.

[232] Vgl. Zubok, Khrushchev and the Berlin Crisis, S. 27; Ausland, Kennedy, Khrushchev and the Berlin-Cuba Crisis, S. 2.

[233] Harrison, Wie die Sowjetunion zum Mauerbau getrieben wurde, S. 90; vgl. auch dies., Driving the Soviets up the Wall, S. 68.

beruhigen. Das Risiko einer direkten Konfrontation zwischen Ost und West wollten und konnten weder die USA noch die UdSSR eingehen. Deshalb wurde die dramatische Zuspitzung der Situation am Checkpoint „Charlie" am 27./28. Oktober 1961 zum endgültigen Wendepunkt. Der gleichzeitige Abzug der amerikanischen und sowjetischen Panzer von der Friedrichstraße zeigte, daß beide Supermächte die neue Situation in Berlin anerkannten. Die UdSSR vertraute diesem neuen Frieden jedoch noch nicht völlig. Die sowjetischen Einheiten in der DDR befanden sich noch bis zum 11. Januar 1962 in erhöhter Gefechtsbereitschaft[234].

Gleichzeitig wurde für die Weltöffentlichkeit durch die Ereignisse in der Friedrichstraße klar, wer in der DDR letztlich die Kommandogewalt innehatte. Die sogenannte zweite Geburt des ersten sozialistischen Staates auf deutschem Boden wäre ohne die massive sowjetische Schützenhilfe nicht geglückt. Sie verdeutlichte zugleich, daß auch nach mehr als elf Jahren ihres Bestehens die DDR ein Kunstprodukt war, deren Existenz, wie es der chinesische Militärattaché 1962 auf einem Empfang zum 6. Jahrestag der NVA ausdrückte, „allein auf der Anwesenheit [der] sowjetischen Truppen beruh[t]e"[235].

Im gleichen Jahr berichtete Walter Ulbricht in einem längeren Brief an Nikita Chruschtschow, daß es bereits im Zeitraum vom 13. August 1961 bis zum 27. Mai 1962, innerhalb eines dreiviertel Jahres also, an der Grenze rund um Berlin 22 Tote und 46 Verletzte gegeben hatte[236]. Allein in der kurzen Zeitspanne zwischen dem 1. und dem 10. Oktober 1961 hatte es bei neun Fällen von Schußwaffenanwendung durch die Grenztruppen zwei Tote und zwei Verletzte gegeben[237].

---

[234] Vgl. RGANI, 5/30/399, Bl. 26, Bericht des sowjetischen Verteidigungsministeriums an das ZK der KPdSU über die Situation an der Grenze zu West-Berlin und zur Bundesrepublik, 11. 1. 1962; Steininger, Der Mauerbau, S. 306–314; Smyser, From Yalta to Berlin, S. 167–192; Menning, The Berlin Crisis from the Perspective of the Soviet General Staff, S. 49–56.

[235] Vgl. RGANI, 5/30/398, Bl. 12, Schreiben des KGB-Vorsitzenden Vladimir E. Semičastnyj an das ZK der KPdSU, 10. 3. 1962.

[236] Vgl. SAPMO–BA, DY 30/3685, Bl. 67, Schreiben Ulbrichts an Chruščev, 30. 5. 1962.

[237] Vgl. BA–MA, DVW–1/14835, Bl. 270, Studie des Instituts für Deutsche Militärgeschichte „Die Nationale Volksarmee in der Aktion vom 13. August 1961", 20. 2. 1964.

Verzeichnis der Dokumente

Dokumente

Dokument 1[1]

Auszug aus einem Vermerk des MfS über Reaktionen in der West-Berliner
Presse auf Vorfälle an der Grenze (vor 1961)

[...]

4.) Auf Vorschlag des Sekretärs der Bezirksleitung Genossen Neumann[2], wurde von
der Leitung der Volkspolizei der Stadt Berlin (Eickemaier *[sic!]*[3] und sein Stab) ein
ausführlicher Plan über Beschränkungen im Verkehr der Bevölkerung zwischen
dem Westsektor Berlins und dem demokratischen Sektor (Plan „Anton") ausgearbeitet. In dem Plan sind drei Etappen vorgesehen.
Die letzte sieht eine vollkommene Einstellung des freien Verkehrs der Bevölkerung
vor, bis zur Einführung von Sonderausweisen nur für Angestellte der Behörden der
DDR, die im Westsektor Berlins wohnen.
Dieser Plan ist nur ein Vorschlag eines maßgebenden Organs, aber die Teilnahme
einer Gruppe von Mitarbeitern der Volkspolizei an seiner Ausarbeitung kann zu
einer vorzeitigen Veröffentlichung in der Presse des Gegners – über neue Aktionen
von unserer Seite – führen.

---

1   Die Bundesbeauftragte für die Unterlagen des Staatssicherheitsdienstes der ehemaligen
    DDR (künftig: BStU), Sekretariat des Ministers (SdM) 1201, Bl. 243–245, hier Bl. 245, streng
    vertraulicher Vermerk ohne Absender und Adressaten über Reaktionen in der West-Berliner
    Presse auf Vorfälle an der Grenze, ohne Datum. Der im Vermerk erwähnte Plan „Anton"
    muß 1954 oder Anfang 1955 entstanden sein; vgl. BStU, SdM 407, Bl. 6–11, hier Bl. 10, Aus-
    züge aus der Sitzung der Sicherheitskommission [nicht im BA-MA-Bestand], ohne TOP,
    17. 3. 1955.
2   Neumann, Alfred (1909–2001). Politbüromitglied. Tischler, 1929 Eintritt in die KPD, 1934
    Emigration über Skandinavien in die UdSSR, 1938/39 Teilnahme am Spanischen Bürger-
    krieg. 1941 an die Gestapo ausgeliefert, bis Februar 1945 im Zuchthaus Brandenburg-Gör-
    den, dann im SS-Strafbataillon (Brigade Dirlewanger); April 1945 Übertritt zur Roten Ar-
    mee, danach bis 1947 in sowjetischer Kriegsgefangenschaft. Seit 1949 in der SED-Landeslei-
    tung Berlin, 1951–1953 stellvertretender Oberbürgermeister von Berlin, 1953–1957 1. Sekre-
    tär der SED-Bezirksleitung Berlin. 1958–1989 Politbüro-Mitglied, seit 1961 Minister,
    1968–1989 1. Stellv. des Vorsitzenden des Ministerrats.
3   Eikemeier, Fritz (1908–1985). Generalmajor der VP – Polizeipräsident von Berlin (Ost).
    Hilfsarbeiter, seit 1930 in der KPD, 1936–1939 Teilnahme am Spanischen Bürgerkrieg,
    1940–1945 KZ Sachsenhausen. 1945 Eintritt in die Polizei in Berlin, seit 1949 Vize-Präsident
    des PdVP Berlin. Ende 1949 bis Mitte 1952 Chefinspekteur der Polizeilandesbehörde Bran-
    denburg, dann bis September 1953 der BDVP Potsdam. 1953–1964 Präsident der DVP Ber-
    lin.

Dokument 2[4]

REGIERUNG
DER DEUTSCHEN DEMOKRATISCHEN REPUBLIK
MINISTERIUM DES INNERN

Geheime Verschlußsache!
Nr. B 3/1 – 11/61
1. Ausf.[5] 4 Blatt

Befehl
des Ministers des Innern
Nr. 21/61

5. 6. 1961

Inhalt: Maßnahmen zur Erhöhung der Sicherheit der Hauptstadt der Deutschen Demokratischen Republik

Das zur Zeit bestehende System der Sicherung an der Grenze zwischen Westberlin und dem demokratischen Berlin[6] sowie der Stand der Einsatzbereitschaft der bewaffneten Kräfte des Ministeriums des Innern im Raum Berlin entspricht nicht der derzeitigen Lage. Die Sicherung der Hauptstadt der Deutschen Demokratischen Republik hat so zu erfolgen, daß der Schutz des demokratischen Berlins vor jeder Störtätigkeit des Gegners gewährleistet wird und zur Erhöhung der Sicherheit in Berlin beiträgt.

DAZU BEFEHLE ICH:

I.

1. Zur Sicherung an den Übergängen nach Westberlin und entlang der Grenze zwischen Westberlin und dem demokratischen Berlin ist beim Präsidium der Volkspolizei Berlin ein Sicherungskommando in der Stärke von 1500 Mann zu bilden.
2. Dem Sicherungskommando obliegt die polizeiliche Kontrolle des Personen- und Fahrzeugverkehrs an allen Übergängen nach Westberlin.

An den Hauptübergängen
Wollankstraße
Brandenburger Tor
Heinrich-Heine-Straße
Elsenstraße
Sonnenallee

erfolgt wie bisher die Kontrolle durch das Amt für Zoll und Kontrolle des Warenverkehrs im Zusammenwirken mit dem Sicherungskommando beim Präsidium der Volkspolizei Berlin.

---

[4] Bundesarchiv Berlin (künftig: BA Berlin), DO 1/2.2/58322, Befehl Nr. 21/61 des Ministers des Innern, 5. 6. 1961.
[5] Ausf. – Ausfertigung.
[6] Gemeint ist Ost-Berlin.

Das Sicherungskommando hat weiterhin die Aufgabe:

– Den Schutz der Grenze zwischen Westberlin und dem demokratischen Berlin zu gewährleisten;
– die notwendige Tiefensicherung entlang der gesamten Grenze durch den Einsatz von Posten und Streifen zu organisieren.
3. Zur Unterstützung der an der Grenze zwischen Westberlin und dem demokratischen Berlin eingesetzten Kräfte bei polizeilichen Handlungen wie Zuführungen, verstärkte Fahndungskontrollen usw., sind in den Abschnitten Pankow, Prenzlauer Berg, Mitte und Treptow Schnellkommandos aus dem Bestand des Sicherungskommandos zu bilden.
4. Die Übernahme der Kontroll- und Sicherungsaufgaben durch das Sicherungskommando hat etappenweise zu erfolgen.

   1. Etappe 01.–10. 6. 1961
   2. Etappe 10.–20. 6. 1961
   3. Etappe 20.–30. 6. 1961

Die Zuführung der Sicherungskräfte durch die HVDVP[7] hat so zu erfolgen, daß die ständige Sicherheit der Übergänge nach Westberlin gewährleistet ist.
5. Die für die Bildung des Sicherungskommandos benötigten Planstellen sind aus dem Bestand der Planstellen der Berliner VP[8]-Bereitschaften (900) und aus den bisher zur Ausbildung verwendeten Planstellen (600) des Präsidiums der Volkspolizei Berlin zu entnehmen.
Zur Gewährleistung der Erfüllung der unter 1., 2., festgelegten Aufgaben sind aus dem Personalbestand der Berliner Bereitschaften vorbildliche und zuverlässige VP-Angehörige auszuwählen und wie unter 1., 4., etappenweise in das Sicherungskommando zu versetzen. Die nötige Zahl von VP-Angehörigen zur ständigen Auffüllung des Kaderbestandes des Sicherungskommandos ist durch die Weiterführung des in der Praxis bewährten Aufgebotes der Volkspolizei von vorbildlichen Parteimitgliedern und Angehörigen der FDJ[9] aus den Bezirken für Berlin zu gewährleisten.
Durch den Leiter der HVDVP ist mir ein entsprechender Struktur- und Stellenplan sowie Ausrüstungsplan für das Sicherungskommando bis zum 10. 6. 1961 vorzulegen.
6. Aufgrund der größeren Anforderungen und der erhöhten Verantwortung ist für die zur Sicherung der Grenze nach Westberlin eingesetzten VP-Angehörigen der Grenzzuschlag von 15% wie bei Angehörigen der DGP[10] zu gewähren.
7. Die Unterbringung der Kräfte aus den Bezirken hat internatsmäßig in Objekten der Volkspolizei Berlin, welche als Wohnheime einzurichten sind, zu erfolgen.

[7] HVDVP – Hauptverwaltung Deutsche Volkspolizei.
[8] VP – Volkspolizei.
[9] FDJ – Freie Deutsche Jugend.
[10] DGP – Deutsche Grenzpolizei.

II.

1. Zur Erhöhung der Sicherheit im Raum Berlin ist auf der Grundlage des von mir bestätigten Struktur- und Stellenplanes eine Brigade Berlin der Bereitschaftspolizei bis zum 30. 6. 1961 zu bilden. Die Auflösung der bisherigen Berliner Bereitschaften hat etappenweise und in Übereinstimmung mit der Bildung des Sicherungskommandos und der Brigade Berlin der Bereitschaftspolizei zu erfolgen. Die 2. Bereitschaft (Basdorf) der Bereitschaftspolizei ist den Einheiten der Brigade strukturmäßig anzugleichen und in die Brigade mit einzubeziehen. Die Umgruppierung der 2. Bereitschaft ist bis zum 10. 6. 1961 abzuschließen.

2. Die erforderlichen Planstellen für die zu bildende Brigade Berlin der Bereitschaftspolizei sind zu entnehmen:
   a) aus den Planstellen der 2. Bereitschaft Basdorf;
   b) aus dem Bestand des Präsidiums der Volkspolizei Berlin (ca. 2390 Planstellen der bisherigen Berliner Bereitschaften). Diese Planstellen sind dem Kommando der Bereitschaftspolizei zu übertragen.

3. Die Auffüllung der Brigade Berlin hat mit geschlossenen Einheiten aus dem Bestand der Bereitschaftspolizei zu erfolgen. Dabei haben sich die Kräfte anteilmäßig aus dem 1., 2. und 3. Dienstjahr zusammenzusetzen. Die Zuführung hat durch das Kommando der Bereitschaftspolizei so zu erfolgen, daß die Einsatzbereitschaft der bewaffneten Kräfte für den Raum Berlin voll erhalten bleiben *[sic]*.

4. Aus dem Bestand der Brigade ist eine diensthabende Abteilung festzulegen, deren Einheiten schwerpunktmäßig in der Tiefensicherung der Grenze nach Westberlin in Sitzbereitschaft zu halten sind und ständig für einen unmittelbaren Einsatz zur Verfügung stehen.

5. Die Brigade Berlin der Bereitschaftspolizei gehört zur Bezirksreserve. Die Entscheidung über einen Einsatz dieser Kräfte obliegt der Einsatzleitung Berlin.

III.

1. Durch den Leiter der HVDVP und den Kommandeur der Bereitschaftspolizei sind die notwendigen Maßnahmen zu treffen, den Personalbestand auf die bevorstehenden Strukturveränderungen vorzubereiten. Mit der unmittelbaren Ausarbeitung der notwendigen Organisation und des Plans der politischen Sicherstellung wird der Leiter der Politverwaltung der HVDVP in Zusammenarbeit mit dem Leiter der Politischen Verwaltung des Kommandos der Bereitschaftspolizei und dem Leiter der Politabteilung des Präsidiums der Volkspolizei Berlin beauftragt.

2. Zur Vorbereitung der Versetzung der Kräfte der Berliner Bereitschaften zum Sicherungskommando beim Präsidium der Volkspolizei Berlin und zur Bereitschaftspolizei sind durch gemeinsame Kommissionen aus verantwortlichen Offizieren des Präsidiums der Volkspolizei Berlin und der Bereitschaftspolizei individuelle Aussprachen mit den Genossen zu führen.

3. Entsprechend der strukturellen Veränderungen der bewaffneten Organe sind durch den Stab der Einsatzleitung in Berlin die Einsatzdokumente zu überarbeiten und meinem Stellvertreter für die bewaffneten Organe bis zum 15. 7. 1961 vorzulegen.

4. Für die Bereitstellung der für die Brigade Berlin der Bereitschaftspolizei und für das Sicherungskommando beim Präsidium der Volkspolizei Berlin vorgesehenen Bewaffnung, Technik und Ausrüstung ist der Stab des MdI[11], Abteilung Org.-Planung[12], verantwortlich.

Die benötigte Bewaffnung, Technik und Ausrüstung, die über den gegenwärtigen Bestand hinausgeht, ist in die Perspektivplanung aufzunehmen.

Der Stab des MdI, Abteilung Org.-Planung, hat durch Koordinierung aller Maßnahmen der materiellen Sicherstellung eine maximale Einsatzbereitschaft der Brigade Berlin der Bereitschaftspolizei und des Sicherungskommandos des Präsidiums der Volkspolizei zu gewährleisten.

Die Bestände an Bewaffnung, Ausrüstung und Ausstattung der VP-Bereitschaften des Präsidiums der Volkspolizei Berlin und der 2. Bereitschaft Basdorf sind ab sofort gesperrt. Die erforderliche Umverteilung wird befohlen.

5. Die Veränderung der Waren- und Materialpläne (außer der Teile Bewaffnung und Ausrüstung), der Lebensmittelpläne, der Invest- und Werterhaltungspläne sind durch das Kommando der Bereitschaftspolizei und die HVDVP bis zum 20. 6. 1961 zu überarbeiten.

Der Leiter der Verwaltung Versorgungsdienste des MdI hat die Durchführung zu koordinieren.

6. Die Finanzverwaltung des MdI hat in Verbindung mit den Finanzorganen des Kommandos der Bereitschaftspolizei und der HVDVP den Haushaltsplan 1961 entsprechend der gestellten Aufgabe zu überarbeiten und mir bis zum 31. 7. 1961 zur Bestätigung vorzulegen.

7. Für alle sich aus diesem Befehl ergebenden Objektveränderungen ist unter der Leitung des Chefs des Stabes in Verbindung mit dem Leiter der Verwaltung Versorgungsdienste des Ministeriums des Innern, dem Kommando Bereitschaftspolizei und dem Präsidium der Volkspolizei Berlin eine Kommission zu bilden, die ihre Vorschläge zur Neubelegung der Objekte bis zum 10. 6. 1961 zu unterbreiten hat.

8. Der Chef des Stabes des MdI ist für die Organisierung und Durchführung aller Maßnahmen, die sich durch meinen Befehl ergeben, verantwortlich. Unter seiner Leitung ist eine Arbeitsgruppe zu bilden, die sich aus Offizieren

des Stabes des MdI
des Kommandos der Bereitschaftspolizei
der HVDVP
des PdVP[13] Berlin
der Verwaltung Versorgungsdienste des MdI
der Kaderverwaltung des MdI

zusammensetzt.

---

[11] MdI – Ministerium des Innern.
[12] Org.-Planung – Organisation und Planung.
[13] PdVP – Präsidium der Volkspolizei (existierte nur in Ost-Berlin).

Der Plan der Maßnahmen ist meinem Stellvertreter für die bewaffneten Organe bis 10. 6. 1961 zur Bestätigung vorzulegen.

Maron[14]

Minister des Innern   Maron

Kennwort: Sicherheitsmaßnahmen/Hauptstadt Berlin

Dokument 3[15]

MINISTERIUM   O.U.[16], den 1961
FÜR NATIONALE VERTEIDIGUNG
– Operative Verwaltung –
Gkdos.-Tgb.-Nr.[17]: Va/*144*/61

Geheime Kommandosache
3 Ausfertigungen
3. Ausfertigung = *2* Blatt

Durch den Abschluß eines Friedensvertrages mit der DDR Ende dieses Jahres ist es erforderlich, in den nächsten Monaten folgende Fragen zu klären:
1. Abstimmung wichtiger Fragen mit dem Oberkommando der Vereinigten Streitkräfte und der Gruppe der sowjetischen Streitkräfte in Deutschland über die Gewährleistung des militärischen Schutzes der DDR im Falle aggressiver Handlungen der Westmächte.
2. Die Präzisierung der Termine für die Reorganisation der Verbände[18] und Truppenteile[19] der NVA[20], sowie die Erhöhung ihres Kampfwertes durch die beschleunigte Zuführung bestimmter Kampftechnik.
3. Die Aufnahme der Funktechnischen Truppen der NVA in das System der Luftverteidigung der Vereinigten Streitkräfte.

---

[14] Maron, Karl (1903–1975). Generaloberst der VP (1961) – Minister des Innern. 1926 Eintritt in die KPD, bis 1934 Parteiarbeit, dann Emigration nach Schweden. 1935 weiter in die UdSSR, dort stellv. Leiter der Nachrichtenagentur SU-Press. 1943–1945 stellv. Chefredakteur der Zeitung „Freies Deutschland". 1945 zusammen mit der Gruppe Ulbricht nach Berlin, dort zunächst 1. Stellv. Oberbürgermeister, 1949–1950 stellv. Chefredakteur des „Neuen Deutschland". 1950–1955 Chef der Deutschen Volkspolizei, dann Ernennung zum Minister des Innern. 1963 Rücktritt aus gesundheitlichen Gründen, ab 1964 Leiter des Instituts für Meinungsforschung beim ZK der SED.
[15] Bundesarchiv-Militärarchiv (künftig: BA-MA), DVW-1/18790, Bl. 1 f., Schreiben der Verwaltung Operativ des Ministeriums für Nationale Verteidigung, ausgefertigt durch Oberstleutnant Skerra, 22. 6. 1961.
[16] O.U. – Ort der Unterkunft.
[17] Gkdos.-Tgb.-Nr. – Geheime Kommandosachen-Tagebuch-Nummer.
[18] In der Militärsprache der DDR Bezeichnung für eine Division.
[19] In der Militärsprache der DDR Bezeichnung für ein Regiment.
[20] NVA – Nationale Volksarmee.

4. Abschluß aller vorbereitenden Maßnahmen für die Mobilmachung der NVA.
5. Schaffung eines Systems zur Blockierung westberliner Flugplätze, z. B. mit:
   – Ballons
   – Mitteln der funktechnischen Gegenwirkung
   rings um Westberlin bzw. an den Einflugschneisen.
6. Vorbereitung der möglichen Standortveränderungen im demokratischen Berlin
   a) Herauslösung der sowjetischen Truppen
   b) Neubelegung durch Truppen der 1. MSD[21]
7. Beschleunigte Durchführung und Beendigung der Maßnahmen zur Verstärkung der Staatsgrenze West durch die DGP.
8. Vorbereitung aller Maßnahmen, die eine Übernahme der Kontrollfunktionen über westliche Militärtransporte gewährleisten. (Schaffung von Kommandanturen und Kontrolleinheiten).
9. Herbeiführung einer Klärung über die westlichen Militärverbindungsmissionen in der DDR.
10. Regelung des Betretens der Hauptstadt der DDR durch Militärangehörige der westlichen Mächte.
11. Beschleunigte Ausarbeitung der Gesetzesvorlagen über den Staatsnotstand (Militärpflicht, Ausnahmezustand u. a.)
12. Vorbereitung der Proklamation der Hoheitsgewässer durch die Regierung der DDR (evtl. 6 sm[22]).
13. Überprüfung der materiellen und finanziellen Erfordernisse zur Sicherstellung der o.g. Maßnahmen und der Möglichkeit ihrer Realisierung.

Dokument 4[23]

Streng Vertraulich!   Berlin, den 18. 8. 1961

Protokoll
über die Dienstbesprechung am 7. 7. 1961

Beginn: 9,00 Uhr
Ende: 13,00 Uhr

Anwesend: siehe Anwesenheitsliste Anlage 1[24]

Tagesordnung: Die Aufgaben des MfS[25] zur Durchführung der Beschlüsse der 13. Tagung des ZK[26] der SED

---

[21] MSD – Motorisierte Schützendivision.
[22] sm – Seemeilen. 1 Seemeile entspricht 1,85 km.
[23] BStU, SdM 1557, Bl. 247–255, Protokoll der Dienstbesprechung vom 7. 7. 1961 beim Minister für Staatssicherheit, 18. 8. 1961.
[24] Vgl. ebenda, Bl. 256 (hier nicht dokumentiert).
[25] MfS – Ministerium für Staatssicherheit.
[26] ZK – Zentralkomitee (der Sozialistischen Einheitspartei Deutschlands).

Zu Beginn der Dienstbesprechung gedachten alle Genossen durch Erheben von den Plätzen des verstorbenen

Genossen Generalmajor *[geschwärzt]*

Der Genosse Minister verlas die Erwiderungen der Genossen *[geschwärzt]* und *[geschwärzt]* auf die Beileidsbekundungen des MfS.

In Auswertung der 13. Tagung des ZK stellte der Genosse Minister im wesentlichen folgende Probleme und Aufgaben:

Die 13. ZK-Tagung und die ihr folgende Tagung der Volkskammer wirft einige neue wichtige Probleme auf. Darum müssen die Dokumente dieser Tagungen gründlich studiert und ausgewertet werden.

Alle Leiter sind verpflichtet, als Funktionäre der Partei so zu wirken, daß sie durch ihre Arbeit die politischen Probleme in die konkrete operative Arbeit umschlagen lassen.

Die Hauptprobleme:

1. Der Friedensplan ist für alle Menschen von Nutzen.

Von deutschem Boden darf nie wieder ein Krieg ausgehen. ZK und Volkskammer brachten die Überzeugung zum Ausdruck, daß nicht geschossen sondern verhandelt werden wird. Die DDR ist zu Verhandlungen bereit, jedoch nicht damit der Gegner Zeit gewinnt. Für den Abschluß des Friedensvertrages ist eine Frist gestellt.

Die Durchsetzung des Friedensplanes erfordert alle Anstrengungen zur Bändigung des deutschen Militarismus zu unternehmen.

Der Friedensplan berechtigt zu den Hoffnungen, daß die Bonner Regierung doch noch zu Verhandlungen kommen wird. Die Forderung nach Verhandlungen ist eine mobilisierende Kampflosung und muß überall aufgegriffen werden.

Gerstenmaier[27] spricht auch vom Frieden. Er spricht aber so wie schon Hitler gesprochen hat. Darum muß das Gerede Gerstenmaiers vom Frieden aufgedeckt und enthüllt werden.

Die Sicherung des Friedens erfordert, daß wir die Bonner Machthaber an den Verhandlungstisch zwingen, bevor Strauß[28] mit seiner Atomrüstung fertig ist.

Die nationale Verantwortung erfordert es, durch den Friedensvertrag die Überreste des II. Weltkrieges zu beseitigen und damit die Lunten für einen III. Weltkrieg auszutreten.

Gegenwärtig ist Westberlin die Lunte am Pulverfaß.

---

[27] Gerstenmaier, Eugen (1906–1986). Deutscher Politiker und Theologe. Angehöriger des Kreisauer Kreises, nach dem 20. Juli 1944 zu 7 Jahren Zuchthaus verurteilt. 1945 bis 1951 Leiter des Evangelischen Hilfswerkes. 1949 bis 1969 Mitglied des Deutschen Bundestages, ab 1954 dessen Präsident. 1956 bis 1969 stellv. Vorsitzender bzw. Mitglied des Präsidiums der CDU. 1969 Rücktritt als Präsident des Bundestages und Aufgabe seiner anderen Ämter.

[28] Strauß, Franz Josef (1915–1988). Deutscher Politiker und bayerischer Ministerpräsident. 1945 Mitbegründer der CSU, von 1949 bis 1952 deren Generalsekretär. 1951 bis 1961 stellv. CSU-Vorsitzender, ab 1961 bis zu seinem Tod CSU-Vorsitzender. 1948 bis 1978 Mitglied des Deutschen Bundestages, ab 1953 Bundesminister für besondere Aufgaben. 1955/56 Bundesminister für Atomfragen, dann bis 1962 Verteidigungsminister. 1966–1969 Bundesfinanzminister. Seit November 1978 bayerischer Ministerpräsident.

Genosse W. Ulbricht hat in seiner Rede vor der Volkskammer Adenauer an seine Worte aus dem Jahre 1946 erinnert und diese mit seinen Reden aus dem Jahre 1960 verglichen. Wir wollen Frieden in Deutschland, so wie es Adenauer 1946 selbst sagte.

Was ist der Inhalt des Friedensvertrages? Er ist kein Diktat, sondern Grundlage für Beratungen zwischen den beiden deutschen Staaten.

Die Fixierung der deutschen Grenzen, so wie sie jetzt bestehen, entsprechen dem Ergebnis des II. Weltkrieges. Hitlers Gefolgsleute, die Urheber dieser Entwicklung, sitzen heute wieder im Bonner Staat an wichtigen Stellen.

Welche Vorteile würde ein Friedensvertrag der DDR bringen? Die Festigung der völkerrechtlichen Stellung, die Souveränität würde gestärkt usw.

Die DDR ist der rechtmäßige deutsche Staat. (Vergleiche die Entwicklung in den beiden Teilen Deutschlands). Die Bonner Machthaber haben vor einem Friedensvertrag Angst, weil er aller Welt offen zeigen würde, daß die Politik Bonns, die DDR und SU[29] zum Rückzug zu zwingen, gescheitert ist.

Aus Pressestimmen und Reden offizieller Kreise in Bonn geht hervor, daß sie diese Entwicklung selbst erkennen. Zum Beispiel schrieb der „Münchner Merkur", daß es angesichts der Lage zweckmäßig ist, zum Guerilla-Kampf überzugehen.

Daraus ergibt sich die wichtige Frage der breiten Mobilisierung aller Mitarbeiter zur Wachsamkeit und Gründlichkeit in der Arbeit. Obwohl die westlichen Spekulationen irreal sind, müssen wir damit rechnen, daß gewisse Kräfte angeregt werden und zur offenen Auseinandersetzung übergehen. Auch dann wenn die deutschen Militaristen Atomwaffen erhalten, ändert sich das Kräfteverhältnis der Welt nicht.

2. In Bezug auf die Lage in Westberlin müssen die in der Volkskammer gestellten Fragen und Antworten gründlich studiert werden. Genosse Ulbricht hat erneut versichert, daß die DDR den Status einer Freien Stadt Westberlin garantiert.

3. Genosse Ulbricht betonte auf der 13. ZK-Tagung, daß der Friedensvertrag große und komplizierte Aufgaben stellt. Diese Aufgaben sind jedoch zu erfüllen, wenn wir für ihre Lösung alle Bürger mobilisieren und alle Menschen ihre Aufgaben erfüllen. Jetzt muß schon in Vorbereitung der Wahlen erreicht werden, daß alle Schichten der Bevölkerung in die Arbeit zur Stärkung unserer Republik einbezogen werden.

Der Kampf um den Abschluß des Friedensvertrages wird eine Periode des verstärkten Widerstandes der aggressiven Kräfte bringen. Gegner des Friedens sind zu allem fähig. Durch unsere Offensive müssen wir den Gegner zum Kampf stellen und entlarven. Wer gegen den Friedensvertrag ist, ist für den Krieg. Eine solche Einschätzung erfordert, daß wir genau die Schwerpunkte des Feindes kennen und die operative Arbeit entsprechend organisieren.

Der Gegner ist uns gegenwärtig in einigen ökonomischen Fragen noch überlegen. Es ist notwendig, daß wir bei unseren Menschen darum eine bestimmte „Opferbereitschaft" erzeugen und alle Anstrengungen unternehmen zur Aufholung auf bestimmten Gebieten.

---

[29] SU – in der DDR umgangssprachlich für Sowjetunion.

4. Das zentrale Problem für die Arbeit der Staatssicherheit besteht darin, daß wir rechtzeitig erfahren und wissen, was beabsichtigt der Gegner. Seine Kriegsdrohungen sind Bluff und sollen vom Friedensvertrag ablenken. Aber die Feinde des Friedens sind auch zu den gemeinsten Provokationen fähig. Die Geschichte lehrt, der deutsche Militarismus ist nicht fähig, die Lage real zu beurteilen.

In diesem Zusammenhang muß auch den westdeutschen Bürgern erklärt werden, daß man nicht für den Frieden sein kann, wenn man gleichzeitig bereit ist, gegen die DDR tätig zu werden.

Durch unsere Arbeit müssen wir zur weiteren Forcierung des Differenzierungsprozesses in Westdeutschland und zur Zersetzung der Kräfte des Friedens beitragen. Die Bedeutung der DDR ist in Westdeutschland noch stärker zu publizieren. Es muß eine solche Lage erreicht werden, daß selbst in Westdeutschland Kräfte heranwachsen, die die DDR verteidigen und gegen Handlungen gegen die DDR vorgehen.

Im Rahmen der Vorbereitung der Bundestagswahlen am 17.9. müssen Maßnahmen in dieser Richtung durchgeführt werden.

5. Die Durchsetzung des Friedensplanes erfordert die weitere Festigung und Stärkung der DDR. Unter der gesamten Bevölkerung muß eine patriotische Einstellung zur Mithilfe bei der Lösung unserer schweren Aufgaben erreicht werden. Im Vordergrund steht die Erfüllung der ökonomischen Aufgaben. Störungsfreie Wirtschaft schaffen. Darüber hinaus muß der Wille zur Verteidigung der DDR erzeugt werden.

Die Argumente des Feindes müssen im offensiven Kampf zerschlagen werden. Zur Festigung der DDR ist die Weiterführung der Blockpolitik von Wichtigkeit. Die Erklärung des Staatsrates muß erneut in Erinnerung gerufen und weiter durchgesetzt werden. Teilweise wird die Staatsratserklärung noch zu wenig beachtet[30].

In der Arbeit der staatlichen Organe muß eine weitere Qualifizierung erreicht und die operative Leitungsarbeit unter Einbeziehung großer Teile der Bevölkerung verstärkt werden. Beseitigung bürokratischer Erscheinungen und Hemmnisse.

Innerhalb des MfS müssen wir selbst ein Maximum an Arbeitsergebnissen erreichen.

6. Das 13. Plenum hat weiterhin Maßnahmen zur Qualifizierung der operativen Leitung der Volkswirtschaft beschlossen. Zum Beispiel die Schaffung des Volkswirtschaftsrates und der Staatlichen Plankommission[31].

Wie sollen diese Aufgaben gelöst werden?

---

[30] Gemeint ist hier die Erklärung des ZK der SED, des Staatsrates und des Ministerrates der DDR und der Nationalen Front des demokratischen Deutschlands vom 14. 6. 1961, abgedruckt in: DzD IV/6, S. 896–900.

[31] Im Juli 1961 wurden in Ausführung der Beschlüsse des 13. Plenums des ZK zur Steigerung der bisherigen Effizienz der staatlichen Planung die bisher mit Industrieplanung befaßten Hauptabteilungen aus der Staatlichen Plankommission ausgegliedert und als Volkswirtschaftsrat unter der Leitung von Alfred Neumann in den Rang eines selbständigen Ministeriums erhoben. Das Unvermögen des Volkswirtschaftsrates zur Planung und Leitung einer raschen industriellen Entwicklung führte 1965 zu dessen Auflösung.

– Der Kampf um den Abschluß des Friedensvertrages ist mit dem Kampf um die Erfüllung der Volkswirtschaftspläne und der Aktivierung der politischen Massenarbeit verbunden.
Um bei allen Mitarbeitern das richtige Verständnis für die Probleme des Klassenkampfes in der DDR zu schaffen, müssen in den Grundorganisationen die politischen Hauptfragen beraten werden und die Grundorganisationen, besonders in den Kreisdienststellen, müssen sich noch schneller zu wirklichen Kampfkollektiven entwickeln.

– Unsere Grundorganisationen müssen selbst aktiver werden und jeden Genossen prüfen, wie er seine Pflichten als Mitglied der Partei erfüllt.

– Für die politisch-operative Arbeit müssen reale und wirksame Kampfpläne erarbeitet werden. Sie müssen die Maßnahmen zur Bekämpfung des Feindes und zur Überzeugung noch schwankender Kräfte enthalten. Maßstab für die Erfüllung der Parteibeschlüsse sind die Ergebnisse der operativen Arbeit. Dazu muß die persönliche Verantwortung erhöht und die Einsatzbereitschaft aller Einheiten gestärkt werden.

Wir müssen selbst auch noch stärker nach außen wirken, zum Beispiel bei der Schaffung von Parteiorganisationen in allen LPG[32]. Insgesamt muß der Entwicklung der genossenschaftlichen Arbeit noch mehr Beachtung beigemessen werden.
In der Parteiarbeit müssen wir den z.T. vorhandenen Dualismus überwinden.
Die eigene schöpferische Tätigkeit muß breit entfaltet werden.
Das geistige und kulturelle Leben muß noch breiter entfaltet werden.
Der Kampf gegen Verschwendung und für Sparsamkeit muß weiter durchgeführt werden. Im persönlichen Leben müssen unsere Mitarbeiter auf dem Boden bleiben und vom allgemeinen Lebensstandart [sic!] der Bevölkerung ausgehen.
In Vorbereitung der Wahlen müssen unsere Genossen einen aktiven Beitrag zur Stärkung der DDR leisten, indem sie innerhalb der Nationalen Front arbeiten.

Zu einigen operativen Fragen:

Auf Grund der Situation hat die Partei alle Kräfte in der DDR zur Wachsamkeit und Erhöhung der Verteidigungsfähigkeit aufgerufen. Trotz des Kräfteverhältnisses ist die Gefahr offener Auseinandersetzung vorhanden. Die herrschenden Kreise des Westens sind über die wirkliche Lage nicht real informiert.
In der DDR gibt es eine Reihe bestimmter Schwierigkeiten. Eine Untersuchung zeigt, daß zum Teil in den Bezirken, wo am 17. Juni 1953 stärkere Provokationen waren auch heute noch gewisse Schwierigkeiten bestehen. Auch in der Stimmung der Bevölkerung müssen die Veränderungen genauer verfolgt und beachtet werden.
Die Kirche arbeitet unter den Bauern aktiv. Eine Reihe Austritte aus der LPG haben dort ihre Ursachen.
Teilweise treten Rückkehrer und Erstzuziehende negativ auf.
Mitunter weichen Partei- und Staatsfunktionäre vor den Aufgaben zurück und setzen die Linie der Partei nicht durch. An einigen Orten sind subjektive Schwächen und Mängel die Ursache für auftretende Schwierigkeiten.

---

32 LPG – Landwirtschaftliche Produktionsgenossenschaft.

Der Gegner arbeitet nach einem bestimmten Plan in Bezug auf die Organisierung der ideologischen Diversion[33]. Von unseren Mitarbeitern wird noch nicht immer diese Feindtätigkeit wirksam bekämpft.

Der Gegner versucht, schwache Punkte in der DDR (z. B. Hennigsdorf[34]) für seine Provokationsversuche gegen den Abschluß eines Friedensvertrages auszunutzen. Darum ist die Lage ständig einzuschätzen, weil sie aus verschiedenen Gründen Veränderungen unterworfen ist. Bei der Einschätzung der Lage sind selbst unscheinbare Informationen gründlich auszuwerten und zu beachten.

In der gesamten Arbeit dürfen wir dem Feind nicht das Feld überlassen. Alle Vorkommnisse sind aufzuklären.

Waffenfunde sind in den letzten Wochen wieder häufiger geworden.

In Berlin stellen wir fest, daß eine Anzahl von Republikfluchten entstehen, weil das Grenzgängerproblem angepackt wird. Die Aufklärung der Gründe der Republikflucht muß von beiden Seiten, also von der DDR aus aber auch vom Westen aus erfolgen.

In der nächsten Zeit müssen alle Maßnahmen ergriffen werden, um die Personen unter Kontrolle zu bekommen, die zum Kirchentag fahren[35].

Abschließend machte der Genosse Minister auf der Grundlage erarbeiteter Schlußfolgerungen (siehe Dokument vom *17. 7. 61 VVS*[36] *007/401/61*) folgende Bemerkungen:

- Überarbeitung der Schlußfolgerungen und als Arbeitsanleitungen den Leitern der Einheiten zustellen;
- In der nächsten Zeit alles Material auf den Linien zusammentragen, damit zu einem bestimmten Zeitpunkt nach einem einheitlichen Plan operative Maßnahmen durchgeführt werden können;
- Prüfen, wo die Möglichkeit besteht, einige Organisatoren der Austrittsbewegung aus LPG zu entlarven;

Zusammenfassend wies der Genosse Minister nochmals auf solche Fragen wie

- Verbesserung der Objektbearbeitung
- Qualifizierung der analytischen Arbeit
- Verstärkung der operativen Bearbeitung des Staatsapparates
- Verstärkung der Sicherung der Staatsgrenze West und Ring um Berlin
- und Erhöhung der Verantwortung aller Mitarbeiter

hin.

Zum Ende der Dienstbesprechung wies der Genosse Minister an, daß während

---

[33] Diversion: In der Sprache der DDR waren hiermit tatsächliche oder vermeintliche Angriffe auf die politische, wirtschaftliche und militärische Macht eines sozialistischen Staates, vor allem durch Sabotage und Spionage, gemeint. Als Diversion galt jede „Zersetzungsarbeit imperialistischer Kräfte", vor allem auf ideologischem Gebiet. Vgl. Wörterbuch der Staatssicherheit, S. 77 f.

[34] Industriegemeinde nordwestlich von Berlin. Die dort im Stahl- und Walzwerk sowie einer Lok- und Isolatorenfabrik beschäftigten Arbeiter waren bereits 1953 maßgeblich am Juni-Aufstand beteiligt. Im Juni 1961 protestierten sie in einem gemeinsamen Schreiben an Ulbricht gegen zahlreiche Mängel in der Versorgung.

[35] Der für Juli 1961 geplante Evangelische Kirchentag in Berlin wurde am 9. 7. 1961 durch das MdI offiziell verboten. Am 11. 7. 1961 verweigerte die DDR den Delegierten des Kirchentages den Zutritt nach Ost-Berlin.

[36] VVS – Vertrauliche Verschlußsache.

seines Urlaubes ab 8. 7. 61 der Genosse Generalltn.[37] Walter[38] bzw. seine Stellvertreter auf ihrer Linie ihn vertreten.

(Ludwig[39])
Major

gefertigt: 2 Exemplare
    1. Ex. Genosse Minister Mielke[40]
    2. Ex. Ablage, Sekretär des Kollegiums

Dokument 5[41]

Geheime Kommandosache!   Gkdos.-Tgb.-Nr.: *IA/10709*/61
         Ausfertigungen
         1. Ausfertigung = 2 Blatt

An den
Minister für Nationale Verteidigung
der Deutschen Demokratischen Republik
– persönlich –

---

[37] Generalltn. – Generalleutnant.
[38] Walter, Otto (1902–1983). Generalleutnant (1959) – 1. Stellv. Minister für Staatssicherheit. Ausbildung zum Zimmermann, 1920 Eintritt in die KPD. 1933 wegen illegaler Parteitätigkeit verhaftet und nach Verbüßung einer dreijährigen Haftstrafe ins KZ Sachsenhausen eingewiesen. Ab 1945 Mitarbeiter der KPD-Landesleitung in Sachsen-Anhalt. 1949 Wechsel zur Staatssicherheit, 1951 bis 1953 Leiter der Hauptabteilung Politkultur. 1953 Ernennung zum stellv. Minister, ab 1957 1. Stellv. Minister für Staatssicherheit. 1964 wegen Differenzen mit Minister Mielke entlassen und in den Ruhestand versetzt.
[39] Ludwig, Egon (*1929). Generalmajor (1983) – Sekretär des Kollegiums des MfS. Ausbildung zum Maschinenschlosser, seit 1945 in der KPD. 1948 zur VP, ab 1951 Mitarbeiter des MfS. Ab 1953 persönlicher Referent des Ministers, 1957 Ernennung zum Sekretär des Kollegiums des MfS, ab 1961 Leiter des Büros der Leitung des MfS. Seit 1966 Vorsitzender der zum MfS gehörenden Sportgemeinschaft Dynamo Hohenschönhausen. Im Dezember 1989 von seinen Funktionen entbunden, seit 1990 im Ruhestand.
[40] Mielke, Erich (1907–2000). Armeegeneral (1980) – Minister für Staatssicherheit. Ab 1927 Mitglied der KPD, 1928–1931 Lokalreporter der „Roten Fahne". 1931 Ermordung von zwei Polizisten in Berlin, dann Flucht in die UdSSR, dort Ausbildung zum militärpolitischen Lektor. 1936–1939 bei den Internationalen Brigaden in Spanien, 1940–1941 in Frankreich interniert, dann bis 1943 in Südfrankreich als Holzfäller tätig, gleichzeitig Mitarbeiter der illegalen KPD-Leitung in Frankreich. 1944 Angehöriger der Organisation Todt, 1945 Rückkehr nach Berlin. 1946–1949 Vizepräsident der Deutschen Verwaltung des Inneren, dann bis 1950 Leiter der Hauptverwaltung zum Schutz der Volkswirtschaft im MdI, gleichzeitig ab 1950 Mitglied des ZK der SED. 1950–1953 Staatssekretär im MfS, 1953–1955 stellv. Staatssekretär, 1955–1957 stellv. Minister für Staatssicherheit. 1957–1989 Minister für Staatssicherheit. Im November 1989 Rücktritt, wenig später verhaftet und 1993 wegen der Polizistenmorde zu sechs Jahren Gefängnis verurteilt. 1995 Haftentlassung auf Bewährung.
[41] BA-MA, AZN 32595, Bl. 25 f., Schreiben von Grečko an Hoffmann, 15. 7. 1961.

Mit dem Ziel der Erhöhung der Gefechtsbereitschaft der Truppen bitte ich Sie, im Einvernehmen mit der Regierung der DDR, folgende Maßnahmen durchzuführen:

1. Zum 01. September zwei PD[42], vier MSD, die Truppen der Luftstreitkräfte/Luftverteidigung in erhöhte Bereitschaft zu versetzen.

2. Im Monat Juli/August durchzuführen, die Registrierung des Personalbestandes und der notwendigen Technik für die Aufstellung von zwei Brücken-, drei Straßen-Kommandantenbrigaden[43] und vier Flugplatz-Pionierbataillone[n] mit einem Zeitraum der Mob.[44]-Bereitschaft von nicht mehr als zwei bis drei Tagen. Für diese Verbände sind in Abstimmung mit dem Oberkommandierenden der Gruppe der sowjetischen Truppen in Deutschland die Aufgaben für die Wiederherstellung von Brücken, Flugplätzen und die Organisation des Kommandantendienstes auf dem Territorium der DDR frühzeitig festzulegen.

3. Bis zum 01. September durchzuführen die Registrierung der Kfz. und der Kraftfahrer für die Aufstellung von 40 Kfz.-Kolonnen des Typs eines Kfz.-Bataillons (10 000 Lkw) und 6 Kfz.-Kolonnen des Typs einer Kfz.-Sanitätskompanie (600 Kfz.), damit sie im Fall der Notwendigkeit im Verlaufe eines Tages einberufen und der Gruppe der sowjetischen Truppen in Deutschland übergeben werden können.

4. Vorzusehen die Bereitstellung aus den Beständen der DDR für die Belange der sowjetischen Truppen: 40 000 bis 50 000 t Autobenzin und 60 000 bis 70 000 t Dieselkraftstoff mit nachfolgender Kompensierung.

5. Vorzusehen die Bereitstellung von 500 Kfz. mit Kraftfahrern am ersten Einsatztag für die Lazarette der Gruppe der sowjetischen Truppen in Deutschland sowie die Bereitstellung von Unterkunft und Aufstellung von Lazaretten für 20 000 Betten für die Gruppe der sowjetischen Truppen.

Der Oberkommandierende der sowjetischen Truppen in Deutschland hat Anweisung über alle Maßnahmen der Erhöhung der Gefechtsbereitschaft in der NVA der DDR.

Hochachtungsvoll!
Oberkommandierender der Vereinten Streitkräfte
Marschall der Sowjetunion
A. Gretschko[45]
15. Juli 1961

[42] PD – Panzerdivision.
[43] Der Kommandantendienst sollte die rechtzeitige und gedeckte Verlegung, Konzentrierung, Entfaltung und Unterbringung der Truppen sowie die Aufrechterhaltung von Ordnung und Tarnung während des Marsches und im Konzentrierungsraum gewährleisten.
[44] Mob. – Mobilmachung.
[45] Grečko, Andrej Antonovič (1903–1976). Marschall der Sowjetunion (1955) – Oberkommandierender der Vereinten Streitkräfte. In der Roten Armee seit 1919. 1936 Abschluß an der Frunse-Militärakademie, 1941 Absolvent der Militärakademie des Generalstabes, danach Einsatz als höherer Kavallerieoffizier. 1943–1945 Kommandeur der 1. Gardearmee. Oberkommandierender des Kiewer Militärbezirkes von 1945–1953, danach bis 1957 Befehlshaber der Gruppe der sowjetischen Streitkräfte in Deutschland. 1957–1960 1. Stellv. Verteidigungsminister der UdSSR, Chef der Landstreitkräfte. 1960–1967 Oberkommandierender der Vereinten Streitkräfte des Warschauer Vertrages. 1967–1976 Verteidigungsminister der Sowjetunion.

Dokument 6 [46]

Auszug aus dem Bericht der ZK-Abteilung für Sicherheitsfragen vom 24. Juli 1961
zur Kampf- und Einsatzbereitschaft der Deutschen Volkspolizei in Ost-Berlin

24. 7./3401

Abteilung für Sicherheitsfragen

Geheime Verschlußsache
ZK 34 *2040/61*
3 Exemplare je ...Blatt
1 Exemplar *19* Blatt
Berlin, den 24. 7. 61

Bericht
über die Kampf- und Einsatzbereitschaft
der Kräfte des Präsidiums der Deutschen
Volkspolizei in Berlin

1. Übersicht über die vorhandenen Kräfte des
Präsidiums der Deutschen Volkspolizei in
Berlin

2. Der innere Zustand in den Dienststellen der
Deutschen Volkspolizei in Berlin

3. Einige Probleme der polizeilichen Lage in
Berlin

4. Welche Maßnahmen sind zur Erhöhung der
Kampf- und Einsatzbereitschaft notwendig

1. Übersicht über die vorhandenen Kräfte des Präsidiums der Deutschen Volkspolizei Berlin
Auf Beschluß des Nationalen Verteidigungsrates vom 9. 5. 61[47] wurden zur Erhöhung der Sicherheit in Berlin und Sicherung der Grenze zwischen Westberlin und
dem demokratischen Berlin folgende Aufgaben gestellt:

a) Bildung eines Sicherungskommandos beim Präsidium Berlin, mit einer Gesamtstärke von 1500 Mann. Dem Sicherungskommando obliegen folgende Aufgaben:
– Schutz der Grenze zwischen Westberlin und dem demokratischen Berlin;
– polizeiliche Kontrolle des Personen- und Fahrzeugverkehrs an allen Übergängen
von und nach Westberlin;
– Organisierung der Tiefensicherung entlang der gesamten Grenze durch Einsatz
von Posten und Streifen.

[46] Stiftung Archiv der Parteien und Massenorganisationen der DDR im Bundesarchiv (künftig:
SAPMO-BA), DY 30/3682, Bl. 128–146, Auszug aus dem Bericht der ZK-Abteilung für Sicherheitsfragen zur Kampf- und Einsatzbereitschaft der Deutschen Volkspolizei in Ost-Berlin, 24. 7. 1961.
[47] Tatsächlich fand die Sitzung des Verteidigungsrates nicht am 9., sondern am 3. 5. 1961 statt.
Vgl. BA-MA, DVW-1/39462, 5. NVR-Sitzung, TOP 10.: Durchführung des Beschlusses
über die Brigade Berlin, 3. 5. 1961. Möglicherweise wurde der entsprechende Befehl zum Beschluß erst mit Datum vom 9. 5. 1961 ausgefertigt.

Das Sicherungskommando ist entsprechend des bestätigten Stellen- und Ausrüstungsplanes personell und materiell aufgefüllt. Vom Gesamtbestand sind 33% Mitglieder der Partei und 90% Mitglieder der Freien Deutschen Jugend.
Durch die Bildung des Sicherungskommandos und dem damit verbundenen Einsatz von älteren, erfahrenen Genossen sowie von vier ständig im Dienst befindlichen Schnellkommandos wurde eine wirksamere Sicherung der Grenze erzielt.

b) Bildung einer Mot.[48]-Brigade der Bereitschaftspolizei mit einer Gesamtstärke von 3951 Mann.
Die Mot.-Brigade gehört zur Einsatzreserve der Einsatzleitung Berlin. Der Stellenplan ist bis auf 29 Offiziere, 75 Unterführer und 150 Wachtmeister aufgefüllt. Das sind 8 bis 10% Fehlstellen. Die Offizierskader sind 98% Mitglieder der SED, Unterführer 15% und Wachtmeister 8% bzw. FDJ 80%.
Die Mot.-Brigade ist auf Grund der personellen Zusammensetzung und materiellen Ausrüstung einsatzbereit. Bei der Ausrüstung ist aber zu bemerken, daß sie bei

Panzerbüchsen PG-2[49]	66,6%
Nachrichtentechnik	61,0%
Pioniertechnik	45,0%
Spreng- und Zündmittel	19,0%
chemische Dienste	33,0%

beträgt und in entscheidenden Positionen größeren Einsatzbedingungen nicht voll genügt. Da die Aufstellung der Mot.-Brigade Berlin in der Hauptsache durch Zuführung mit Kräften aus dem Bestand der Bereitschaftspolizei erfolgte, sind die Einheiten der Bereitschaftspolizei in den Bezirken der Republik gegenwärtig nicht in der Lage, die ihnen gestellten Aufgaben zu erfüllen. Sie haben eine durchschnittliche Besetzung von 70%.

c) Als weitere Aufgabe wurde die maximale Beseitigung der Fehlstellen in den Volkspolizei-Inspektionen[50] und Erhöhung der Ordnung und Sicherheit im Stadtgebiet gestellt.
Durch die Zuführung von insgesamt 822 Offizieren, Unterführern und Wachtmeistern aus dem Bestand der ehemaligen Bereitschaften des Präsidiums Berlin konnten die Fehlstellen weitgehendst aufgefüllt werden. Zur Lösung der Aufgaben der Ordnung und Sicherheit stehen gegenwärtig 7454 Mann dem Präsidium der Deutschen Volkspolizei bzw. den Volkspolizei-Inspektionen zur Verfügung.

2. Der innere Zustand in den Dienststellen des Präsidiums der Deutschen Volkspolizei Berlin

[…]

---

[48] Mot. – Motorisiert.
[49] PG-2 – protivotankovyj granatomet 2 – Panzerfaust 2. In den 50er Jahren bei der NVA und den militärischen Gliederungen der VP eingeführte sowjetische Panzerabwehrwaffe, Kaliber 82 mm, Reichweite 150 m.
[50] Volkspolizei-Inspektionen (VPI) gab es nur in Ost-Berlin, und zwar eine für jeden Ost-Berliner Verwaltungsbezirk. Sie entsprachen den Volkspolizei-Kreisämtern (VPKÄ) in allen übrigen Städten und in den Kreisen der DDR.

3. Einige Probleme der polizeilichen Lage in Berlin

In der Entwicklung der Gesamtkriminalität im II. Quartal 1961 zeigt sich gegenüber dem I. Quartal 1961 bei den bekannt gewordenen strafbaren Handlungen eine Steigerung von 9,4%.

Gegenüber dem gleichen Zeitraum des vergangenen Jahres zeigt sich zwar noch eine rückläufige Tendenz, aber es gibt bei einigen Delikten ein echtes Ansteigen.

Charakteristisch dafür sind einige Schwerpunkte:

bei Verbrechen gegen das sozialistische	
Eigentum	von 499 auf 532 Delikte
Sittendelikte	von 129 auf 147
Körperverletzungen	von 94 auf 136
Raubüberfälle	von 13 auf 19
Diebstähle und	
Unterschlagungen	von 529 auf 638
schwere Verkehrsunfälle	von 189 auf 291

Bei den unbekannten und bekannten Fällen staatsgefährdender Hetze und Propaganda (Schmieren von Hetzlosungen, anonyme[r] Briefe, mündliche Hetze) ist ein Ansteigen von 44 auf 63 Fälle zu verzeichnen.

[…]

Im I. Halbjahr 1961 sind insgesamt 87 Diversionsakte und Störungen mit einem Schaden von fast 1 Million [Mark] zu verzeichnen.
Bei 17 vorsätzlichen Handlungen in Industrie und Landwirtschaft entstand ein Schaden von 130000 DM und bei 28 Vorkommnissen durch Fahrlässigkeit fast 275000 DM.
Im VEB[51] Elektrokohle wurden von 9 Vorkommnissen 4 vorsätzlich und 2 fahrlässig verursacht.
Von der Volkspolizei werden 1489 Personen, davon 580 gefährliche Rechtsbrecher, 739 Rückkehrer und 159 Neuzuzüge unter ständiger Kontrolle gehalten.
Diese Zahl der zu überwachenden Personen ist ohne Zweifel für Berlin zu gering.

Von den zur Kontrolle einliegenden Personen wurde von der Volkspolizei in 19 Fällen Ermittlungsverfahren wegen staatsgefährdender Delikte durchgeführt und in 20 Fällen an das Ministerium für Staatssicherheit übergeben.
Von den unter Kontrolle stehenden Personen sind 95 als Grenzgänger festgestellt worden.
Besondere Aufmerksamkeit verdient das Bandenunwesen und Rowdytum. Insgesamt bestehen 55 jugendliche Cliquen und Banden mit ca. 1000 Jugendlichen.
Davon werden 30 durch die Kriminalpolizei ständig überwacht. Bei 8 weiteren dieser Gruppen sind in Verbindung mit den zuständigen Staatsorganen, FDJ, Nationale Front[52], ADMV[53] und GST[54] Maßnahmen zur Auflösung eingeleitet.

---

51 VEB – Volkseigener Betrieb.
52 Die „Nationale Front" band alle Parteien in das von der SED dominierte politische System der DDR ein. Grundlage dieser „sozialistischen Demokratie" war die Aufstellung von Ein-

Ein großer Teil dieser Jugendlichen verkehrt ständig in Westberlin und ist den feindlichen Einflüssen direkt ausgesetzt, so daß ein beträchtlicher Prozentsatz von ihnen bei feindlichen Handlungen vom Gegner einbezogen werden kann.
Die am häufigsten von Jugendlichen begangenen Deliktsarten sind:

> Sittlichkeitsdelikte
> Körperverletzungen
> Sachbeschädigungen
> unberechtigtes Benutzen von Kfz
> Eigentumsdelikte (Diebstähle)

Verschiedene Erscheinungen lassen aber auch gefährliche Handlungen erkennen, die geeignet sind, die Sicherheit und Ordnung in beträchtlichem Umfang zu stören, Unruhe und Unsicherheit unter der Bevölkerung zu erzeugen.
So gab es im Stadtbezirk Treptow innerhalb von 2 Tagen – am 16./17. 7. 1961 – drei Fälle von schweren Körperverletzungen und einen Raubüberfall. Auffallend dabei ist, daß in allen vier Fällen Gruppenhandlungen zu verzeichnen sind.

Am Bahnhof Lichtenberg konzentrieren sich negativ eingestellte Jugendliche. Sie sind schon mehrfach mit Hetze und Beleidigungen von Bürgern in Erscheinung getreten.
Im Bereich der Volkspolizei-Inspektion Treptow und Mitte traten an der Sektorengrenze Jugendliche in Gruppen wiederholt provokatorisch gegenüber dem Sektorenposten auf.

Am 8. 7. 1961 kam es im Gesellschaftshaus Rahnsdorf zu einer Schlägerei, in deren Verlauf ein Jugendlicher festgenommen und dem Revier zugeführt werden mußte. Nach der Festnahme rotteten sich vor dem Volkspolizei-Revier 30 Jugendliche zusammen und forderten die Freilassung ohne daß sofort energisch dagegen eingeschritten wurde. Die Dienststelle *[des]* Ministerium*[s]* für Staatssicherheit wurde erst drei Tage später über dieses Vorkommnis in Kenntnis gesetzt.

In der Zeit vom 1. 1.–30. 6. 1961 gibt es 11 142 illegale Abwanderungen. Obwohl die Abwanderung in den einzelnen Monaten sehr unterschiedlich ist

Januar	1954
Februar	1776
März	2043
April	2069
Mai	1612
Juni	1688

heitslisten mit gemeinsamer Kandidatenaufstellung anläßlich von Wahlen. Darüber hinaus fungierte sie als Bindeglied zwischen Staat und Gesellschaft; bis Anfang der sechziger Jahre als sozialistische nationale Bewegung für den Frieden mit gesamtdeutschem Anspruch. Seit Ende dieses Jahrzehnts war sie mit der staatsbürgerlichen Mobilisierung bis hinein in das Alltagsleben betraut. Vgl. Herbst/Ranke/Winkler, So funktionierte die DDR, Band 2, S. 722–733.
[53] ADMV – Allgemeiner Deutscher Motorsport-Verband.
[54] GST – Gesellschaft für Sport und Technik.

zeigt sich gegenüber dem Vergleichszeitraum 1960 nach wie vor eine steigende Tendenz um 20,5%.

Die verstärkte organisierte Tätigkeit des Gegners zeigt sich auch bei besonderen Vorfällen an der Sektorengrenze.
Im Vergleich des I. Halbjahres 1960 zum I. Halbjahr 1961 zeigt sich das wie folgt:

verstärkte Tätigkeit	
durch Stupo[55]	218 / auf 315 Fälle
durch Zoll	98 / auf 169 Fälle
Militärpolizei[56]	39 / auf 120 Fälle
Grenzüberschreitungen	
durch Stupo	71 / auf 73 Fälle
durch Zoll	16 / auf 31 Fälle
Provokationen durch Stupo (Beschimpfen und Bedrohen der Sektorenposten, Versuche sie zur Fahnenflucht zu verleiten)	58 / auf 140 Fälle
durchfahrende Fahrzeuge	49 / auf 55 Fälle
Krawallfahrten (das sind solche Fahrzeuge, die kurz anhalten, den Posten täuschen und weiterfahren)	39 / auf 71 Fälle
provokatorische Ansammlungen auf westlicher Seite	8 / auf 20 Fälle

Weiterhin haben sich die Versuche der Verbindungsaufnahme durch die Stupo und Zoll gegenüber unseren Sektorenposten verstärkt.

Was die Gesamtaufklärung der bekannten Kriminalität betrifft, so ist gegenüber dem I. Quartal 1961 im II. Quartal 1961 ein Absinken von 73% auf 68% zu verzeichnen. Besonders unbefriedigend dabei ist, daß die Aufklärung der

Verbrechen nach StEG § 19/1[57]	um 18%
sonstige staatsgefährdende Delikte	15%
Verbrechen im Bauwesen	12%

gesunken ist.

[55] Pejorative Bezeichnung für die West-Berliner (Schutz-) Polizei, die von der DDR-Propaganda nach ihrem von 1948 bis 1962 im Westteil der Stadt amtierenden Polizeipräsidenten Johannes Stumm (1897–1978) benannt wurde.
[56] Gemeint sind die Militärpolizeien der amerikanischen, britischen und französischen Schutzmacht in West-Berlin.
[57] § 19/1 Strafergänzungsgesetz (StEG) vom 11. 12. 1957 bestrafte staatsgefährdende Propaganda und Hetze mit Gefängnis nicht unter drei Monaten.

Vorhandene liberale Auffassungen, Rechtsformalismus und Unklarheiten in Grundfragen hindern eine Reihe Genossen der Volkspolizei bei einer klaren Einschätzung und konsequenteren Arbeit.

So ist zu verzeichnen, daß es bei einigen Delikten in der statistischen Übersicht sogar einen Rückgang gibt, was vollkommen der tatsächlichen Lage widerspricht.

Demnach sind die

Verbrechen nach StEG § 19/2[58]	um 9%
Verbrechen gegen die Volkswirtschaft	33%
Spekulationsdelikte	34%
Paßänderungsgesetz[59]	17%

gesunken.

Obwohl die Republikfluchten in Berlin nach wie vor sehr hoch sind, sind die Ermittlungsverfahren bei Verstößen gegen das Paßgesetz um 17% zurückgegangen. In Berlin gibt es nach wie vor eine starke Spekulation, aber die Delikte sind 34% weniger geworden.
In der Volkswirtschaft treten weiterhin eine Reihe von Störungen auf, durch Schlamperei, Unachtsamkeit usw. gibt es viele begünstigende Faktoren, die strafbare Handlungen ermöglichen, aber die Delikte sind um 33% zurückgegangen.
Da die statistische Übersicht in der Regel nur die bekannte Kriminalität erfasst, ist diese Einschätzung unreal. In der Analyse fehlt die Orientierung auch auf die latente Kriminalität und das zeigt eindeutig, daß die polizeiliche Tätigkeit noch nicht genügend auf die ökonomischen und politischen Schwerpunkte gerichtet ist. Dadurch werden die Genossen der Volkspolizei immer wieder von neuen Vorkommnissen überrascht und vor Tatsachen gestellt.

4. Welche Maßnahmen sind zur Erhöhung der Kampf- und Einsatzbereitschaft notwendig

[…]

---

[58] § 19/2 StEG bestrafte den, der Schriften oder andere Gegenstände mit staatsgefährdender Hetze und Propaganda herstellte oder mit dem Ziel der Hetze einführte oder verbreitete.
[59] Paßänderungsgesetz: 1956 und 1957 erfolgte Ergänzungen des Paßgesetzes von 1954. Für jeden Grenzübertritt wurde damit ein Paß mit eingetragenem Visum benötigt. Wer ohne die erforderliche Genehmigung die DDR verließ, konnte mit bis zu drei Jahren Gefängnis bestraft werden. Seit dem 11. Dezember 1957 galten die Bestimmungen des Paßänderungsgesetzes auch für den innerdeutschen Reiseverkehr und West-Berlin.

Dokument 7[60]

Maßnahmeplan der ZK-Abteilung für Sicherheitsfragen vom 24. Juli 1961

24. 7./3400
Geheime Verschlußsache
ZK 34 *2038/61*
4 Exemplare je ... Blatt
1 Exemplar *3* Blatt

Plan der Maßnahmen zur vorfristigen Auffüllung der Deutschen Grenzpolizei
und der Bereitschaftspolizei

1. Das Ziel der Sofortmaßnahmen besteht darin, bis zum 10. 9. 1961 6000 Jugendliche für die Deutsche Grenzpolizei und 3000 für die Bereitschaftspolizei zu gewinnen, weil damit die Auffüllung aller zur Zeit vorhandenen Fehlstellen im wesentlichen gewährleistet ist. Die Grundlage für alle durchzuführenden Maßnahmen bildet der Beschluß des Sekretariats des ZK der SED vom 15. 7. 1961 über die Maßnahmen zur Werbung von Jugendlichen für die bewaffneten Kräfte der DDR im II. Halbjahr 1961[61].
Zur Erfüllung dieses Beschlusses wurden bereits folgende Maßnahmen eingeleitet bzw. durchgeführt: z. B.

– Eine Argumentation erarbeitet, die in Form eines Artikels in der nächsten Nummer des „Informationsdienstes" des ZK erscheint.
– Eine Gruppe von Journalisten gebildet, die sich in der nächsten Zeit ausschließlich mit Fragen der Unterstützung der Werbung von Jugendlichen für die bewaffneten Kräfte der DDR durch Presse, Rundfunk und Fernsehen beschäftigt.
– In der 1. Beratung der Koordinierungsgruppe den Beschluß des Sekretariats erläutert und die Aufgabenstellung für alle Organisationen und Institutionen vorgenommen.
– Durch das Ministerium für Nationale Verteidigung und das Ministerium des Innern entsprechende Maßnahmepläne erarbeitet.

2. Ausgehend vom Beschluß und der Zielsetzung sind folgende Sofortmaßnahmen erforderlich:

a) In der am 29. 7. 1961 stattfindenden Beratung der beim Zentralkomitee gebildeten Koordinierungsgruppe hat der Leiter der Abteilung für Sicherheitsfragen alle Mitglieder dieser Gruppe von der neuen Zielsetzung zu informieren und eine Erläuterung der zusätzlichen Maßnahmen zu geben. Das Ziel dabei ist, daß die Vertreter der einzelnen Organe und Organisationen bis zum 03. 08. 1961 eine entsprechende Orientierung für ihre Organe bis zur Kreisebene zu geben haben.

---

60 SAPMO-BA, DY 30/3682, Bl. 125–127, Maßnahmeplan der ZK-Abteilung für Sicherheitsfragen, 24. 7. 1961.
61 Vgl. SAPMO-BA, DY 30/J IV 2/3/752, Bl. 12, Sitzung des ZK-Sekretariates, Tagesordnungspunkt (TOP) 16, 12. 7. 1961.

b) In allen Bezirken unserer Republik sind durch die Bezirksleitungen der Partei in der Zeit vom 3.8.–8.8.1961 Beratungen mit den Bezirks- und Kreiswerbekommissionen[62] durchzuführen, in denen konkrete örtliche Maßnahmen entsprechend der Zielsetzung festzulegen sind.
Die Abteilung für Sicherheitsfragen beim ZK hat zu gewährleisten, daß auf diesen Beratungen eine gründliche Erläuterung des Beschlusses des Sekretariats des ZK vom 15. 7. 1961 zu Fragen der Werbung und der notwendigen Maßnahmen zur sofortigen Auffüllung der Deutschen Grenzpolizei und Bereitschaftspolizei erfolgt.

c) Auf der Grundlage der erarbeiteten Pläne des Ministeriums für Nationale Verteidigung und des Ministeriums des Innern erlassen der Minister für Nationale Verteidigung und der Minister des Innern bis zum 3. 8. 1961 entsprechende Weisungen.

d) Der Chef der 5. Verwaltung des Ministeriums für Nationale Verteidigung[63] hat bis zum 26. 7. 1961 die aus der Zielsetzung resultierenden Sollzahlen der Werbung von Jugendlichen bis zum 10. 9. 1961 konkret auf die einzelnen Bezirke aufzuschlüsseln und dem Leiter der Koordinierungsgruppe zu übergeben, und in Absprache mit dem Kommando der Deutschen Grenzpolizei und dem Kommando der Bereitschaftspolizei neue Einstellungstermine festzulegen.

e) Die Chefs der Bezirkskommandos der Nationalen Volksarmee[64] haben ab 7. 8. 1961 bis 11. 11. 1961 wöchentlich einmal (sonnabends) den Stand der Erfüllung an die 5. Verwaltung des Ministeriums für Nationale Verteidigung zu melden.

f) Obwohl die Erfüllung der gestellten Aufgaben hauptsächlich durch Gewinnung von neuen Jugendlichen für den Dienst in der Deutschen Grenzpolizei bzw. Bereitschaftspolizei zu gewährleisten ist, sind auch die Jugendlichen mit anzusprechen, die bereits ihren Ehrendienst bei den bewaffneten Kräften der DDR abgeleistet haben mit dem Ziel, sie für einen weiteren zweijährigen Dienst bei der Deutschen Grenzpolizei bzw. Bereitschaftspolizei zu gewinnen.

g) Zur Gewährleistung einer straffen Kontrolle durch die Partei schlagen wir vor, daß die Büros der Kreis- bzw. Bezirksleitungen ab August 1961 14-tägig zu dem Stand der Erfüllung dieser Aufgaben Stellung nehmen.

---

[62] Aufgrund der bis 1962 fehlenden Wehrpflicht waren die Hauptverwaltung für Ausbildung, die Kasernierte Volkspolizei und die frühe NVA auf die Gewinnung von Freiwilligen angewiesen. Dies geschah durch vielfältige Werbeaktionen und dafür auf unterschiedlicher Ebene eingesetzte Werbekommissionen. Zu den Anfängen der Werbemaßnahmen vgl. Diedrich/ Wenzke, Die getarnte Armee, S. 27 f., 44 f., 171–180.

[63] Die 5. Verwaltung des DDR-Verteidigungsministeriums war zuständig für die personelle Auffüllung der NVA mit Mannschaften und Unteroffizieren auf Zeit (für Offiziere und Berufsunteroffiziere war die Verwaltung Kader des Ministeriums zuständig) sowie für den Kommandantendienst. Vgl. dazu auch Patzer, Die personelle Auffüllung der NVA, S. 363–390.

[64] Die im Frühjahr 1956 gebildeten Bezirks- und Kreiskommandos der NVA besaßen direkte Vorläufer in den 1952 eingerichteten Registrierverwaltungen (Bezirksebene) und Registrierabteilungen (Kreisebene) der KVP. Im Februar 1962 wurden daraus Wehrbezirkskommandos (WBK) und Wehrkreiskommandos (WKK). Vgl. auch Rahne, Zur Geschichte der Wehrkommandos der NVA, S. 442–449, hier S. 443.

h) Das Kommando der Deutschen Grenzpolizei hat zu gewährleisten, daß bis zum 10. 08. 1961 die 5. Brigade (Berliner Ring)[65] durch die Zuführung von 340 Neueingestellten und Umsetzung von 500 Grenzpolizisten der Ost- und Südgrenze voll aufgefüllt ist.

i) Zur Gewährleistung der Sicherheit im Grenzgebiet während der Ausbildungszeit der Neueingestellten der Deutschen Grenzpolizei sind Reservisten der Nationalen Volksarmee (ehemalige Angehörige der Deutschen Grenzpolizei) heranzuziehen.

Der Minister des Innern hat mit dem Minister für Nationale Verteidigung dazu die notwendigen Maßnahmen einzuleiten.

Diese Sofortmaßnahmen zur vorfristigen Auffüllung der Deutschen Grenzpolizei und Bereitschaftspolizei schließen nicht aus die termingerechte Zuführung von Jugendlichen für die Nationale Volksarmee.

Wansierski[66]

Dokument 8[67]

REGIERUNG
DER DEUTSCHEN DEMOKRATISCHEN REPUBLIK
MINISTERIUM FÜR NATIONALE VERTEIDIGUNG
Der Minister

Berlin, den 25. Juli 1961

An den
1. Sekretär der Sozialistischen
Einheitspartei Deutschlands und
den Vorsitzenden des Nationalen
Verteidigungsrates der DDR
Genossen Walter Ulbricht

---

[65] Die Deutsche Grenzpolizei war seit Frühjahr 1957 in acht Brigaden gegliedert: 1. Schwerin (später Perleberg), 2. Magdeburg, 3. Erfurt, 4. Rudolstadt, 5. Groß-Glienicke (Ring um Berlin), 6. Rostock, 7. Frankfurt/Oder, 8. Karl-Marx-Stadt. Vgl. Diedrich, Die Grenzpolizei der SBZ/DDR, S. 214.

[66] Wansierski, Bruno (1904–?). Vizeadmiral (1971) – Stellv. Leiter der ZK-Abteilung für Sicherheitsfragen. Seit 1923 KPD, 1940–1945 Wehrmacht, dann sowjetische Kriegsgefangenschaft. 1950 Abteilungsleiter in der SED-Kreisleitung Schwerin, 1951–1952 1. Sekretär der SED-Kreisleitung Güstrow. 1952 Eintritt in die KVP, Instrukteur der Politischen Hauptabteilung der VP See. 1955–1956 Studium an der Politischen Offiziersschule der NVA, ab 1958 Leiter des Sektors NVA in der ZK-Abteilung für Sicherheitsfragen. 1959–1976 Stellv. Leiter dieser Abteilung, danach im Ruhestand.

[67] BA-MA, AZN 32612, Bl. 61–67, Schreiben von Hoffmann an Ulbricht, 25. 7. 1961.

Werter Genosse Ulbricht!

In der Anlage übergebe ich Ihnen ein Schreiben des Oberkommandierenden der Vereinigten Streitkräfte, Genossen Marschall der Sowjetunion A. Gretschko, (Anlage 1)[68] zur Kenntnisnahme.

Zur Sicherung der im Schreiben enthaltenen Maßnahmen, ist außer Ihrer Zustimmung zur Durchführung dieser Maßnahmen, folgendes zu veranlassen:

a) Aufgabenstellung an das Ministerium des Innern (Anlage Nr. 2);
b) Aufgabenstellung an das Ministerium für Verkehrswesen (Anlage Nr. 3);
c) Aufgabenstellung an das Ministerium für Gesundheitswesen (Anlage Nr. 4);
d) Aufgabenstellung der Bezirks- und Kreiskommandos der NVA (Anlage Nr. 5).

Ich würde es für zweckmäßig halten, daß evtl. Sie mich bevollmächtigen, mit den in Frage kommenden Genossen der von mir genannten Ministerien selbständig die Durchführung der sich aus dem Schreiben ergebenden Aufgaben zu veranlassen bzw., und das halte ich für noch besser, daß Sie uns zu einer Besprechung zusammenführen und selbst die Aufgaben stellen.

Ich bitte um Ihre Entscheidung.

Entsprechend des hohen Geheimhaltungsgrades der im Schreiben des Marschall Gretschko festgelegten Maßnahmen, habe ich im Ministerium für Nationale Verteidigung nur die Genossen der engsten Leitung darüber informiert.

Mit sozialistischem Gruß!

– Armeegeneral –   H o f f m a n n[69]

Anlage *1* zu

Aufgabenstellung
für das
Ministerium des Innern

Übergabe von Auszügen aus der Kraftfahrzeug-Hauptkartei von den Volkspolizeikreisämtern an die Kreiskommandos der Nationalen Volksarmee für alle zur Verwendung bei den bewaffneten Organen geeigneten

---

[68] Diese Anlage fehlt in der Überlieferung des BA-MA und ist derzeit auch nicht im BA Berlin bzw. in der SAPMO-BA auffindbar.

[69] Hoffmann, Heinz (1910–1985). Armeegeneral (1961) – Minister für Nationale Verteidigung. Ausbildung als Maschinenschlosser, 1930 Eintritt in die KPD. 1935 Emigration in die UdSSR, von 1937–1939 Einsatz im Spanischen Bürgerkrieg, Offizier und Kriegskommissar der XI. Interbrigade. Rückkehr in die UdSSR, ab 1941 an Schule der Kommunistischen Internationale. Bis 1945 Lehrer an der Zentralen Antifaschule. 1946 Rückkehr in die SBZ und Mitarbeiter des ZK der KPD/SED. 1947–1949 Sekretär der SED Landesleitung Berlin. 1949–1950 Vizepräsident der Deutschen Verwaltung des Innern. 1950 Ernennung zum Chef der Hauptverwaltung für Ausbildung, ab 1952 Chef der Kasernierten Volkspolizei. Von 1955 bis 1957 Generalstabslehrgang in der UdSSR, danach 1. Stellv. des Ministers für Nationale Verteidigung der DDR und Chef des Hauptstabes der NVA. Von 1960 bis 1985 Verteidigungsminister der DDR. Seit 1973 Mitglied des Politbüros der SED.

- geländegängigen Personenkraftwagen
- Lastkraftwagen
- Spezial-Kraftfahrzeugen
- Zugmaschinen und Anhänger.
Abschluß der Übergabe an die Leiter der Kreiskommandos bis zum 10. 08. 1961.

Anlage 2 zu
Aufgabenstellung
für das
Ministerium für Verkehrswesen

1. Festlegung von Betrieben und Einrichtungen, auf deren Basis entsprechend einer vom Ministerium für Nationale Verteidigung festgelegten Struktur
    - 2 Straßenbrückenbau-Brigaden
    - 3 Straßen-Kommandanten-Brigaden
    und 4 Flugplatzbau-Bataillone
aufgestellt werden können.
Erfassung der vorhandenen Arbeitskräfte und Technik bis zum 10. 08. 1961.
Durchführung der Vorbereitungsmaßnahmen in Zusammenarbeit mit dem Ministerium für Nationale Verteidigung bis zum 28. 08. 1961 mit dem Ziel, diese Verbände und Einrichtungen binnen zwei bis drei Tagen aufzustellen und deren Bereitschaft zur Erfüllung von Aufgaben für die Armee herzustellen.
2. Übergabe einer Aufstellung an das Ministerium für Nationale Verteidigung bis zum 15. 08. 1961 über geeignete Tankkapazitäten in den einzelnen Kreisen und Bezirken mit einem Inhalt von insgesamt
    - 50 000 t Vergaserkraftstoff
    - 70 000 t Dieselkraftstoff
    und ca. 5 000 t Öl und Fetten
die bei Notwendigkeit zur Versorgung für die Armee gesperrt werden können.

Anlage 3 zu
Aufgabenstellung
für das
Ministerium für Gesundheitswesen

1. Übergabe einer Aufstellung aller Krankenhäuser, Sanatorien usw. in den Kreisen und Bezirken und Bestimmung derjenigen, die kurzfristig als Armeelazarette mit einer Gesamtkapazität von 35 000 Betten eingerichtet werden können bis zum 10. 08. 1961 an das Ministerium für Nationale Verteidigung.
Durchführung der notwendigen Vorbereitungsmaßnahmen zur Einrichtung dieser Armeelazarette in Zusammenarbeit mit dem Ministerium für Nationale Verteidigung bis zum 31. 08. 1961.
2. Festlegung der Einrichtungen in den Bezirken und Kreisen, aus denen im Verlauf

eines Tages insgesamt 1500 Sanitäts-Kfz. zur Aufstellung von Sanitätstransportkolonnen entnommen werden können.
Durchführung der notwendigen Vorbereitungsmaßnahmen zur Aufgabenstellung
dieser Kolonnen in Zusammenarbeit mit dem Ministerium für Verteidigung bis
zum 15. 08. 1961.

Anlage *4* zu
Aufgabenstellung
für die
Bezirks- und Kreiskommandos der Nationalen Volksarmee

1. Erfassung der aus der Volkswirtschaft für eine Verwendung in den bewaffneten
Organen geeigneten geländegängigen Personenkraftwagen, Lastkraftwagen, Spezi-
al-Kraftfahrzeuge, Zugmaschinen und Anhänger in Zusammenarbeit mit dem
Volkspolizeikreisamt bis zum 15. 08. 1961.
2. Planung der Aufstellung von 50 Kraftfahrzeugkolonnen (je 250 Lastkraftwagen)
und 15 Sanitätstransportkolonnen (je 100 Sanitätskraftfahrzeuge) (Raum der Aufstellung, Verantwortlichkeit, Zeitplan usw.).
Benachrichtigung der Betriebe bzw. Institutionen über die zur Abgabe vorzuberei-
tende Anzahl der Kraftfahrzeuge mit Kraftfahrern. Vorbereitung der Einberufungskarten an die Angehörigen der Reserve und die Besitzer der Kraftfahrzeuge.
Anmerkung:
Die Entnahme von Lastkraftwagen wird vorwiegend aus dem VEB-Kraftverkehr
und solchen Betrieben geplant, die nicht ökonomische Schwerpunktaufgaben erfüllen. Für die Entnahme werden höchstens 50% des Ist-Bestandes vorgesehen.
Die Entnahme der Sanitätskraftfahrzeuge wird entsprechend dem Vorschlag des
Ministeriums für Gesundheitswesen geplant.
3. Vorbereitung der Aufstellung von
  – 2 Straßenbrückenbau-Brigaden
  – 3 Straßen-Kommandanten-Brigaden
  – 4 Flugplatzbau-Bataillonen
(Raum der Aufstellung, Verantwortlichkeit, Zeitplan usw.) in Zusammenarbeit mit
dem Ministerium für Verkehrswesen. Registrierung der Arbeitskräfte und der Technik in den Betrieben, auf deren Basis die Verbände und Einheiten aufgestellt werden
sollen (nur auf der Grundlage der listenmäßigen Erfassung durch das Ministerium
für Verkehrswesen) ohne Benachrichtigung der Betriebe.
Vorbereitung der Einberufungskarten für die Betriebe und die Reservisten. Ausarbeitung der Anweisung wie die Aufstellung durchzuführen ist und Vorbereitung
ihrer Übergabe an die Betriebe.
4. Erfassung der im Bezirk bzw. Kreis befindlichen
  a) Krankenhäuser, Sanatorien usw.
  b) Tanklager, Zapfstellen usw.
auf der Grundlage der Aufstellung des Ministeriums für Gesundheitswesen und des
Ministeriums für Verkehrswesen. Das Ziel der Erfassung besteht im Kennenlernen
der vorhandenen Kapazitäten und ihrer möglichen Verwendung für die bewaffneten Organe.

Dokument 9[70]

Geheime Kommandosache
Gkdos.-Tgb.-Nr Va/11/62
1. Ausf. = 1 Blatt
*   + 1 Blatt*
*   = 2 Blatt*

Notiz

über die Absprache zwischen dem Chef des Stabes der Gruppe der sowjetischen
Streitkräfte in Deutschland[71], Genossen Generalleutnant Arikow[72],
und
dem Stellvertreter des Ministers für Nationale Verteidigung und Chef des
Hauptstabes Genossen Generalmajor Riedel[73]

Bei der am 25. 07. 1961 durchgeführten Absprache wurden 2 Hauptfragen behandelt:

a) Die Sicherung der Sektorengrenzen innerhalb Berlins und des Ringes um Berlin;
b) Die Sicherung der Staatsgrenze-West.

Zu a) wurde festgelegt, daß die Gruppe der sowjetischen Streitkräfte in Zusammenarbeit mit dem Ministerium des Innern einen Plan zur Sicherung der Sektorengrenzen erarbeitet. Hierbei ist vorgesehen, daß keine sowjetischen Truppen oder Truppenteile der Nationalen Volksarmee herangezogen werden; die Aufgaben werden ausschließlich durch die Kräfte des Ministeriums des Innern gelöst. Außerdem wird

---

[70] BA-MA, DVW-1/18771, Bl. 13f., Aktennotiz über Treffen zwischen Riedel und Ariko, 25. 7. 1961.

[71] Gruppe der Sowjetischen Streitkräfte in Deutschland (GSSD): Gesamtbezeichnung für die auf dem Territorium der DDR stationierten sowjetischen Streitkräfte. 1961 gehörten zur GSSD 3 Armeen, 2 Panzerarmeen und 1 Luftarmee, die insgesamt über 10 Panzer-, 10 Motorisierte Schützen-, 1 Artillerie-, 6 Flugabwehr- und 5 Fliegerdivisionen mit mehr als 365000 Mann verfügten. Vgl. auch Arlt, Sowjetische (russische) Truppen in Deutschland, S. 593–632.

[72] Richtig: Ariko, Grigorij Ivanovič (?-?). Generaloberst (1962) – Stabschef der GSSD. 1954–1959 Stabschef des Militärbezirkes Weißrußland. 1959–1963 Chef des Stabes der Gruppe der Sowjetischen Streitkräfte in Deutschland. 1966–1974 erneut Stabschef des Militärbezirkes Weißrußland.

[73] Riedel, Sigfrid (*1918). Generalleutnant (1963) – Chef des Hauptstabes der NVA. Ausbildung zum Handlungsgehilfen. 1929 bis 1933 Rote Pioniere und Kommunistischer Jugendverband Deutschlands. 1938 bis 1939 Reichsarbeitsdienst, danach Kriegseinsatz als Luftwaffensoldat (letzter erreichter Dienstgrad Feldwebel). 1945 amerikanische Kriegsgefangenschaft. 1945 nach Rückkehr aus Kriegsgefangenschaft Eintritt in die KPD. Bis 1947 Arbeitsamtsleiter in Schwarzenberg. Danach bis 1949 Personalleiter in Volkspolizei-Kreisamt Aue. Sonderlehrgang in der UdSSR von 1949 bis 1950. 1950 bis 1955 Stabschef bei verschiedenen Einheiten der Kasernierten Volkspolizei. 1955 bis 1957 Studium an der Generalstabsakademie der UdSSR, danach bis 1960 Stellvertreter des Chefs des Hauptstabes der NVA. 1960 bis 1967 Stellvertreter des Ministers für Nationale Verteidigung und Chef des Hauptstabes. 1967 bis 1982 Leiter der Hauptverwaltung für Planung beim Vorsitzenden des Ministerrates der DDR, seit 1983 im Ruhestand.

durch die Gruppe der sowjetischen Streitkräfte ein Plan erarbeitet, der Aufgaben zur Sicherung Berlins von außen durch die Kräfte der Gruppe der sowjetischen Streitkräfte und der Nationalen Volksarmee enthält, falls die Kräfte des Ministeriums des Innern nicht ausreichen. Dabei ist beabsichtigt, die 1. Mot.-Schützen-Division im Rahmen der 20. Armee[74] der sowjetischen Streitkräfte einzusetzen.

Zu b) wurde festgelegt, daß die Gruppe der sowjetischen Streitkräfte einen Plan zur Sicherung der Staatsgrenze-West ausarbeitet. Hierbei ist vorgesehen, daß:

– die 8. Mot.-Schützen-Division im Bestand der 3. Armee[75] der sowjetischen Streitkräfte eingesetzt wird;
– die 4. und 11. Mot.-Schützen-Division und die 7. Panzer-Division im Bestand der 8. Armee[76] der sowjetischen Streitkräfte handeln wird;
– die 9. Panzer-Division als Reserve beim Ministerium für Nationale Verteidigung verbleibt.

Die unmittelbare Sicherung an der Grenze erfolgt durch die Deutsche Grenzpolizei. Für die eingeteilten Verbände der sowjetischen Streitkräfte und der Nationalen Volksarmee werden Abschnitte entlang der Grenze in einer Tiefe von 1–2 Kilometern vorgesehen.

Die exakten Pläne werden in den nächsten 10–14 Tagen ausgearbeitet. Die Aufgabenstellung für die Verbände der Nationalen Volksarmee und die Brigaden der Deutschen Grenzpolizei erfolgt unmittelbar durch die Oberbefehlshaber der entsprechenden Armeen der sowjetischen Streitkräfte. Die Chefs der Militärbezirke und die Kommandeure der Verbände der Nationalen Volksarmee bzw. der Brigaden der Deutschen Grenzpolizei erhalten eine entsprechende Anweisung durch den Minister für Nationale Verteidigung bzw. durch den Minister des Innern.

Riedel
– Generalmajor –   Riedel

[74] 20. Garde-Armee: Im Raum Berlin stationierter Truppenverband der Gruppe der Sowjetischen Streitkräfte in Deutschland. Zu ihm gehörten 1961: die 19. Garde-Motorisierte Schützendivision (Dallgow/Döberitz), die 6. Garde-Motorisierte Schützendivision (Bernau), die 14. Garde-Motorisierte Schützendivision (Jüterbog) und die 10. Garde-Panzerdivision (Krampnitz) sowie selbständige Truppenteile und Einheiten.
[75] 3. Armee: Im Nordwesten der DDR stationierter Truppenverband der Gruppe der Sowjetischen Streitkräfte in Deutschland. Zu ihm gehörten 1961: die 207. Garde-Motorisierte Schützendivision (Stendal), die 7. Garde-Panzerdivision (Roßlau), die 12. Garde-Panzerdivision (Neuruppin) und die 47. Garde-Panzerdivision (Haldensleben) sowie selbständige Truppenteile und Einheiten.
[76] 8. Garde-Armee: Im Raum Thüringen stationierter Truppenverband der Gruppe der Sowjetischen Streitkräfte in Deutschland. Zu ihm gehörten 1961: die 39. Garde-Motorisierte Schützendivision (Ohrdruf), die 27. Garde-Motorisierte Schützendivision (Halle), die 57. Garde-Motorisierte Schützendivision (Naumburg) und die 79. Garde-Panzerdivision (Jena) sowie selbständige Truppenteile und Einheiten.

Dokument 10[77]

O.U., den *31.7.*1961
Gkdos.-Tgb.-Nr.: V/*179*/61
Geheime Kommandosache!
2 Ausfertigungen
2. Ausfertigung = *4* Blatt

Niederschrift

Am 25. 7. 1961 fand im Ministerium für Nationale Verteidigung eine Besprechung statt. An ihr nahmen teil:

Generalleutnant	Ariko	Chef des Stabes der Gruppe der sowjetischen Streitkräfte in Deutschland
Generalmajor	Abramow[78]	Chef der Operativen Verwaltung der Gruppe
Oberst	Mereshko[79]	Leiter der Abteilung für op*[erative]* Arbeit in der Op*[erativen]* Verwaltung der Gruppe
Generaloberst	Belawski[80]	
Generalmajor	Riedel	

Zu 1.

Das Ziel der erhöhten Gefechtsbereitschaft besteht darin, daß die Divisionen zu befähigen sind, in kurzer Zeit die Aufgaben zu erfüllen, die vom höheren Vorgesetzten gestellt werden, unabhängig davon, ob die Truppenteile unmittelbar aus dem Objekt heraus oder über den Konzentrierungsraum ihre Handlungen beginnen.

Im einzelnen werden folgende Maßnahmen für die Erhöhung der Gefechtsbereitschaft vorgeschlagen:

- die Durchführung der Ausbildung in der Nähe der Standorte; Übungen außerhalb der Standorte müssen genehmigt werden. Außerdem sind dabei Vorkehrungen zu treffen, um die Gefechtsbereitschaft nicht herabzumindern;
- die gesamte Technik ist voll mit Munition und Treibstoff aufzufüllen, die beweglichen Vorräte in den Truppenteilen und Verbänden sind zu verladen;
- die Erhöhung des Einsatzkoeffizienten der Technik durch zusätzliche Instandsetzungen, Erhöhung der zur Verfügung stehenden Motorstunden durch Vorziehen von Generalreparaturen;

---

[77] BA-MA, DVW-1/18771, Bl. 19–22, Niederschrift des am 25. Juli 1961 stattgefundenen Treffens zwischen Riedel und Ariko, 31. 7. 1961.

[78] Abramov, Jurij Michajlovič (*1908). Generalmajor – Chef Operativ beim Stab der GSSD. Ab Januar 1956 Chef der Operativen Verwaltung beim Stab der Gruppe der Sowjetischen Streitkräfte in Deutschland.

[79] Merczko, Anatolij Grigorevič (*1920). Generalleutnant – Mitarbeiter Operativ beim Stab der GSSD. 1958–1962 Leiter der Abteilung Operative Arbeit bei der Operativen Verwaltung des Stabes der Gruppe der Sowjetischen Streitkräfte in Deutschland. Ab 1962 Stellvertreter des Chefs der Operativen Verwaltung beim Stab der GSSD, später Chef der Operativen Verwaltung beim Vereinten Oberkommando (VOK) der Streitkräfte des Warschauer Vertrages. Ab 1979 Stellvertreter des Stabschefs des Vereinten Oberkommandos.

[80] Beljavskij, Vitalij Andreevič (?-?). Generaloberst – Vertreter VOK. 1960–1963 Vertreter des Vereinten Oberkommandos der Streitkräfte des Warschauer Vertrages in der DDR.

– die Überprüfung der Nachrichtenverbindungen, es sind Vorbereitungen zu treffen für die schnelle Herstellung der Nachrichtenverbindungen zu den Konzentrierungsräumen, wobei beide Räume, Haupt- und Reservekonzentrierungsraum für das Beziehen vorzusehen sind;
– die Einsetzung verantwortlicher Diensthabender, die in der Lage sind, Entschlüsse zu fassen;
– das System der Luftabwehr in Bereitschaft zu versetzen, auf dem Gefechtsstand und den funktechnischen Posten das diensthabende System voll zu besetzen;
– die Raketentruppen vorbereiten, das Einführen der Raketen in die Feuerstellung darf nur auf besonderen Befehl erfolgen;
– Plan der Alarmierung überprüfen;
– Urlauber und Kommandierte zurückfordern;
– die Piloten in die Bereitschaftsstufe II versetzen (Kasernenunterkunft);
– Überprüfung der Auffüllung der Truppen (z.B. Panzerbesatzungen auffüllen);
– Plan der Evakuierung der Familien überprüfen;
– die Dokumente zu überprüfen, die im Einsatzfall mitzuführen sind, Einrichtung von Panzer*schränken* auf Schützenpanzerwagen, in den VS-Stellen und Archiven festzulegen was auszulagern ist, die Räume der Auslagerung erkunden und festlegen, Kennzeichnung der Unterlagen, die vernichtet werden können;
– Festlegung von Signalen   „erhöhte Gefechtsbereitschaft"
                                „Gefechtsalarm"

Zu 2.
– Für die Sicherung der Sektorengrenze und des Ringes um Berlin wird durch den Stab der Gruppe der sowjetischen Streitkräfte in Deutschland in Zusammenarbeit mit dem MdI ein Plan ausgearbeitet, die Sicherungsaufgaben sollen durch die Kräfte des MdI ohne Beteiligung von sowjetischen Truppen oder Truppen der NVA gelöst werden. Die Gruppe erarbeitet weiter einen Plan für den Einsatz von Kräften der Gruppe und der NVA, falls die Kräfte des MdI nicht ausreichen.
– Für die Sicherung der Staatsgrenze West erarbeitet die Gruppe einen Plan in den nächsten 14 Tagen.
In diesem Plan wird vorgesehen:
daß die 8. MSD   im Bestand der 3. A*[rmee]*
4., 11. MSD und die 7. PD im Bestand der 8. A*[rmee]*
1. MSD   im Bestand der 20. A*[rmee]*
                          (Ring Berlin)
handeln.
Die Chefs der MB[81] und die Kommandeure der Divisionen werden durch das Ministerium eingewiesen.

---

[81] MB – Militärbezirk. Höhere militäradministrative territoriale Vereinigung von Verbänden, Truppenteilen und Einheiten. In der DDR existierten zwei Militärbezirke der NVA: im Südteil der Militärbezirk III (Kommando: Leipzig), zu dem 1961 die 4. (Erfurt) und 11. Motorisierte Schützendivision (Halle) sowie die 7. Panzerdivision (Dresden) gehörten. Zum im Norden befindlichen Militärbezirk V (Neubrandenburg) gehörten die 1. (Potsdam) u. 8. Motorisierte Schützendivision (Schwerin) sowie die 9. Panzerdivision (Eggesin). Ferner verfügten beide Militärbezirke über ihnen unmittelbar unterstellte Truppenteile wie Artillerie- und Flugabwehrregimenter.

Zu 3.

Hinsichtlich der Mobilmachungsvorbereitungen sind die papiermäßigen Unterlagen für die Aufstellung von

2 Brückenbaubrigaden
3 Straßen-Kommandantenbrigaden
4 Flugplatzbau-Btln.[82]
40 KfZ.-Kolonnen
6 KfZ.-Kp.[83] *(San.), 500 LKW*

bis zum 1.9. fertigzustellen.

Die Standorte richten sich nach der Herkunft der Fahrzeuge und werden der Gruppe mitgeteilt. Ebenso sind die Standorte für die lt. Protokoll vorgesehenen Treibstoffmengen und der Lazarettkapazitäten zu melden.

Die Gruppe wird eine Gliederung nach chirurgischen und andere Spezialeinrichtungen übergeben. Außerdem wird von der Gruppe ein Vorschlag über Nachrichtenverbindungen kommen, indem insbesondere die HF[84]-Verbindungen berücksichtigt werden.

Weiter wird empfohlen, daß der Chef Aufklärung ständige Verbindung mit dem Chef Aufklärung der Gruppe hält.

Riedel

Dokument 11[85]

Handschriftliche Notizen von Ulbricht über das Treffen mit Chruščev

3. August

Einladung: Korea
                Vietnam
                Mongolei

<u>Chr:</u>   Republikflucht groß
      Administrative Maßnahmen: Grenze
      schließen.

    1. Äußeren Grenzring schließen
       Einreise Bürger DDR nur
       auf spezielle Passierscheine
       (im Wesentl. nur für Dienst-
       reisen)

---

[82] Btln. – Bataillone.
[83] Kp. – Kompanie.
[84] HF – Hochfrequenz.
[85] SAPMO-BA, DY 30/3682, Bl. 148 f., handschriftliche Notizen von Ulbricht über das Treffen mit Chruščev, 3. 8. 1961. Auch abgedruckt in: Hertle/Jarausch/Kleßmann (Hrsg.), Mauerbau und Mauerfall, S. 315.

Anzahl 84		204 km	80 km nur Draht. Auch Wa
KPP[86] vermin-	Stärke Grenz-	Grenze ohne	
dern auf Hälfte	truppenteile 8000	Draht	

2. Einwohner DDR verbieten
   ohne Genehmigung Westberlin
   aufzusuchen
   Alle Fußgänger, alle Passagen,
   alle Bahnen am Übergangs-
   kontrollpunkt kontrollieren.
   S-Bahn[87] an Grenzstationen
   Kontrolle aller Reisenden.
   Alle müßen aus Zug nach
   Westberlin aussteigen, außer den
   Westberlinern

3. Durchgangsverkehr von Potsdam
   Züge der Umgehungsbahn verstärken

4. Westberliner Besuche von Hauptstadt DDR
   und Westd. bis Abschluß Friedensvertrag bestehen laßen.

5. Ordnung an Berliner Grenzen für
   Diplomaten und Militär 4 Mächte
   bestehen laßen

Dokument 12[88]

Zur Bestätigung (3x)   Ht.

Protokoll Nr. 39/61
der außerordentlichen Sitzung des Politbüros des Zentralkomitees am Montag,
dem 7. August 1961 im Sitzungssaal des Politbüros

Tagesordnung:
1. Bericht über die Beratung der 1. Sekretäre des ZK der Kommunistischen und Arbeiterparteien aus den Staaten des Warschauer Vertrages.
   Berichterstatter: Genosse Ulbricht

---

[86] KPP – Kontrollpassierposten.
[87] S-Bahn – Stadtbahn.
[88] SAPMO-BA, DY 30/J IV 2/2 A/841, Bl. 1–3, Protokoll Nr. 39/61 der Sitzung des Politbüros
des ZK der SED, 7. 8. 1961.

2. Über die Beratungen zu Wirtschaftsfragen
   Berichterstatter: Genosse Apel[89]
3. Kundgebung zum 90. Geburtstag Karl Liebknechts am 14. 8. auf dem Potsdamer
   Platz

Anwesende Mitglieder:
Ulbricht, Matern[90], Ebert[91] (bis 11.40 Uhr), Neumann, Leuschner[92], Honecker[93],
Mückenberger[94], Warnke[95], Norden[96]
Anwesende Kandidaten:
Fröhlich[97], Mewis[98], Verner[99], Hager[100], Pisnik[101], Baumann[102], Ermisch[103], Grüneberg[104], Apel
Außerdem anwesend die Genossen:
Axen[105], Mittag[106], Reimann[107] (bis 13.10 Uhr)

---

[89] Apel, Erich (1917–1965). Vorsitzender der Staatlichen Plankommission. 1961 Leiter der Wirtschaftskommission beim Politbüro der SED. 1963–1965 Vorsitzender der Staatlichen Plankommission. 1965 Freitod.

[90] Matern, Hermann (1893–1971). SED-Funktionär. 1961 Vorsitzender der Zentralen Parteikontrollkommission und 1. Stellv. des Präsidenten der Volkskammer.

[91] Ebert, Friedrich (1894–1979). SED-Funktionär. 1961 Oberbürgermeister von Berlin.

[92] Leuschner, Bruno Max (1910–1965). Vorsitzender der Staatlichen Plankommission. 1961 Minister für die Koordinierung volkswirtschaftlicher Grundaufgaben beim Ministerrat.

[93] Honecker, Erich (1912–1994). Generalsekretär des ZK der SED, Staatsratsvorsitzender. 1961 Sekretär des ZK der SED und Sekretär des Nationalen Verteidigungsrates der DDR.

[94] Mückenberger, Erich (1910–1998). Vorsitzender der Zentralen Parteikontrollkommission. 1961 Sekretär des ZK der SED.

[95] Warnke, Herbert (1902–1975). Vorsitzender des Freien Deutschen Gewerkschaftsbundes (FDGB). 1961 Mitglied des Politbüros der SED und Vorsitzender des FDGB.

[96] Norden, Albert (1904–1982). Mitglied des Politbüros der SED. 1961 Leiter der Agitationskommission beim Politbüro der SED.

[97] Fröhlich, Paul (1913–1970). Mitglied des Politbüros der SED. 1961 1. Sekretär der SED-Bezirksleitung Leipzig und Vorsitzender des Ständigen Ausschusses der Volkskammer für Nationale Verteidigung.

[98] Mewis, Karl (1907–1987). 1. Sekretär der SED-Bezirksleitung Rostock. 1961 Vorsitzender der Staatlichen Plankommission und Mitglied des Präsidiums des Ministerrates.

[99] Verner, Paul (1911–1986). Mitglied des Politbüros der SED. 1961 Mitglied des Sekretariats des ZK der SED und verantwortlich für die Westpropaganda der Partei, darüber hinaus als 1. Sekretär der SED-Bezirksleitung Berlin tätig.

[100] Hager, Kurt (1912–1998). Mitglied des Politbüros der SED. 1961 Sekretär des ZK der SED für Wissenschaft, Volksbildung und Kultur.

[101] Pisnik, Alois (*1911). 1961 1. Sekretär der SED-Bezirksleitung Magdeburg.

[102] Baumann, Edith (1909–1973). FDJ- und SED-Funktionärin. 1961 Leiterin der ZK-Abteilung Frauen.

[103] Ermisch, Luise (*1916). Kandidatin des Politbüros der SED. 1961 Mitglied des Staatsrates.

[104] Grüneberg, Gerhard (1921–1981). SED-Funktionär. 1961 ZK-Sekretär für Landwirtschaftsfragen.

[105] Axen, Hermann (1916–1992). Mitglied des Politbüros der SED. 1961 Chefredakteur des „Neuen Deutschland".

[106] Mittag, Günter (1926–1994). Mitglied des Politbüros der SED. 1961 Leiter der ZK-Abteilung Eisenbahn, Verkehr und Verbindungswesen.

Es fehlten entschuldigt:
Grotewohl[108], Stoph[109], Kurella[110], Kiefert[111]

Zur Sitzung hinzugezogen:
Zu Punkt 2:
vom Volkswirtschaftsrat:
Wunderlich[112], Markowitsch[113], Selbmann[114], Gregor[115], Wittik[116]

von der Staatlichen Plankommission:
Wenzel[117], Grosse[118], Fritz Müller[119], Freyer[120]
Hüttenrauch[121] (Min. f. Außenhandel)
Kammler[122] (Min. d. Finanzen)

Sitzungsleitung: Ulbricht   Protokollführung: Schön[123]
Beginn: 10.00 Uhr   Ende: 14.35 Uhr

[107] Reimann, Max (1898–1977). Vorsitzender der KPD in der Bundesrepublik Deutschland. 1961 1. Sekretär des Parteivorstandes der KPD, lebte zu diesem Zeitpunkt in der DDR.
[108] Grotewohl, Otto (1894–1964). Vorsitzender der SED. 1961 Ministerpräsident und Vorsitzender des Ministerrates.
[109] Stoph, Willi (1914–1999). Armeegeneral (1959) – Vorsitzender des Minister- und des Staatsrates. 1961 stellv. Vorsitzender des Ministerrates.
[110] Kurella, Alfred (1895–1975). Kulturfunktionär. 1961 Leiter der Kulturkommission beim Politbüro der SED.
[111] Kiefert, Hans (1905–1966). 1. Sekretär der SED-Bezirksleitungen Berlin und Erfurt. 1961 2. Sekretär der SED-Bezirksleitung Berlin.
[112] Wunderlich, Helmut (1919–1994). Minister für Allgemeinen Maschinenbau. 1961 stellv. Vorsitzender des Volkswirtschaftsrates.
[113] Markowitsch, Erich (1913–1991). Mitglied des Ministerrates. 1961 stellv. Vorsitzender des Volkswirtschaftsrates.
[114] Selbmann, Fritz (1899–1975). Wirtschaftsfunktionär, stellv. Vorsitzender des Ministerrates. 1961 stellv. Vorsitzender des Volkswirtschaftsrates.
[115] Gregor, Kurt (1907–1990). Minister für Außenhandel und Innerdeutschen Handel. 1961 stellv. Vorsitzender des Volkswirtschaftsrates.
[116] Wittik, Johann (*1923). Wirtschaftsfunktionär. 1961 1. Stellv. Vorsitzender des Volkswirtschaftsrates.
[117] Wenzel, Siegfried (*1929). Wirtschaftsfunktionär. 1961 stellv. Vorsitzender der Staatlichen Plankommission.
[118] Grosse, Hermann (*1906). Wirtschaftsfunktionär. 1961 Leiter der Abteilung Investitionen, Forschung und Technik der Staatlichen Plankommission.
[119] Müller, Fritz Wilhelm (?-?). Wirtschaftsfunktionär. 1961 stellv. Vorsitzender der Staatlichen Plankommission für Leicht- und Lebensmittelindustrie.
[120] Freyer, Erwin (1914–1992). Generalmajor (1956) – Mitarbeiter der SPK. 1961 Leiter der Hauptabteilung I der Staatlichen Plankommission.
[121] Hüttenrauch, Willy (1909–1996). Diplomat. 1961 1. Stellv. Minister für Außenhandel.
[122] Kammler, Walter (?-?). Staatsfunktionär. 1961 Stellvertretender des Ministers der Finanzen.
[123] Schön, Otto (1905–1968). SED-Funktionär. 1961 Leiter des Büros des Politbüros der SED.

Behandelt:
1. Bericht über die Beratung der 1. Sekretäre des ZK der Kommunistischen und Arbeiterparteien aus den Staaten des Warschauer Vertrages:
Berichterstatter:
Ulbricht
Beschlossen:
Nach der Berichterstattung beschließt das Politbüro:
1. Das Politbüro billigt einmütig das Auftreten des Genossen Ulbricht auf der Beratung.
2. Für Freitag, den 11. August 1961, ist die Volkskammer einzuberufen. Dr. Bolz[124] referiert zu den Fragen der Abrüstung und der Noten der Sowjetunion. Er informiert zugleich über die Beratung der 1. Sekretäre des ZK der Kommunistischen und Arbeiterparteien.
In der Sitzung der Volkskammer wird Genosse Stoph Fragen, die Berlin betreffen, beantworten.
Die Volkskammer soll ihre Übereinstimmung mit den Beschlüssen dieser Beratung erklären. Sie soll einen Beschluß zur Frage des Kampfes gegen den Menschenhandel fassen, in dem dem Ministerrat alle Vollmachten erteilt werden.
Die Bezirksleitung Berlin organisiert die Entsendung von Betriebsdelegatione zur Tagung.
3. Der Beginn der vorgesehenen Maßnahmen zur Kontrolle erfolgt in der Nacht vom Sonnabend zum Sonntag auf Grund eines Beschlusses des Ministerrates.
4. Genosse Ulbricht wird den Ministerrat am Wochenende zu einem Beisammensein einladen.
5. Zur Frage des Kindesraubes in den Bezirken Cottbus und Neubrandenburg wird Genosse Maron, Minister des Innern, beauftragt, mit dem Minister für Justiz, Genossin Benjamin[125], Haftbefehl gegen die Kindesräuber zu erlassen.
Der Minister für Justiz fordert sofort von der Bonner Regierung die Rückgabe der Kinder sowie die Auslieferung der Verbrecher, damit diese vor das Gericht gestellt werden können.
6. Das Material über den Menschenhandel Westdeutschlands ist vom Ministerium für Auswärtige Angelegenheiten nicht an die UNO, sondern an alle Regierungen zu senden.
7. Am Freitag, den 11.8.61, findet eine Beratung mit den 1. Bezirkssekretären statt.
8. Genosse Norden wird beauftragt, ein Glückwunsch-Telegramm des ZK zum erfolgreichen Weltraumflug des Kosmonauten Titow[126] zu entwerfen.

[124] Bolz, Lothar (1903–1986). Vorsitzender der National-Demokratischen Partei Deutschlands (NDPD). 1949–1953 Minister für Aufbau. 1953–1965 Minister für Auswärtige Angelegenheiten. 1968–1978 Präsident der Gesellschaft für Deutsch-Sowjetische Freundschaft (DSF).
[125] Benjamin, Hilde (1902–1989). Ministerin für Justiz. 1949–1953 Vizepräsidentin des Obersten Gerichts. 1953–1967 Ministerin für Justiz. Ab 1967 Professorin an der Deutschen Akademie für Staats- und Rechtswissenschaft in Potsdam.
[126] Titov, German Stepanovič (1935–2000). Generaloberst (1988) – Kosmonaut. 1957–1960 Dienst in einem Jagdfliegerregiment, dann Kosmonautenausbildung. Am 6./7. August 1961 unternahm Titov den zweiten Weltraumflug in der Geschichte, der u. a. im Zusammenhang mit dem Mauerbau stand. 1968 Abschluß an der Luftwaffenakademie in Moskau, 1973–1979 1. Stellv. Chef der Hauptverwaltung für Kosmische Mittel. 1986–1992 1. Stellv.

9. Das Sekretariat wird beauftragt, sich mit der Frage der Änderung der Arbeit der Massenorganisationen zu beschäftigen.

<u>Behandelt:</u>
2. Über die Beratungen zu Wirtschaftsfragen:
   Berichterstatter: Apel
<u>Beschlossen:</u>
1) Als Leiter der Spezialisten-Delegationen zu Verhandlungen mit den Ländern werden festgelegt:
a) mit der UdSSR (zur ständigen Zusammenarbeit) die Genossen Mewis und Neumann.
b) Zur Durchführung eines speziellen Auftrages

mit CSSR	Gen.[127] Selbmann
mit Polen	Gen. Leuschner
mit Ungarn	Gen. Grosse
mit Bulgarien	Gen. Gregor
mit Rumänien	Gen. Wittkowski[128]

c) Die Verhandlungen müssen im Laufe dieser Woche aufgenommen und spätestens in 8 Tagen abgeschlossen werden.
Die Genossen berichten dem Politbüro über das Ergebnis sofort nach Abschluß der Verhandlungen.
d) Genosse Apel wird beauftragt, die Genossen eingehend über Aufgaben und Ziel ihrer Arbeit zu informieren. Genosse Mewis und Genosse Apel vereinbaren, wer mit den Genossen mitfährt.
2) Die Genossen Neumann und Mewis bereiten für das Politbüro die Frage der Arbeitskräfte und der Erhöhung der Arbeitsmoral vor.

<u>Behandelt:</u>
3. Kundgebung zum 90. Geburtstag Karl Liebknechts am 14.8. auf dem Potsdamer Platz:
<u>Beschlossen:</u>
Die Kundgebung wird nicht durchgeführt.

Chef der Kosmischen Truppen der UdSSR/Russischen Föderation. 1995 zog er für die russischen Kommunisten in die Duma ein.
[127] Gen. – Genosse.
[128] Wittkowski, Margarete (1910–1974). Präsidentin der Staatsbank. 1961 stellv. Vorsitzende des Ministerrates für die Bereiche Handel, Versorgung und Landwirtschaft.

Dokument 13[129]

Beh. PB[130] *40/17 v. 8. 8. 61*   Persönliche Verschlußsache!
                                                  – Vorlagen –
                                                  01 Tgb.-Nr. *431*
                                                  Berlin, den 10. 8. 1961

An die Mitglieder und Kandidaten des Politbüros

Werte Genossen!

In der Anlage übermittle ich den Entwurf des Beschlusses der Volkskammer der Deutschen Demokratischen Republik. Ich bitte darum, daß die Änderungsvorschläge bis heute, 10. 8. 1961, mittags 14 Uhr, an Genossen Hermann Matern zugesandt werden.

Mit sozialistischem Gruß
W. Ulbricht

Anlage

Beschluß der Volkskammer der Deutschen Demokratischen Republik

Die Volkskammer der Deutschen Demokratischen Republik stimmt der vom Stellvertretenden Vorsitzenden des Ministerrates und Minister für Auswärtige Angelegenheiten, Dr. Lothar Bolz, abgegebenen Stellungnahme zu den Fragen des Abschlusses eines Friedensvertrages zu.
Seit der Grundsatzerklärung, mit der der Vorsitzende des Staatsrates der Deutschen Demokratischen Republik, Walter Ulbricht, den „Friedensplan des deutschen Volkes" vor der Volkskammer begründete[131], ist die gefährliche Entwicklung in Westdeutschland, die den Abschluß eines Friedensvertrages zur unaufschiebbaren Notwendigkeit macht, in beschleunigtem Tempo weitergegangen.
Die Volkskammer der Deutschen Demokratischen Republik bringt ihre volle Übereinstimmung mit der Einschätzung zum Ausdruck, die der Vorsitzende des Ministerrates der UdSSR, N.S. Chruschtschow, in seiner Fernsehrede am 7. August 1961 von der Lage in Westdeutschland gegeben hat.[132] Durch die Aufrüstung und Atombewaffnung der westdeutschen Bundeswehr und infolge der verschärften Revanche-Politik wurde in der Tat mehr Zündstoff angehäuft, als in einem anderen Gebiet der Welt. Dieser Herd der Kriegsgefahr kann durch den Abschluß eines deutschen Friedensvertrages mit beiden deutschen Staaten unschädlich gemacht werden.

---

[129] SAPMO-BA, DY 30/J IV 2/2 A/843, Bl. 145–148, Schreiben von Ulbricht an die Mitglieder und Kandidaten des Politbüros des ZK der SED, 10. 8. 1961.
[130] PB – Politbüro.
[131] Den „Deutschen Friedensplan" stellte SED-Chef Ulbricht am 6. 7. 1961 auf der 18. Sitzung der Volkskammer vor. Text der Erklärung Ulbrichts, der Wortlaut der Diskussion in der Volkskammer und des Beschlusses der Volkskammer über den „Deutschen Friedensplan" abgedruckt in: DzD IV/6, S. 1159–1197. Für Einzelheiten zum „Deutschen Friedensplan" siehe: Lemke, Berlinkrise, S. 254 f.
[132] Abgedruckt in: DzD IV/6, S. 1516–1527.

Die Volkskammer der Deutschen Demokratischen Republik begrüßt deshalb, daß die Regierung der UdSSR in ihren Noten an die Regierung der USA, Großbritanniens und Frankreichs[133] nicht nur die Bereitschaft zu Verhandlungen über die Friedensregelung mit Deutschland, sondern zugleich auch die Entschlossenheit ausgesprochen hat, im Interesse der Sicherung des Friedens auch ohne die Westmächte den Abschluß eines deutschen Friedensvertrages mit allen Staaten herbeizuführen, die dazu bereit sind.

Die oberste Volksvertretung der Deutschen Demokratischen Republik stimmt in der Feststellung der Beratung der Ersten Sekretäre der Zentralkomitees der kommunistischen und Arbeiterparteien überein, daß eine weitere Hinauszögerung des Abschlusses eines deutschen Friedensvertrages eine Ermunterung der deutschen Revanchisten bedeute und einer bewußten Förderung der Steigerung der Gefahr eines neuen Krieges in Europa und in der Welt gleichkommt. Deshalb begrüßt es die Volkskammer der Deutschen Demokratischen Republik, daß die zuständigen Organe der Teilnehmerstaaten des Warschauer Vertrages festgelegt haben, alle notwendigen außenpolitischen und wirtschaftlichen Maßnahmen vorzubereiten, die den Abschluß des deutschen Friedensvertrages, darunter auch die Bestimmungen, die Westberlin als eine Freie Stadt betreffen, gewährleisten.

Die Volkskammer der Deutschen Demokratischen Republik verurteilt auf das schärfste, daß die Friedenspolitik der sozialistischen Staaten von der Bonner Regierung, von den Interessenverbänden des westdeutschen Monopolkapitals, von den reaktionären, militaristischen und revanchistischen Organisationen, sowie von den Agenten- und Spionagediensten in Westdeutschland und Westberlin mit einer enormen Verschärfung des kalten Krieges, mit der Schürung einer sinnlosen Kriegshysterie, mit systematischen Bürgerkriegsvorbereitungen gegen die Deutsche Demokratische Republik und mit großangelegten und freigiebig finanzierten Maßnahmen zur Untergrabung ihrer Wirtschaft beantwortet wurde, wie das im Bericht des Ersten Stellvertreters des Vorsitzenden des Ministerrates, Willi Stoph, unterbreitete Tatsachenmaterial beweist.

Die Volkskammer bestätigt die vom Ministerrat, vom Magistrat von Großberlin und den Räten der Bezirke Potsdam und Frankfurt (Oder) eingeleiteten Maßnahmen zur Sicherung der Deutschen Demokratischen Republik und zur Unterbindung der von Westdeutschland und Westberlin aus organisierten Kopfjägerei und des Menschenhandels. Sie beauftragt den Ministerrat, alle Maßnahmen vorzubereiten und durchzuführen, die sich auf Grund der Festlegungen der Teilnehmerstaaten des Warschauer Vertrages und dieses Beschlusses als notwendig erweisen.

Die Volkskammer appelliert an alle friedliebenden Bürger der Deutschen Demokratischen Republik, den Organen ihres Arbeiter-und-Bauern-Staates allseitige Unterstützung zu erweisen, selber Wachsamkeit zu üben und durch vorbildliche Arbeitsleistungen zum Erfolg unserer Friedenspolitik beizutragen.

Die Volkskammer wendet sich an alle Arbeiter, Bauern, Angehörigen der Intelligenz, Handwerker und Gewerbetreibenden mit dem Ruf:

---

[133] Der Text der am 3. 8. 1961 von der UdSSR an die USA übergebenen Note ist abgedruckt in: DzD IV/6, S. 1490–1499. Noten ähnlichen Inhalts wurden am gleichen Tag ebenfalls an die Regierungen Frankreichs und Großbritanniens gesandt.

Seid Euch der nationalen Aufgabe bewußt! Die Deutsche Demokratische Republik, den ersten Friedensstaat, gilt es so zu festigen und zu schützen, daß durch den Abschluß eines Friedensvertrages den revanchistischen Kriegstreibern der Weg versperrt und der Weg zu einer friedlichen Zukunft unseres Volkes und zur Wiedervereinigung zu einem antiimperialistischen, neutralen Deutschland geöffnet wird.

Dokument 14[134]

Streng Vertraulich!   Berlin, den 18. 8. 1961

P r o t o k o l l
über die Dienstbesprechung am 11. 8. 1961

Beginn: 18.00 Uhr
Ende: 19.50 Uhr
Anwesend: siehe Anwesenheitsliste Anlage 1[135]

Tagesordnung: Auswertung der Ergebnisse der Volkskammersitzung vom 11. 8. 1961

Einleitend verlas der Genosse Minister Mielke den Beschluß der Volkskammer über den Abschluß eines Friedensvertrages und die Lösung des Westberlin-Problems. In diesem Zusammenhang müssen die Reden der Genossen Stoph und Ebert studiert und ausgewertet werden.

Auf welche Erscheinungen müssen wir in den nächsten Tagen besonders achten:

a) Wir müssen alle Provokationen, die von Westberlin ausgehen, unterbinden und ihre Zerschlagung organisieren. Gegen die Republikflucht werden Maßnahmen getroffen, wobei besonders der Ring um Berlin der Schwerpunkt sein wird.
b) In den Bezirken gibt es eine Zunahme der Festnahmen besonders solcher Elemente, die provokatorische Reden und Hetze führen. Offene Feinde müssen bekämpft, und es darf nicht ausgewichen werden. Es zeigt sich, daß der Gegner konzentriert in einer Richtung wirkt. Obwohl keine organisatorischen Verbindungen zwischen den einzelnen feindlichen Elementen oder Gruppen bestehen, wirken sie nach einem einheitlichen Plan.
c) Unter allen Schichten der Bevölkerung haben unzufriedene und auch negative Diskussionen zugenommen. Diese Entwicklung muß ständig verfolgt werden. Teilweise treten solche Argumente auf wie,
Friedensvertrag bringt keine Bändigung des deutschen Militarismus;
Durchführung „Freier Wahlen";
Auflösung der Nationalen Volksarmee;
Revidierung der Oder-Neiße-Friedensgrenze.

---

[134] BStU, SdM 1557, Bl. 231–236, Protokoll der Dienstbesprechung vom 11. 8. 1961 beim Minister für Staatssicherheit, 18. 8. 1961.
[135] Vgl. ebenda, Bl. 237 (hier nicht dokumentiert).

Es ist zu erkennen, daß die feindlichen Elemente bestimmte äußere Anlässe für ihre Diskussionen nehmen, und zum Teil spielen sie sich als Vertreter von Meinungsgruppen auf. Hinter diesen Argumenten steckt eine gewisse Organisiertheit des Feindes.

Ein Teil der Angehörigen der Intelligenz treten [sic!] offen negativ auf. Aus den bürgerlichen Parteien treten Elemente hervor, die sich gegen die positive Haltung ihrer Parteiführungen wenden.

Solchen Kräften muß offensiv entgegengetreten werden.

d) Es gibt auch eine verstärkte mündliche und schriftliche Hetze gegen Funktionäre. Teilweise spielen Rückkehrer und Erstzuziehende eine führende Rolle in dieser Beziehung.

Überfälle und terroristische Handlungen nehmen zu.

Das Bandenunwesen ist statistisch gesehen zurückgegangen. Aber wir müssen die Veränderung ihrer Haltung erkennen und entsprechende Schlußfolgerungen ziehen.

e) Obwohl die Anzahl der Arbeitsniederlegungen zurückgegangen ist, muß diese ernsthafte Erscheinung genau beobachtet werden.

In den LPG ist noch nicht alles in Ordnung. Es wirken noch in vielen Fällen die feindlichen Losungen.

f) Es gibt ebenfalls noch eine Reihe Delikte in Bezug auf illegalen Waffen- und Munitionsbesitz.

g) In den Bezirken gibt es noch eine Reihe Besonderheiten, die ebenfalls beachtet werden müssen. In Berlin ist eine Besonderheit das Grenzgängertum.

Auf welche Aufgaben kommt es jetzt an:

– Heute treten wir in einen neuen Abschnitt der tschekistischen Arbeit[136] ein. Dieser neue Abschnitt erfordert die Mobilisierung jedes einzelnen Mitarbeiters der Staatssicherheit.

In der jetzigen Periode wird sich erweisen, ob wir alles wissen und ob wir überall verankert sind. Jetzt müssen wir beweisen, ob wir die Politik der Partei verstehen und richtig durchzuführen in der Lage sind.

Der neue Abschnitt unserer Arbeit wird auch die Festigkeit unserer Republik zeigen.

Was ist die Hauptfrage:
Größte Wachsamkeit üben, höchste Einsatzbereitschaft herstellen und alle negativen Erscheinungen verhindern. Kein Feind darf aktiv werden, keine Zusammenballung darf zugelassen werden.

– Wenn in den nächsten Tagen entscheidende Maßnahmen beschlossen werden, muß jegliche Feindtätigkeit verhindert werden. Darum müssen wir in den Krei-

---

[136] In der Sprache des MfS Bezeichnung für nachrichten- und geheimdienstliche Tätigkeit, die auf die von 1918 bis 1922 in Sowjetrußland tätige politische Geheimpolizei „Tscheka/ČK" (Kurzform für: Vserossijskaja črezvyčajnaja komissija po bor'be c kontrrevoljuciej, spekuljaciej i sabotaem – Allrussische Sonderkommission zur Bekämpfung der Konterrevolution, Spekulation und Sabotage) zurückgeht.

sen und Bezirken die genaue Übersicht über die Lage, besonders die feindlichen Kräfte, kennen. Die Kontrolle über die feindlichen Kräfte ist von größter Bedeutung.

Die wichtigsten Objekte müssen ausreichend gesichert sein. Die notwendigen Alarmmaßnahmen sind einzuleiten.

– Über die eigenen Kräfte muß der notwendige Überblick vorhanden sein. Über die abgewiesenen Maßnahmen ist Vollzug zu melden.

Zu einigen Einzelaufgaben:

– In den Einsatzleitungen muß das Zusammenwirken der beteiligten Kräfte garantiert sein.
– Durch die Organe, die in den bewaffneten Kräften arbeiten, muß die Zuverlässigkeit und Kampfbereitschaft gesichert werden. (Entsprechende Einsatzpläne sind sofort aufzustellen.) Zu den Offizieren der bewaffneten Organe muß enger Kontakt hergestellt werden.
– Über die Objekte müssen genaue Übersichten vorhanden sein. Zur Sicherung der Schwerpunkte sind entsprechende Maßnahmepläne auszuarbeiten. In den Betrieben, die durchgehend arbeiten, muß gesichert sein, daß keine Störungen auftreten können. Es ist festzulegen, welche Kräfte werden wo eingesetzt.
Die Stimmung der Beschäftigten ist zu analysieren und die Zusammensetzung der Beschäftigten nochmals zu untersuchen, um die richtigen politisch-operativen Maßnahmen treffen zu können.
Es muß die genaue Übersicht über die Besetzung der Schlüsselpositionen vorhanden sein. Unter Umständen müssen negative Kräfte für einige Zeit aus ihren Bereichen herausgelöst werden.
– Wer mit feindlichen Losungen auftritt, ist festzunehmen. Feinde sind streng und in der jetzigen Zeit schärfer anzupacken. Feindliche Kräfte sind sofort ohne Aufsehen unter Anwendung entsprechender Methoden festzunehmen, wenn sie aktiv werden.
– Die Abteilungen IX[137] müssen stark und einsatzfähig sein. Es sind entsprechende Gruppen für bestimmte Aufgaben einzusetzen.
– Von den verschiedensten Linien sind operative Einsatzgruppen für spezielle Einsätze aufzustellen.
– Alle Linien müssen mit ihren Agenturen so arbeiten, daß die Arbeiter für die Lösung der neuen Aufgaben begeistert und mobilisiert werden.
– Darüber hinaus müssen die IM[138] so eingesetzt werden, daß wir genau wissen,

---

137 Die Abteilungen IX waren als sogenanntes Untersuchungsorgan innerhalb der Bezirksverwaltungen des MfS zuständig für die Einleitung und Durchführung von geheimdienstlichen Ermittlungsverfahren.
138 IM – Inoffizieller Mitarbeiter. Nach Definition des MfS „Bürger der DDR oder Ausländer, der sich aus positiver gesellschaftlicher Überzeugung oder anderen Beweggründen bereiterklärt hat, konspirativ mit dem MfS zusammenzuarbeiten, um die gesellschaftliche Entwicklung vor allen subversiven Angriffen des Feindes zuverlässig zu schützen, die innere Sicherheit der DDR allseitig zu gewährleisten und zur weiteren Stärkung der sozialistischen Staatengemeinschaft beizutragen. Die IM sind die Hauptkräfte des MfS gegen den Feind". Vgl. Wörterbuch der Staatssicherheit, S. 196.

wie sich die Lage entwickelt, oder wo besondere Schwerpunkte auftreten können.
- Auf der Linie der HA XIII[139] sind ganz besondere Sicherungsmaßnahmen
  durchzuführen. Durch uns muß gesichert werden, daß alle Arbeiten, die im Rahmen der Aktion zu erfüllen sind, störungslos verlaufen. Über das Zusammenwirken mit der Transportpolizei ist ein genauer Einsatzplan aufzustellen.
- Maßnahmepläne zur schnellen und wirksamen Bekämpfung der Untergrund-
  tätigkeit sind aufzustellen (besonders Kirche, Presse, Jugend beachten).
- Durch die Abt. M[140] und Abt. 26[141] sind Maßnahmen zu treffen, um besonders
  hinsichtlich der Stimmung der Bevölkerung Aufschlüsse zu bekommen.
- Durch die Abt. N[142] und Abt. XI[143] sind alle Nachrichtenmittel in einsatzberei-
  ten Zustand zu versetzen.
- Durch die HA PS[144] und das Wachregiment[145] sind alle erforderlichen Mittel zur
  Sicherung der Partei- und Regierungsobjekte einzusetzen. Beide Einheiten haben
  entsprechende Pläne aufzustellen.
- Durch alle Linien im Bereich der Westgrenze der DDR sind Maßnahmen zur
  Aufklärung durchzuführen.
- Es ist die qualifizierte Informationsarbeit zu sichern. Die Information muß sach-
  lich sein und nicht übertreiben. Für alle Einheiten sind jetzt sofort die Einsatz-
  pläne auszuarbeiten und das Zusammenwirken aller Linien ist zu sichern.

Alle vorbereitenden Arbeiten sind unter Wahrung der Konspiration und unter
strengster Geheimhaltung durchzuführen. Die gesamte Aktion erhält die Bezeichnung

„Rose".

Nach den Ausführungen des Genossen Minister Mielke sprachen die Genossen
Oberst Szinda[146], Generalmajor Weikert[147], Oberstltn.[148] Richter[149], Oberst Ki-

---

[139] HA XIII – Hauptabteilung XIII. Innerhalb des MfS zuständig für die geheim- und nach-
    richtendienstliche Überwachung des Verkehrs- und Transportwesens in der DDR.
[140] Abt. M – Abteilung M. Innerhalb des MfS zuständig für Postkontrolle.
[141] Abt. 26 – Abteilung 26. Innerhalb des MfS zuständig für Telefonüberwachung.
[142] Abt. N. – Abteilung Nachrichten. Zuständig für die Planung, Organisation und Sicherstel-
    lung des Nachrichtenwesens des MfS.
[143] Abt. XI – Abteilung XI. Chiffrierdienst des MfS.
[144] HA PS – Hauptabteilung Personenschutz. Die 1961 ca. 1600 Mann umfassende Sonderein-
    heit des MfS war für den Schutz der führenden Partei- und Staatsfunktionäre sowie die Si-
    cherung zentraler Partei- und Regierungsobjekte verantwortlich.
[145] Die 1961 4395 Mann starke Verfügungstruppe des MfS war für den Personen- und Objekt-
    schutz in wichtigen staatlichen Behörden sowie Einrichtungen der SED zuständig.
[146] Szinda, Gustav (1897–1988). Generalmajor (1964) – Leiter BV Neubrandenburg. Seit 1951
    Mitarbeiter des MfS, 1961 Leiter der Bezirksverwaltung Neubrandenburg. 1964 in den Ru-
    hestand versetzt.
[147] Weikert, Martin (*1914). Generalleutnant (1976) – Leiter BV Erfurt. Seit 1950 Angehöriger
    des MfS, 1961 Leiter der Bezirksverwaltung Erfurt. 1982 in den Ruhestand versetzt.
[148] Oberstltn. – Oberstleutnant.
[149] Richter, Kurt (1921–1981). Oberst (1969) – Leiter BV Suhl. Seit 1951 Mitarbeiter des MfS,
    1961 Leiter der Bezirksverwaltung Suhl. 1975 in den Ruhestand versetzt.

stowski[150], Oberst Knoppe[151], Major Opitz[152], Oberst Kraus[153], Oberstltn. Michelberger[154], Oberstltn. Mittig[155] und Oberst Schneider[156].
Alle sprachen knapp zu Problemen in ihren Bezirken.

Abschließend betonte der Genosse Minister nochmals, daß alle Probleme gründlich zu durchdenken und die richtigen politisch-operativen Schlußfolgerungen zu ziehen sind.

In der anschließenden kurzen Besprechung mit den Leitern der Einheiten des Ministeriums gab der Genosse Minister Mielke einige spezielle Weisungen. (Einsatzpläne für alle Linien, Mitarbeiter so einteilen, daß sie immer sofort erreichbar sind)

(Ludwig)
Major

gefertigt: 2 Exemplare
1. Ex. Genosse Minister Mielke
2. Ex. Ablage, Sekretär des Kollegiums

---

[150] Kistowski, Erich (1909–1984). Oberst (1958) – Mitarbeiter HA VII. Seit 1950 Angehöriger des MfS, ab 1959 als stellv. Chef der DGP Offizier im besonderen Einsatz (OibE), 1961 stellv. Leiter der Hauptabteilung VII (Überwachung MdI und DVP). 1970 in den Ruhestand versetzt.

[151] Knoppe, Reinhold (1908–1983). Oberst (1950) – Leiter BV Magdeburg. Seit 1950 Mitarbeiter des MfS, 1961 Leiter der Bezirksverwaltung Magdeburg. 1968 in den Ruhestand versetzt.

[152] Opitz, Kurt (1918–1991). Oberst (1972) – Mitarbeiter BV Cottbus. Seit 1952 Mitarbeiter des MfS, 1961 Stellvertreter Operativ des Leiters der Bezirksverwaltung Cottbus. 1977 in den Ruhestand versetzt.

[153] Kraus, Alfred (*1910). Generalmajor (1970) – Leiter BV Rostock. Seit 1951 Angehöriger des MfS, 1961 Leiter der Bezirksverwaltung Rostock. 1975 in den Ruhestand versetzt.

[154] Michelberger, Julius (1919–1990). Oberst (1964) – Leiter BV Gera. Ab 1950 Mitarbeiter des MfS, 1961 Leiter der Bezirksverwaltung Gera. 1979 in den Ruhestand versetzt.

[155] Mittig, Rudi (1925–1994). Generalleutnant (1986) – Leiter BV Potsdam. Ab 1952 Angehöriger des MfS, 1961 Leiter der Bezirksverwaltung Potsdam. Zuletzt Stellv. Minister für Staatssicherheit, im Dezember 1989 von dieser Funktion entbunden.

[156] Schneider, Hans (1914–1972). Oberst (1953) – Leiter BV Leipzig. Seit 1950 Mitarbeiter des MfS, 1961 Leiter der Bezirksverwaltung Leipzig. 1966 in den Ruhestand versetzt.

Dokument 15[157]

REGIERUNG
DER DEUTSCHEN DEMOKRATISCHEN REPUBLIK
Ministerium des Innern
– Der Minister -

B E F E H L

des Ministers des Innern

Nr. 001/61

August 1961   O.U.

Inhalt: Au/f/gaben zur verstärkten Sicherung der Grenze zwischen der Deutschen
          Demokratischen Republik und dem demokratischen Berlin sowie zwi-
          schen dem demokratischen Berlin und Westberlin

Zur Erhöhung der Sicherheit der Deutschen Demokratischen Republik sind mit
„X"-Zeit Maßnahmen zur Einschränkung des Verkehrs aus den Bezirken der Deutschen Demokratischen Republik nach dem demokratischen Berlin sowie aus den
Bezirken der Deutschen Demokratischen Republik und dem demokratischen Berlin nach Westberlin eingeleitet.

Zur Sicherung der Grenze zwischen dem demokratischen Berlin und Westberlin
und zur Unterbindung des von Westdeutschland und Westberlin organisierten
Menschenhandels sind dem Präsidenten der Volkspolizei Berlin durch meinen Befehl Nr. 003/61 für den Raum Berlin besondere Maßnahmen befohlen (Anlage)[158].

Zur Durchsetzung dieser Maßnahmen

B E F E H L E   I C H:

1. Sie[159] sind für die konsequente Durchführung meines Befehls Nr. 003/61 verantwortlich.

2. Sie haben die Chefs der BdVP[160] anzuweisen:

   – eine erhöhte Arbeitsbereitschaft der Stäbe der Bezirke herzustellen;

   – die diensthabenden Einheiten zu erhöhen und in ständiger Gefechtsbereit-
     schaft zu halten;

---

[157] BA-MA, AZN 30885, o. Bl., Befehl des Ministers des Innern Nr. 001/61 über die Aufgaben
zur Grenzsicherung zwischen der DDR und Ost-Berlin sowie zwischen Ost- und West-
Berlin, August 1961.
[158] Vgl. Dokument 17.
[159] Gemeint ist der Präsident der Volkspolizei Berlin: Generalmajor der VP Fritz Eikemeier.
[160] BdVP (BDVP) – Bezirksbehörde der Deutschen Volkspolizei.

– die Maßnahmen meines Befehls 17/61[161], welche Kontrollen auf den Zufahrt-
straßen nach Berlin regeln, verstärkt durchzusetzen;

– sich ständig in der Bezirkshauptstadt aufzuhalten;

– daß ein Offizier der Leitung ständig in der Dienststelle anwesend ist.

3. Die Chefs der BdVP Potsdam und Frankfurt/Oder sind anzuweisen, in den
grenznahen Orten verstärkt Maßnahmen zur Verhinderung von unberechtigtem
Überschreiten der Grenze nach Westberlin einzuleiten und den Abtransport von
Personen, die durch die Sicherungseinheiten der Deutschen Grenzpolizei am
Außenring von Groß-Berlin festgenommen wurden, zum zuständigen VPKA[162]
zu organisieren und die sich daraus ergebenden Untersuchungen zu führen.

4. Die Chefs der Grenzbezirke an der Staatsgrenze West sind anzuweisen, Maßnahmen zur verstärkten Kontrolle der Einhaltung der Grenzordnung einzuleiten.
Diese Maßnahmen sind mit den zuständigen Kommandeuren der Grenzbrigaden
abzustimmen.

5. Besondere Vorkommnisse sind an den Stab des Ministeriums des Innern zu melden.

Minister des Innern   gez. M a r o n

F.d.R.[163]:

Chef des Stabes
Ende
(E n d e)[164]
Oberst

Anlage: Befehl des Ministers
          Nr. 003/61

---

[161] Dieser von Maron erlassene Befehl Nr. 17/61 zur Kontrolle der Zufahrtswege nach Berlin
konnte bisher nicht ermittelt werden, da unter der aufgeführten Befehlsnummer eine andere
Anweisung des Ministers archiviert ist.
[162] VPKA – Volkspolizei-Kreisamt.
[163] F.d.R. – Für die Richtigkeit.
[164] Ende, Horst (*1926). Generalmajor der VP (1965) – Stabschef MdI. Werkzeugmacher, seit
1945 KPD-Mitglied, Eintritt in die DVP in Sachsen, Leiter der Schutzpolizei der Polizeilan-
desbehörde Sachsen, dann Stellvertreter des Chefs der BdVP Karl-Marx-Stadt. Seit 1959 im
MdI, dort 1961 Chef des Stabes, 1964–1975 als Nachfolger von Fritz Eikemeier Präsident
der DVP Berlin. 1967–1976 Mitglied der SED-Bezirksleitung Berlin.

Dokument 16[165]

REGIERUNG
DER DEUTSCHEN DEMOKRATISCHEN REPUBLIK
Ministerium des Innern

B e f e h l

des Ministers des Innern

Nr. 002/61

12. August 1961   O.U.

Inhalt: Aufgaben der Deutschen Grenzpolizei zur verstärkten Sicherung der
Grenzen am Außenring von Groß-Berlin und an der Staatsgrenze West

Zur Erhöhung der Sicherheit der Deutschen Demokratischen Republik sind mit
„X"-Zeit Maßnahmen zur Einschränkung des Verkehrs aus den Bezirken der Deutschen Demokratischen Republik nach dem demokratischen Berlin sowie aus den
Bezirken der Deutschen Demokratischen Republik und dem demokratischen Berlin nach Westberlin eingeleitet.

Zur Gewährleistung der Grenzsicherung am Außenring von Groß-Berlin und der
Kontrolle des grenzüberschreitenden Verkehrs sowie der Erhöhung der Sicherheit
an der Staatsgrenze West

B E F E H L E   I C H :

1. (1) Mit „X" + 30 Minuten ist im Bereich der 5. Grenzbrigade[166] Gefechtsalarm
auszulösen und die Grenzsicherung am westlichen Außenring durch den geschlossenen Einsatz der Einheiten zu organisieren und durchzuführen.
Am Ring des demokratischen Berlins ist verstärkte Grenzsicherung durchzuführen.

(2) Am westlichen Außenring von Groß-Berlin sind „X" + 30 Minuten 11 KPP/
KP[167]/GKÄ[168] zu schließen und bis „X" + 180 Minuten mit Pioniermitteln zu
sperren.
(Aufstellung der zu schließenden KPP/GKÄ siehe Anlage 2).
(3) An den KPP an der Grenze zum demokratischen Berlin ist eine verstärkte
Kontrolle durchzuführen. An den Eisenbahn-KPP des demokratischen Berlin
sind alle ein- und ausfahrenden Reisezüge zu kontrollieren.

---

[165] BA-MA, AZN 30885, o. Bl., Befehl des Ministers des Innern Nr. 002/61 über die Aufgaben
der Deutschen Grenzpolizei zur verstärkten Grenzsicherung am Außenring um Berlin und
an der Staatsgrenze West, 12. 8. 1961.
[166] Die 5. Grenzbrigade der DGP (seit 16. 9. 1961 aus der Grenzpolizei ausgeschieden und der
Bereitschaftspolizei unterstellt, vgl. Dokument 33) hatte ihren Kommandositz in Groß-
Glienicke bei Potsdam und überwachte mit drei Bereitschaften den Außenring um West-
Berlin.
[167] KP – Kontrollpunkt.
[168] GKÄ – Grenzkontrollämter.

(4) Zur Gewährleistung der ununterbrochenen Sicherung werden dem Kommandeur der 5. Grenzbrigade

- die Lehrbereitschaft Potsdam der Bereitschaftspolizei „X" + 180 Minuten;
- 4 Grenzkompanien und 4 Pionierzüge „X" + 240 Minuten;
- Offizierschule der DGP „X" + 360 Minuten zu unterstellen *[sic!]*

(5) Zur Verstärkung der Grenzsicherung am westlichen Außenring sind Teile des Grenzabschnittes mit Drahtsperren auszubauen.
Die pioniermäßige Verstärkung des Grenzabschnittes ist bis „X" + 8 Tage abzuschließen. (pioniermäßiger Ausbau siehe Befehlskarte)[169]

(6) Die Unterbringung und Versorgung der Verstärkungskräfte ist durch die der *[sic!]* 5. Grenzbrigade sicherzustellen.

2. (1) In den Linieneinheiten der Verbände der Staatsgrenze West ist mit „X" + 5 Stunden verstärkte Grenzsicherung unter Beibehaltung des 8-Stunden-Dienstes zu organisieren und durchzuführen.
In den Hauptrichtungen sind die Linieneinheiten durch Reserven zu verstärken.

(2) In den Stäben der Grenzbrigaden und Grenzbereitschaften ist die erhöhte Arbeitsbereitschaft herzustellen.
Die schweren Grenzabteilungen sind in Gefechtsbereitschaft zu versetzen.
Die Verlegung der sGA[170] in gefährdete Richtungen ist zu planen und in Abhängigkeit der Lage zu befehlen.

3. Die Aufklärungsorgane der DGP sind anzuweisen, eine *[ver]*stärkte Aufklärung im feindlichen Vorfeld und im eigenen Grenzgebiet durchzuführen, um rechtzeitig die Absichten und Ziele des Gegners sowie von ihm organisierte staatsfeindliche Handlungen im eigenen Gebiet zu erkennen und zerschlagen zu können.
Die militärische Beobachtung des gegnerischen und eigenen Grenzgebietes ist durch die Kommandeure verstärkt zu organisieren und zu führen.

4. Der Kommandeur der Deutschen Grenzpolizei hat zu gewährleisten, daß mit den anderen bewaffneten Organen des Ministeriums des Innern, des Ministeriums für Staatssicherheit und der Nationalen Volksarmee im Grenzgebiet ein enges Zusammenwirken organisiert wird.
Mit den Kommandeuren der am Ring um Berlin stationierten sowjetischen Grenzbataillone sind die eingeleiteten Sicherungsmaßnahmen abzusprechen.
Das Zusammenwirken der eingesetzten Kräfte ist zu organisieren.

5. Die Kommandeure und Politorgane haben in Verbindung mit den Partei- und FDJ- Organisationen eine verstärkte politisch-ideologische Arbeit unter den Soldaten, Unteroffizieren und Offizieren durchzuführen.
Es ist zu gewährleisten, daß alle Befehle und Dienstvorschriften konsequent erfüllt werden.

---

[169] Hier nicht dokumentiert.
[170] sGA – schwere Grenzabteilung[en]. Seit 1960 verfügte jede der insgesamt 8 Grenzbrigaden über eine schwere Grenzabteilung, zu deren Bestand 3 SFL- bzw. Panzerkompanien sowie eine SPW-Kompanie gehörte.

6. Als Grundlage für den Gebrauch von Schußwaffen gilt mein Befehl 39/60[171]. Die Kräfte der Bereitschaftspolizei sind sofort nach ihrem Eintreffen in die Schußwaffengebrauchsbestimmungen einzuweisen.

7. Meldungen:

- Schließung der KPP/GKÄ und ihre pioniermäßige Verstärkung

- Besetzen der Grenzabschnitte am westlichen Außenring

- Eintreffen der Verstärkungseinheiten

- Lagemeldung alle 6 Stunden nach Auslösung der Maßnahme

- Besondere Vorkommnisse sofort.

8. Dieser Befehl ist nur auf meine Weisung zu vernichten.

Minister des Innern   gez. Maron

F.d.R.:

Chef des Stabes
   Ende
   (E n d e)
   Oberst

Anlagen:
1. Befehlskarte
2. Aufstellung über zu schließende KPP/GKÄ

Anlage 2

Aufstellung über zu schließende KPP am Außenring von Groß-Berlin

Grenze nach Westberlin

B e z e i c h n u n g :	Art des Überganges:
KP – Glienicke – Nordbahn	Straße
GKA – Hohen-Neuendorf	S-Bahn
GKA – Stolpe – Süd	S-Bahn
GKA – Albrechtshof	S-Bahn (außer F-Bahn[172])
KP – Staaken	S-Bahn
GKA – Griebnitzsee	S-Bahn (außer F-Bahn)
GKA – Dreilinden	S-Bahn
KP – Düppel	Straße
KP – Seehof	Straße
GKA – Teltow	S-Bahn
GKA – Mahlow	S-Bahn

[171] Vgl. BA-MA, DVH-27/7025, Bl. 21–23, Befehl des Ministers des Innern Nr. 39/60 über Schußwaffengebrauchsvorschriften, 28. 6. 1960 (hier nicht dokumentiert).
[172] F-Bahn – Fernbahn.

Dokument 17[173]

REGIERUNG
DER DEUTSCHEN DEMOKRATISCHEN REPUBLIK
Ministerium des Innern
– Der Minister –

B e f e h l

des Ministers des Innern

Nr. 003/61

12. August 1961　　　　　　　　　　　　　　　　　　　　　　O.U.

Inhalt:　Aufgaben des Transportpolizeiabschnittes[174] zur verstärkten Sicherung
der Grenze zwischen der Deutschen Demokratischen Republik und West-
berlin sowie dem demokratischen Berlin und Westberlin

Zur Erhöhung der Sicherheit der Deutschen Demokratischen Republik sind mit
„X"-Zeit Maßnahmen zur Einschränkung des Verkehrs von der Deutschen Demokratischen Republik nach dem demokratischen Berlin sowie von der Deutschen
Demokratischen Republik und dem demokratischen Berlin nach Westberlin durchzuführen.

Zur Durchsetzung der Aufgaben werden auf dem Gebiet der Deutschen Reichsbahn und der U-Bahn[175] folgende Maßnahmen getroffen:

1. Züge im internationalen Reiseverkehr in Richtung Westen und zwischen West-
berlin und Westdeutschland beginnen und enden auf dem Bahnsteig „A" des
Bahnhofes Friedrichstraße.

2. Der direkte S-Bahnverkehr aus den Randgebieten der Deutschen Demokrati-
schen Republik nach Westberlin sowie aus der Hauptstadt der Deutschen Demo-
kratischen Republik nach Westberlin wird mit „X"-Zeit eingestellt.
Alle aus der Deutschen Demokratischen Republik und dem demokratischen Ber-
lin nach Westberlin verlaufenden S-Bahnstrecken werden – außer Stadtbahn und
Nord-Süd-Bahn im demokratischen Berlin [–] durch Schaffung abgesicherter
Gleislücken unterbrochen. Die Unterbrechung erfolgt durch den Einsatz von 8
Bautrupps der Reichsbahn an 12 Stellen.

Diese Maßnahme erfolgt „X".
Die durchzuführenden Bauarbeiten sind je Bautrupp durch 5 Kräfte der Transportpolizei, ausgerüstet mit taktischer Bewaffnung, zu sichern.

---

[173] BA-MA, AZN 30885, o. Bl., Befehl des Ministers des Innern Nr. 003/61 über die Aufgaben
der Transportpolizei zur verstärkten Grenzsicherung zwischen der DDR und West-Berlin
sowie Ost-Berlin und West-Berlin, 12. 8. 1961.
[174] Seit 1955 war die Transportpolizei der DDR in acht Abschnitte gegliedert, deren Dienstbereiche den Grenzen der acht Reichsbahndirektionen entsprachen, darunter der Transportpolizeiabschnitt Berlin. Vgl. auch Mittmann, Die Transportpolizei, S. 537–550.
[175] U-Bahn – Untergrundbahn.

Nach Abschluß dieser Unterbrechung beginnen und enden alle S-Bahnzüge der Stadtbahn aus und in Richtung Westen auf Bahnstein *[sic!]* „B" und aus und in Richtung Osten auf dem Bahnsteig „C" des Bahnhofes Friedrichstraße.

S-Bahnzüge der Nord-Süd-Bahn halten nur auf dem Bahnhof Friedrichstraße. Alle weiteren Bahnhöfe auf dieser Strecke im demokratischen Berlin werden für den Reiseverkehr gesperrt.

S-Bahnzüge des Vollrings im demokratischen Berlin beginnen und enden auf dem Bahnhof Schönhauser Allee und Treptower Park.

Die an der Grenze nach Westberlin liegenden Bahnhöfe Wilhelmsruh, Schönholz und Wollankstraße werden zum demokratischen Berlin hin geschlossen, um den Ein- und Ausstieg vom demokratischen Berlin aus nicht zuzulassen.

Der im demokratischen Berlin liegende Bahnhof Bornholmer Straße wird für jeglichen Publikumsverkehr geschlossen.

Auf den S-Bahnstrecken
     Oranienburg – Hohenneuendorf,
     Velten – Henningsdorf[176],
     Potsdam – Griebnitzsee,
     Rangsdorf – Mahlow

wird zur Bedienung des örtlichen Nahverkehrs ein S-Bahn-Pendelverkehr eingerichtet.
Auf den übrigen S-Bahnstrecken der Deutschen Demokratischen Republik nach Westberlin wird der Zugverkehr eingestellt.

Die Züge auf der Strecke Basdorf – Wilhelmsruh enden auf dem Bahnhof Schildow.

3. Die U-Bahnzüge der Linie A aus und in Richtung Pankow enden und beginnen auf dem U-Bahnhof „Thälmann-Platz"[177] und aus und in Richtung Westberlin auf dem U-Bahnhof „Potsdamer Platz".

Die U-Bahnzüge der Linie C halten im demokratischen Berlin nur auf dem Bahnhof Friedrichstraße. Alle anderen im demokratischen Berlin liegenden U-Bahnhöfe der Linie C werden für jeglichen Publikumsverkehr gesperrt.

Die im demokratischen Berlin liegenden U-Bahnhöfe der Linie D werden für jeglichen Publikumsverkehr gesperrt. Der Bahnhof „Warschauer Brücke" der U-Bahnlinie B wird für jeglichen Publikumsverkehr gesperrt.

4. Der Güterverkehr wird ohne Einschränkung mit den erforderlichen Kontrollmaßnahmen weiter durchgeführt.

Zur Durchführung der Kontroll- und Sicherungsaufgaben

---

176 Hier ist das im Nordwesten von Berlin liegende Henningsdorf gemeint.
177 Heute U-Bahnhof Mohrenstraße.

BEFEHLE ICH:

1. Der Kommandeur des Transportpolizeiabschnittes Berlin ist verantwortlich für die Durchführung der Kontroll- und Sicherungsmaßnahmen des Reise- und Güterverkehrs an der Grenze von der Deutschen Demokratischen Republik nach Westberlin und vom demokratischen Berlin nach Westberlin im

> Fernverkehr,
> S-Bahnverkehr,
> U-Bahnverkehr.

Die Hauptanstrengung ist auf den Sicherungsbereich des Transportpolizeiamtes Ostbahnhof zu richten.

2. Die Kontroll- und Sicherungsaufgaben sind mit der Aufgabe durchzuführen:

a) <u>im Fernverkehr</u>:

Durchführung der Paß- und Zollkontrolle im Zusammenwirken mit den Kräften des AZKW[178] zur Verhinderung, daß Bürger der Deutschen Demokratischen Republik und des demokratischen Berlin ohne Genehmigung Züge in Richtung Westberlin oder Westdeutschland benutzen sowie Kontrolle der aus Richtung Westen kommenden Reisenden.

b) <u>im S-Bahnverkehr</u>:

Durchführung von Kontrollmaßnahmen zur Verhinderung, daß Bürger der Deutschen Demokratischen Republik und des demokratischen Berlin ohne Genehmigung nach Westberlin fahren.
Durchführung von Sicherungsmaßnahmen zur Aufrechterhaltung der Ordnung und Sicherheit auf den Übergangs- und Endbahnhöfen sowie auf den Bahnhöfen der Strecken des Pendelverkehrs in den Randgebieten Berlins und an den Grenzübergängen im demokratischen Berlin.

Sicherung der auf der Nord-Süd-Strecke für den Publikumsverkehr gesperrten Bahnhöfe zur Verhinderung des unberechtigten Ein- und Aussteigens.

c) <u>im U-Bahnverkehr</u>:

Sicherung des U-Bahnhofes Friedrichstraße, um zu verhindern, daß Bürger der Deutschen Demokratischen Republik und des demokratischen Berlin die U-Bahn ohne Genehmigung zur Einreise nach Westberlin benutzen.

Sicherung des U-Bahnhofes Potsdamer Platz zur Gewährleistung, daß jeglicher Publikumsverkehr in Richtung Osten unterbleibt. Ein- und Ausgänge des Bahnhofes in Richtung demokratisches Berlin sind zu schließen.

Sicherung der Bahnhöfe im demokratischen Berlin, die für den Publikumsverkehr gesperrt sind, zur Verhinderung des unberechtigten Ein- und Aussteigens.

Sicherung des U-Bahnhofes „Thälmann Platz" zur Gewährleistung, daß jeglicher Verkehr aus Richtung Pankow hier endet.

---

[178] AZKW – Amt für Zoll und Kontrolle des Warenverkehrs.

Ausgenommen von den Maßnahmen des Punktes 2 a bis c sind Angehörige der Reichsbahn, die in Westberlin arbeiten und sich mit einem Ausweis ausweisen können, aus dem ihr Beschäftigungsnachweis in Westberlin hervorgeht.

Die Ausgabe von Genehmigungen für die Einreise nach Westberlin für Bürger der Deutschen Demokratischen Republik und des demokratischen Berlin wird in einer gesonderten Weisung geregelt.

d) im Güterverkehr:

Durchführung der Kontrolle der Güterzüge an den Übergängen von der Deutschen Demokratischen Republik und dem demokratischen Berlin nach Westberlin, um zu verhindern, daß Personen auf diesem Wege nach Westberlin ein- oder ausfahren.

3. Erforderlich sind:

Einrichtung eines KPP auf dem Bahnhof Friedrichstraße (Fernbahn, S-Bahn, U-Bahn).
Einrichtung von Sicherungsstützpunkten auf den Bahnhöfen Schönhauser Allee, Treptower Park, Alexanderplatz und U-Bahnhof Potsdamer Platz.
Einsatz von Sicherungsposten auf den für den Publikumsverkehr gesperrten S- und U-Bahnhöfen sowie auf den Bahnhöfen der Strecken mit Pendelverkehr.
Einsatz von Sicherungsposten auf dem U-Bahnhof Thälmann Platz.
Einsatz von Kontroll- und Sicherungsposten an den Grenzübergängen nach Westberlin zur Sicherung der Übergänge und Kontrolle des Güterverkehrs.

4. Im übrigen Dienstbereich sind die Aufgaben entsprechend der Lage schwerpunktmäßig durchzuführen, wobei die Fernbahnhöfe im demokratischen Berlin besonders zu berücksichtigen sind.

5. Der Einsatz der Kontroll- und Sicherungskräfte erfolgt gemäß Anlage 1[179].

6. Zur Gewährleistung dieser Maßnahmen ist für den Abschnitt Berlin mit „X"-Zeit Alarmstufe II auszulösen. Die Führung der Kräfte hat vom Transportpolizeiabschnitt über die Ämter und Reviere zu erfolgen.
Dabei hat [sic!] der Stab des Abschnittes sowie die Stäbe der Ämter die Arbeit aufzunehmen.
Die Verbindung ist mittels Draht (OB[180]- und Basa[181]-Leitung) und durch Melder aufrecht zu erhalten.

7. Zur Durchführung der Aufgaben wird der Transportpolizeiabschnitt mit 815 Kräften aus den Abschnitten der Transportpolizei der Republik verstärkt. Die Zuführung der Kräfte ist „X" + 10 Stunden abzuschließen und hat gemäß dem Plan der Zuführung (Anlage 3)[182] zu erfolgen.

---

[179] Hier nicht dokumentiert.
[180] OB – Ortsbatterie. Internes Kommunikationsnetz der Reichsbahn auf der Basis von Kurbeltelefonen.
[181] Basa – Bahnselbstanschlußnetz. Internes Fernsprechnetz der DR.
[182] Hier nicht dokumentiert.

Für alle Einsatzkräfte – außer den Kontrollkräften – ist der Zwei-Schichten-dienst einzuführen. Kontrollkräfte sind im Drei-Schichtdienst einzusetzen.

Es ist zu gewährleisten, daß die Besetzung des gesamten Sicherungsbereiches in der ersten Dienstschicht durch Kräfte des Abschnittes Berlin zu erfolgen hat und bis „X" + 4 Stunden abzuschließen ist.

8. Das Zusammenwirken ist zu organisieren mit
　　dem Kommandeur des Sicherungskommandos der PdVP,
　　dem Kommandeur der 13. und 14. Grenzbereitschaft,
　　dem Leiter des AZKW Berlin,
　　den nachgeordneten Kommandeuren.

Zum Stab des PdVP sowie zum Büro des Präsidenten der Reichsbahndirektion ist je ein Verbindungsoffizier einzusetzen.

9. Auf dem Bahnhof Friedrichstraße ist ein Filtrierpunkt einzurichten und durch Kräfte des Abschnittes Berlin die Zuführung, Vernehmung und weitere Veran-lassung zugeführter Personen zu gewährleisten.
Die Zuführung von Personen in den übrigen Sicherungsabschnitten erfolgt im Demokratischen Berlin zu den Filtrierpunkten der Volkspolizei-Inspektionen und im Randgebiet zu den Filtrierpunkten der zuständigen VPKÄ[183].

10. Die Kommandeure und Polit-Organe haben in Verbindung mit den Partei- und FDJ-Organisationen eine verstärkte politisch-ideologische Arbeit unter den Offizieren, Unteroffizieren und Wachtmeistern durchzuführen. Es ist zu ge-währleisten, daß alle Befehle und Dienstvorschriften konsequent und gewissen-haft erfüllt und keine Verletzungen der Geheimhaltung zugelassen werden.

11. Die Bewaffnung und Ausrüstung der zur Sicherung und Kontrolle eingesetzten Kräfte erfolgt:
　– für Kräfte auf Bahnhöfen mit Pistole, Schlagstock, Schirmmütze;
　– für Kräfte am Grenzübergang mit taktischer Bewaffnung.

12. Die Unterbringung und Versorgung der eigenen und zugeteilten Kräfte ist zu organisieren durch das Versorgungsorgan des Kommandeurs des Abschnittes in Verbindung mit dem Versorgungsorgan des Präsidenten der PdVP. Zur Unter-bringung der zugeteilten Kräfte sind die Baracken, Schulungsräume und Zelte zu verwenden. Für die taktische Bewaffnung der zugeteilten Kräfte sind Lager-möglichkeiten sowie die Sicherung zu gewährleisten.

13. Als Grundlage für den Gebrauch von Schußwaffen gilt mein Befehl 39/60.

14. Meldungen:
　– Abschluß der Arbeiten der Bautrupps der Reichsbahn zur Unterbrechung der Streckenführung im S-Bahnverkehr.
　– Herstellung der Einsatzbereitschaft der Kräfte.
　– Besetzung der angewiesenen Sicherungsabschnitte.
　– Lagemeldungen alle 2 Stunden nach Auslösung der Maßnahmen bis „X" + 12 Stunden.

---

[183] VPKÄ – Volkspolizeikreisämter.

– Weitere Lagemeldungen alle 6 Stunden, erstmalig „X" + 17 Stunden.
– Besondere Vorkommnisse sofort.

Alle Meldungen sind entsprechend der Meldeordnung der Stäbe an die Hauptabteilung Transportpolizei[184] zu leiten. Alle weiteren Befehle erhalten Sie vom Leiter der Hauptabteilung Transportpolizei.

Minister des Innern   gez. – M a r o n –

    F.d.R.
Chef des Stabes
    Ende
    (Ende)

Dokument 18[185]

Geheim
Exemplar Nr. 1

A n d a s Z K d e r K P d S U

Wir berichten:

1. Die Situation in Berlin während der vergangenen 24 Stunden läßt sich wie folgt charakterisieren:
Der Beschluß der Regierung der DDR zur Einführung einer strikten Kontrolle der Grenzen zu West-Berlin wurde erfolgreich verwirklicht.
Am 14. August führte die Regierung der DDR eine Reihe ergänzender Maßnahmen zur Verstärkung der Grenzbewachung, zur Regelung der Telegrafie- und Telefonverbindungen, der Post und des Transports sowie zur Arbeitsbeschaffung für Einwohner des demokratischen Sektors, die früher in West-Berlin arbeiteten, durch.
Im demokratischen Sektor Berlins und in anderen Städten der DDR unterstützten die Werktätigen auf Meetings und Versammlungen die Entscheidung der Regierung der DDR.
Die Regierungen der BRD und West-Berlins organisierten während des 14. Augusts unter der Bevölkerung Demonstrationen und Versammlungen als Zeichen des Protestes gegen den Erlaß der Regierung der DDR.
Um 13.15 Uhr versuchte eine Gruppe von 200 Jugendlichen über die Sektorengrenze in den Bereich der sowjetischen Botschaft vorzudringen, sie wurde jedoch von der Polizei der DDR unter Einsatz von Wasserwerfern und Gasgranaten zurückgedrängt.
Erfolglose Versuche einzelner Gruppen nach Ost-Berlin einzudringen gab es ebenfalls im Gebiet des Potsdamer Platzes sowie an anderen Punkten.

---

[184] Die Hauptabteilung Transportpolizei gehörte 1961 zur Hauptverwaltung Deutsche Volkspolizei (HVDVP) im Ministerium des Innern.
[185] Rossijskij gosudarstvennyi archiv novešej istorii (künftig: RGANI), 5/30/367, Bl. 1–3, Bericht des Verteidigungsministeriums der UdSSR an das ZK der UdSSR über die Situation in Berlin und der DDR, 15. 8. 1961.

Um 14.00 Uhr stellten als Zeichen des Protestes gegen den Beschluß des Ministerrats der DDR die Unternehmen in West-Berlin für 15 Minuten ihre Arbeit ein.
Um 14.30 fand in West-Berlin im Bereich des Rathauses eine Demonstration statt,
auf der der West-Berliner Oberbürgermeister Brandt[186] eine feindselige und ver-
leumderische Rede hielt. In seiner Ansprache richtete er sich mit einem Aufruf an
die Bevölkerung, die Nationale Volksarmee und die Polizei, sich den Gegenmaßnahmen der West-Berliner Regierung nicht zu widersetzen, ebenfalls rief er zu Po-
gromhandlungen gegen die Organisationen der SED in West-Berlin auf. Jedoch fanden die provokanten Aufforderungen Brandts seitens der Einwohner Ost-Berlins
keine Unterstützung.
Um 16.00 Uhr versammelte sich im Bereich des sowjetischen Ehrenmals, das sich
im Tiergarten (englischer Sektor) befindet, eine ca. 3000köpfige Menschenmenge,
die feindselige Losungen skandierte; einzelne Personen versuchten, das Ehrenmal
zu schänden. Durch Kräfte der West-Berliner und der englischen Polizei wurde die
Menge vom Denkmal abgedrängt.
Im Zusammenhang mit den ständigen Provokationen am Brandenburger Tor schloß
die Regierung der DDR in der zweiten Tageshälfte des 14. August bis auf weiteres
den dort vorhandenen Grenzübergangspunkt.
Die Nacht zum 15. August verlief in Berlin ruhig.
2. Die Truppenteile und Einheiten der 20. Gardearmee, der 1. und 8. MSD der Nationalen Volksarmee der DDR liegen weiterhin in den bereits zuvor eingenommenen Positionen und sind bereit, die ihnen gestellten Aufgaben zu erfüllen.
Die restlichen Truppen der Gruppe der sowjetischen Streitkräfte in Deutschland
befinden sich in erhöhter Gefechtsbereitschaft, am 14. August führten sie die Gefechtsausbildung in ihren ständigen Dislozierungspunkten durch.
3. Die amerikanischen, englischen und französischen Streitkräfte in West-Berlin befinden sich weiterhin in erhöhter Gefechtsbereitschaft.
4. Der 25. operative Verband der Seestreitkräfte der USA, zu dessen Bestand zwei
Angriffsflugzeugträger, ein Kreuzer, drei U-Boote und bis zu fünfzehn Zerstörer
gehören, hat seine Überfahrt aus den USA zum Mittelmeer abgeschlossen, am
14. August gegen 22.00 Uhr lief der Verband in die Meerenge von Gibraltar ein.

A. Gretschko
A. Gretschko
M. Sacharow
M. Sacharow[187]

15. August 1961
Nr. 80048

[186] Brandt, Willy (1913–1992). Deutscher Politiker und Bundeskanzler. Seit 1930 Mitglied der
   SPD, 1931–1944 der SAP, dann wieder SPD. 1933 Emigration nach Norwegen, 1940 Flucht
   nach Schweden. Nach Ende des Zweiten Weltkrieges Rückkehr nach Deutschland. Von
   1949–1957 Mitglied des Deutschen Bundestages. 1957–1966 Regierender Bürgermeister von
   West-Berlin. 1966–1969 Außenminister und Vizekanzler der Bundesrepublik Deutschland.
   Bundeskanzler von 1969–1974. 1974–1992 Vorsitzender der Sozialistischen Internationale.
[187] Zacharov, Matvej Vasil'evič (1898–1972). Marschall der Sowjetunion (1959) – Generalstabschef. 1937 Abschluß der Militärakademie des Generalstabes. Während des Zweiten Weltkrieges Stabschef an verschiedenen Fronten. 1945–1949 Leiter der Militärakademie des Ge-

Dokument 19[188]

Zur Bestätigung (3x)   Wt.

Protokoll Nr. 44/61
der Sitzung des Politbüros des Zentralkomitees der SED am Dienstag, d. 15. August 1961, im Sitzungssaal des Politbüros

Tagesordnung:
1. Protokollbestätigung
2. Einschätzung der gegenwärtigen Lage in Durchführung der Beschlüsse der Volkskammer und des Ministerrates
   Berichterstatter: Gen. Ulbricht
3. Aufruf des Bundesvorstandes des DFD[189] an die Frauen und Mädchen der DDR
4. Gesundheitszustand des Gen. Grotewohl

Sitzungsleitung: Ulbricht   Protokollführung: Schön
Beginn: 10.00 Uhr   Ende: 14.30 Uhr

Behandelt:
1. Protokollbestätigung

Beschlossen:
Das Protokoll Nr. 39/61 der außerordentlichen Sitzung des Politbüros vom 7. August 1961, das Protokoll Nr. 40/61 der Sitzung des Politbüros vom 8. August 1961 und das Protokoll Nr. 41/61 der außerordentlichen Sitzung des Politbüros vom 11. August 1961 werden bestätigt.

Behandelt:
2. Einschätzung der gegenwärtigen Lage in Durchführung der Beschlüsse der Volkskammer und des Ministerrates
   Berichterstatter: Ulbricht

Beschlossen:
 1) Die Maßnahmen zur vorläufigen Sicherung der Grenzen nach Westberlin sind im wesentlichen durchgeführt. Es ist erforderlich, schon jetzt einen Plan für den weiteren Ausbau der Grenzsicherung in der zweiten Etappe auszuarbeiten. Verantwortlich für die Ausarbeitung: Genosse Maron, Genosse Honecker, Genosse Hoffmann.
 2) Ausarbeitung eines exakten Planes für den Übergang zu einer regulären Grenz-

---

neralstabes. 1949–1952 Chef der Militäraufklärung (GRU). Generalinspekteur der sowjetischen Streitkräfte von 1952 bis 1953. 1953–1957 Chef des Leningrader Militärbezirkes. 1957 Ernennung zum Oberkommandierenden der Gruppe der Sowjetischen Streitkräfte in Deutschland. Von 1960 bis 1971 Chef des Generalstabes und 1. Stellv. Verteidigungsminister der UdSSR. Seit 1917 Angehöriger der Kommunistischen Partei, von 1961 bis 1972 Mitglied des ZK der KPdSU.

188 SAPMO-BA, DY 30/JIV 2/2A/847, Bl. 1–7, Protokoll Nr. 44/61 der Sitzung des Politbüros des ZK der SED, 15. 8. 1961.

189 DFD – Demokratischer Frauenbund Deutschlands.

sicherung. Der Plan ist von den Genossen Seifert[190], Beater[191] und Riedel bis Montag, den 21. 8. 1961, auszuarbeiten.

3) Ausarbeitung eines Planes über die reguläre Sicherung der Staatsgrenze West durch die Truppenteile der Grenzpolizei und Truppenteile der Nationalen Volksarmee mit dem System der periodischen Ablösung.
Termin: Montag, den 28. 8. 1961.
Verantwortlich: Gen. Hoffmann, Gen. Honecker, Gen. Mielke, Gen. Maron.

4) Genosse Honecker wird beauftragt, unter Leitung des Genossen Borning[192] eine Gruppe zur laufenden Bearbeitung der Vorkommnisse in der Republik einzusetzen. In die Gruppe sind dafür geeignete Funktionäre der Partei, des Ministeriums für Staatssicherheit und der Volkspolizei einzubeziehen.

5) Dem Politbüro wird vorgeschlagen, die Abteilungen für Arbeit beim Magistrat und den Räten der Stadtbezirke von Groß-Berlin, bei den Räten Potsdam und Frankfurt (Oder) sowie bei den Räten der Randkreise um Berlin in Arbeitsämter umzuwandeln.
Die Umwandlung geschieht auf der Grundlage des bereits gefaßten Beschlusses, der entsprechend der neuen Lage durch das Präsidium des Ministerrates vereinfacht bzw. vervollkommnet werden soll.
Verantwortlich: Genosse Stoph.
In Berlin wird ein Arbeitsamt gebildet mit Nebenstellen in den Stadtbezirken.

6) Es ist eine Anweisung an die Deutsche Grenzpolizei und die Organe des Ministeriums für Verkehrswesen zu geben, daß die ausgegebenen PM 12a ungültig sind. Den betreffenden Personen ist mitzuteilen, daß in einiger Zeit ein neuer Antrag zu stellen ist.
Verantwortlich: Genosse Maron, Genosse Kramer[193].

7) a) Die bisherigen Berechtigungsscheine A (rot – VK 38b und grün – VK 61a) werden für ungültig erklärt und sind zu erneuern.
Alle Personen, die im Besitz solcher Ausweise sind, werden gebeten, sich im .... vom .... bis .... zur Regelung dieser Angelegenheit einzufinden.
Verantwortlich: Genosse Maron.

---

[190] Seifert, Willi (1915–1986). Generalleutnant der VP (1965) – stellv. Minister des Innern. 1930 KPD, von 1934–1945 Haft und KZ. 1946–1949 Vizepräsident der Deutschen Verwaltung des Innern, anschließend bis 1957 stellv. Chef der Deutschen Volkspolizei. 1957–1983 stellv. Minister des Innern, dann in den Ruhestand versetzt.

[191] Beater, Bruno (1914–1982). Generaloberst (1980) – stellv. Minister für Staatssicherheit. Seit 1949 Angehöriger des MfS, 1961 stellv. Minister für Staatssicherheit. Ab 1964 bis zu seinem Tod 1. Stellv. Minister für Staatssicherheit.

[192] Borning, Walter (1920–1983). Generalleutnant (1970) – SED-Funktionär. 1938 Sparkassenangestellter, ab April 1939 Reichsarbeitsdienst, dann freiwillig zur Wehrmacht. 1945 nach Rückkehr aus amerikanischer Kriegsgefangenschaft Hilfsarbeiter, ab 1946 Verwaltungsangestellter in Neubrandenburg. 1950 Wechsel zum MdI, 1952–1956 Sektorenleiter in der ZK-Abteilung für Sicherheitsfragen, 1959–1960 Offiziershörer an der Militärakademie in Dresden. 1960–1972 Leiter der ZK-Abteilung für Sicherheitsfragen. 1972 wegen „unparteimäßigem Verhalten" entlassen.

[193] Kramer, Erwin (1902–1979). Verkehrsminister und Generaldirektor der Deutschen Reichsbahn (DR). 1932 Emigration in die UdSSR. 1945 Rückkehr nach Deutschland, 1946 SED. 1950–1953 Generaldirektor der DR. 1953–1954 stellv. Minister für Verkehrswesen. 1954–1970 Minister für Verkehrswesen und Generaldirektor der DR.

b) Der Beschluß soll in der Weise durchgeführt werden, daß die Anzahl der neuen Berechtigungsausweise maximal eingeschränkt wird. Berechtigungsscheine sind nur an solche Personen auszugeben, die bei uns wichtige Aufgaben erfüllen.

Die Ausgabe von neuen Berechtigungsscheinen hat individuell zu erfolgen. Dabei sind durch qualifizierte Mitarbeiter des Staats- und Parteiapparates mit den betreffenden Personen Aussprachen durchzuführen mit dem Ziel, diese Maßnahmen verständlich zu machen.

Verantwortlich für die Ausarbeitung der Direktive: Gen. Maron.

8) Der Beschluß des Ministers des Innern über den Abzug der VP-Angehörigen, die am Außenring an Straßen Kontrollen durchführen, und über den Abzug der Zugbegleitkommandos in den Eisenbahnzügen (mit Ausnahme der Interzonenzüge), die zur Bekämpfung des Menschenhandels zusätzlich eingesetzt wurden, wird bestätigt.

9) Aufgrund der Klagen aus den Betrieben, daß zuviel Informatoren von zentralen örtlichen Stellen in denselben erscheinen, ist vom Genossen Stoph die Abstellung dieses Unfuges – soweit es die staatlichen Organe betrifft – zu veranlassen. Den gesellschaftlichen Organisationen, Gewerkschaften, FDJ etc. ist vom Genossen Honecker mitzuteilen, daß alle Einsätze in den Betrieben entsprechend der Regelung bei der Partei durch die Kreisleitungen der Partei koordiniert, angeleitet und kontrolliert werden.

10) Der Befehl an die Einsatzleitung Berlin, aufgrund des gewaltsamen Durchbrechens der Postenkette nach den Westsektoren durch Kraftfahrzeuge Hindernisse an den bestehenden Übergängen zu errichten, wird bestätigt.

11) Vom Stab des Ministeriums des Innern sind umgehend Maßnahmen zu treffen:

a) um den Sicherungskräften an Ort und Stelle durch ausgebildete Spezialkräfte Hilfe und Unterstützung bei der Anlegung der Sperren zu geben;

b) da die natürlichen Hindernisse – wie Gräben und Kanäle – keine vollständige Grenzsicherung gewährleisten, ist es notwendig, an den Ufern zusätzlich Drahtsperren zu errichten, zum Beispiel Britzer Kanal und Osthafen.

12) Genosse Kramer wird beauftragt, durch in Westberlin vorhandene Kräfte einen Kontrolldienst auf dem Gelände der Reichsbahn einzurichten und sie in ihre bahnpolizeilichen Vollmachten einzuweisen.

13) Genosse Verner wird beauftragt dafür zu sorgen, daß zwischen dem Magistrat von Groß-Berlin und den Randkreisen wegen des Arbeitseinsatzes der ehemaligen Grenzgänger zusammengearbeitet wird.

14) Der Magistrat von Groß-Berlin wird beauftragt, eine Anordnung zur Einschulung der schulpflichtigen Kinder, die bisher in Westberlin zur Schule gingen, zu erlassen.

Schüler, die über die Schulpflicht hinaus in Westberlin zur Schule gingen, sind der Berufsberatung zu überweisen.

15) Genosse Ulbricht wird am Freitag im Fernsehen auftreten, um zu den Grundfragen Stellung zu nehmen.

16) An die Mitglieder und Kandidaten des ZK ist eine Information über unsere bisherigen Maßnahmen zu geben und darzulegen, daß diese Maßnahmen entsprechend der vom 13. Plenum des ZK bestätigten Rede des Genossen Ulbricht durchgeführt werden.

Eine Sitzung des Zentralkomitees wird Ende August stattfinden.

17) Das Politbüro hält es für notwendig, daß

   a) Genosse Matern im Fernsehen und Rundfunk auftritt und sich an die westdeutschen Sozialdemokraten wendet;

   b) Genosse Warnke sich im Fernsehen und Rundfunk an die Mitglieder des DGB wendet;

   c) sich Genosse Ebert in gleicher Weise an die Westberliner Sozialdemokraten wendet.

18) Die Information des Genossen Ulbricht über sein Gespräch mit Genossen Perwuchin[194] wird zur Kenntnis genommen. Die vorgesehene Erklärung über die von westdeutscher Seite beabsichtigte Kündigung des Handelsabkommens zwischen der Deutschen Demokratischen Republik und Westdeutschland ist vom Präsidium des Ministerrates heute zu beschließen und vom Presseamt zu veröffentlichen. Genosse Ulbricht wird mit Genossen Stoph die Erklärung redigieren.

19) Es ist heute über unsere Botschafter an die Zentralkomitees der sozialistischen Länder zu telegraphieren, daß die in Moskau anläßlich der Beratung der 1. Sekretäre der ZK der kommunistischen und Arbeiterparteien aus den Teilnehmerstaaten des Warschauer Vertrages vereinbarte Beratung der Agit.-Prop.-Leiter der ZK der kommunistischen und Arbeiterparteien am 23. 8. 1961 in Berlin stattfindet.

Genosse Norden wird beauftragt, mit Genossen Perwuchin zu sprechen und durch ihn vom Genossen Suslow[195] das Einverständnis über Termin und Ort einzuholen.

20) Die Kosmonauten Gagarin[196] und Titow sind in die Deutsche Demokratische

---

[194] Pervuchin, Michail Georgevič (1904–1978). Sowjetischer Partei- und Staatsfunktionär. 1919 Eintritt in die RKP(b). 1929 Abschluß am Moskauer Institut für Volkswirtschaft. 1938 Ernennung zum 1. Stellv. Volkskommissar für Schwerindustrie, ab 1939 Mitglied des ZK der VKP(b). 1939 bis 1940 Volkskommissar für Elektroindustrie, dann bis 1944 Stellv. Vorsitzender des Rates der Volkskommissare, gleichzeitig zwischen 1942 und 1950 Volkskommissar/Minister für Chemieindustrie. 1953 bis 1957 zunächst Stellv., dann 1. Stellv. Vorsitzender des Ministerrates der UdSSR. 1957 als Mitglied der Anti-Partei-Gruppe zunächst auf den Posten des Ministers für mittleren Maschinenbau abgeschoben, verlor Pervuchin gleichzeitig seine Mitgliedschaft im ZK. Im Februar 1958 zum Botschafter der UdSSR in der DDR ernannt, verlor diesen Posten 1962 wegen Differenzen mit SED-Chef Ulbricht. Danach bis zu seinem Tod Abteilungsleiter in der Staatlichen Plankommission.

[195] Suslov, Michail Andreevič (1902–1982). Sowjetischer Parteifunktionär. Seit 1921 Mitglied der VKP(b). 1924 Abschluß an der Arbeiter- und Bauernfakultät in Moskau, danach Studium am Institut für Volkswirtschaft. Ab 1931 Arbeit im Zentralapparat der VKP(b). 1939 bis 1944 1. Parteisekretär des Gebietes Stavropol', dann Vorsitzender des Büros des ZK der VKP(b) in der Litauischen SSR. Ab 1946 erneuter Einsatz im Zentralapparat der Partei, 1947 Ernennung zum Sekretär des ZK, Leitung der Abteilung Agitation und Propaganda. In dieser Funktion vertrat er einen orthodoxen Marxismus-Leninismus und bestimmte vor allem unter Chruščev und Brežnev maßgeblich den politischen Kurs mit. Anfang der 60er Jahre war der „Graue Kardinal" des ZK auch für Deutschlandfragen verantwortlich.

[196] Gagarin, Jurij Alekseevič (1934–1968). Oberst (1961) – erster Kosmonaut. 1955–1960 Dienst in einem Jagdfliegerregiment, dann Kosmonautenausbildung. Am 12. April 1961 unternahm er als erster Mensch eine Erdumrundung im Weltall. Danach in der Kosmonautenausbildung tätig, 1968 bei einem Übungsflug ums Leben gekommen.

Republik einzuladen, und zwar für die Zeit vom 1. 9. bis einschließlich 4. 9. 1961.

Als Plan wird vorgeschlagen:

Am 1. 9. 1961, abends, Ankunft auf dem Flugplatz;

am 2. 9. 1961, nachmittags, Kundgebung auf dem Marx-Engels-Platz in Berlin;

am 3. 9. 1961 Kundgebung in Magdeburg;

am 4. 9. 1961 Kundgebung in Leipzig.

21) In der nächsten Sitzung des Politbüros am Dienstag, den 22. 8. 1961, ist als erster Tagesordnungspunkt zu behandeln:

Die Weiterführung der Wahlen zu den Gemeindevertretungen, Stadtverordneten und Stadtbezirksversammlungen und zu den Kreistagen.

Behandelt:

3. Aufruf des Bundesvorstandes des DFD an die Frauen und Mädchen der Deutschen Demokratischen Republik

Beschlossen:

Der Aufruf ist entsprechend den Vorschlägen in der Diskussion von der Genossin Edith Baumann und dem Genossen Norden zu redigieren.

Behandelt:

4. Gesundheitszustand des Genossen Otto Grotewohl

Beschlossen:

Die Mitteilung des Regierungskrankenhauses über die Besserung im Befinden des Genossen Grotewohl wird zur Kenntnis genommen.

(Anlage Nr. 1)

Unterschrift
(W. Ulbricht)

Dokument 20[197]

Geheim
Exemplar Nr. 1

An das ZK der KPdSU[198]

Ich berichte:

1. Die Situation in Berlin und auf dem gesamten Territorium der Deutschen Demokratischen Republik war während der vergangenen 24 Stunden ruhig.

Die entschiedene Position der Regierung der DDR zur Verhinderung von Provokationen an der Sektorengrenze gab zufriedenstellende Resultate. Die Regierung der

---

[197] RGANI, 5/30/367, Bl. 4 f., Bericht des Verteidigungsministeriums der UdSSR an das ZK der UdSSR über die Situation in Berlin und der DDR, 16. 8. 1961.

[198] Auf diesem Dokument sowie den folgenden aus dem RGANI befindet sich der handschriftliche Vermerk: „Gen. Suslov, M. A. hiermit bekanntmachen".

DDR setzt ihre Maßnahmen zur Arbeitsbeschaffung für Personen fort, die früher in Unternehmen in West-Berlin gearbeitet haben. In der DDR verläuft das Arbeitsleben normal. In den Betrieben und Einrichtungen billigten die Werktätigen im allgemeinen die Maßnahmen der Regierung.

Am 15. August wurde um 11.30 Uhr im West-Berliner Radio die Entscheidung des West-Berliner Senats bekanntgegeben, am 16. August um 16.00 Uhr eine allgemeine Demonstration durchzuführen. Der Senat wandte sich an die Bevölkerung West-Berlins, die durchgeführten Maßnahmen aktiv zu unterstützen. Im Verlauf des 15. Augusts stellten unsere Kräfte fest, daß die West-Berliner Polizei an einzelnen Stellen der Sektorengrenze verstärkt wurde. Nach uns vorliegenden Informationen[199] trifft am 16. August für einen Tag der Oberkommandierende der amerikanischen Streitkräfte in Europa General Clarke[200] in West-Berlin ein, vom 18. bis zum 27. August wird sich dort auch der Botschafter der USA in der BRD Dowling[201] befinden.

Am 15. August um 15.30 Uhr erhielt der Kommandierende der sowjetischen Streitkräfte in Berlin eine Protestnote der drei Kommandanten der westlichen Sektoren Berlins (der Text der Protestnote ist beigefügt[202]). Eine Antwort auf die Protestnote wurde bis jetzt noch nicht gegeben.

2. Die Truppenteile und Einheiten der 20. Gardearmee, der 1. und 8. MSD der Nationalen Volksarmee der DDR befinden sich in erhöhter Gefechtsbereitschaft und liegen in den Gebieten, die sie entsprechend dem Maßnahmeplan für Berlin eingenommen haben.

Die restlichen Truppen der Gruppe der sowjetischen Streitkräfte in Deutschland führten die Gefechtsausbildung in ihren ständigen Dislozierungspunkten durch, sie befinden sich weiterhin in erhöhter Gefechtsbereitschaft.

3. Der 25. operative Verband der Seestreitkräfte der USA, der vermutlich einen Austausch von Schiffen durchführt, wurde in den Bestand der 6. Flotte[203] eingeglie-

---

199 Mit dieser Formulierung umschrieben die sowjetischen Militärs zumeist Erkenntnisse aus geheimdienstlichen Quellen.

200 Clarke, Bruce Cooper (1901–1988). Vier-Sterne-General (1958) – Oberbefehlshaber der US-Truppen in Europa. 1918 Eintritt in die US-Streitkräfte. Abschluß in West Point 1925, danach Ingenieuroffizier. Im Zweiten Weltkrieg Wechsel zu den Panzerstreitkräften. Als Stabschef einer Panzerdivision 1944 an der Invasion in Frankreich beteiligt. 1945 Beförderung zum Brigadegeneral, Kommandeur der 4. Panzerdivision. 1949 bis 1951 Kommandeur der 1. Panzerdivision, dann bis 1953 US-Truppenkommandeur im Koreakrieg, danach Befehlshaber der US-Truppen im Pazifik. Von 1954 bis 1956 Kommandierender General des VII. US-Korps in Europa, dann bis 1962 Oberbefehlshaber der US-Truppen in Europa, anschließend in den Ruhestand versetzt.

201 Dowling, Walter Cecil (1905–1977). Mitarbeiter des US State Departments. Nach Banklehre 1931/32 Besuch einer Diplomatenschule, danach Einsatz in verschiedenen Botschaften Europas und Südamerikas. 1945 bis 1949 Leiter der Abteilung Südeuropa im State Department, dann Hochkommissar der USA in Österreich. 1953 Versetzung in die Bundesrepublik, dort stellv. amerikanischer Botschafter. 1956–1959 US-Botschafter in Südkorea. 1959 stellv. Leiter der Abteilung Europa im State Department, danach bis 1963 US-Botschafter in der Bundesrepublik. Wegen Krankheit aus dem diplomatischen Dienst ausgeschieden. Von 1963–1969 Generaldirektor des Atlantischen Instituts in Paris, dann Lehrtätigkeit an der Mercer University in Macon, Georgia.

202 Abgedruckt in: DzD, IV/ 7, S. 43 f.

203 Im Mittelmeer stationierter Flottenverband der US-Navy, zu dem 1961/62 zumeist 2–3 An-

dert, in der Nacht zum 16. August befand er sich im westlichen Teil des Mittelmeeres.

> R. *Malinowski*
> R. Malinowski[204]
> M. *Sacharow*
> M. Sacharow

16. August 1961
Nr. 80060

Dokument 21[205]

Geheim
Exemplar Nr. 1

An das ZK der KPdSU

Ich berichte:

1. Während der vergangenen 24 Stunden war die Situation auf dem Territorium der Deutschen Demokratischen Republik und in Ost-Berlin ruhig.

Es gab vereinzelte Provokationen, die gegen die Maßnahmen gerichtet waren, die durch die Staatsorgane der DDR durchgeführt werden.

Im Verlauf des 17. Augusts wurden auf Seiten der DDR die Arbeiten zur Verbesserung des Systems der ingenieurtechnischen Sperrung der Sektorengrenze und der Grenze rund um Groß-Berlin fortgesetzt.

Für den Schutz der Sektorengrenze und zur Aufrechterhaltung der inneren Ordnung in Ost-Berlin werden 8243 Angehörige der Bereitschaftspolizei, 5810 Angehörige der Volkspolizei und 6519 Angehörige der Kampfgruppen, insgesamt also 20 572 Mann eingesetzt.

---

griffsflugzeugträger, 2 Raketenkreuzer, 4 Fregatten und Zerstörer, 2–3 kernkraftgetriebene U-Boote, 8 amphibische Schiffe und 15–20 Sicherungsschiffe gehörten.

[204] Malinovskij, Rodion Jakovlevič (1898–1967). Marschall der Sowjetunion (1944) – Verteidigungsminister. 1914 Eintritt als Kriegsfreiwilliger in die zaristische Armee. 1917–1919 Angehöriger des russischen Expeditionskorps in Frankreich. Nach Rückkehr Eintritt in die Rote Armee. 1923–1927 Bataillonskommandeur, danach Studium an der Frunse-Militärakademie. 1931–1936 Stabsoffizier, dann bis 1938 Einsatz als Militärberater im Spanischen Bürgerkrieg. Während des Zweiten Weltkrieges zunächst Korpskommandeur, dann Befehlshaber der 6. Armee, später der Südfront, der 3. Ukrainischen sowie 2. Ukrainischen Front. Nach Kriegsende Oberbefehlshaber der sowjetischen Streitkräfte in Fernost und Chef des gleichnamigen Militärbezirkes. Im März 1956 Ernennung zum 1. Stellv. Verteidigungsminister, gleichzeitig Oberbefehlshaber der Landstreitkräfte. Von Oktober 1957 bis März 1967 Verteidigungsminister der UdSSR. Angehöriger der VKP(b) seit 1926. Kandidat des ZK der KPdSU von 1952–1956, danach bis zu seinem Tod Vollmitglied des ZK.

[205] RGANI, 5/30/367, Bl. 10, Bericht des Verteidigungsministeriums der UdSSR an das ZK der UdSSR über die Situation in Berlin und der DDR, 18. 8. 1961.

Am Morgen des 17. Augusts zäunten englische Truppen das sowjetische Ehrenmal im Tiergarten mit Stacheldraht ein. Um das Denkmal herum zogen ständige Posten der englischen Militärpolizei auf.
2. Die Truppenteile und Einheiten der 20. Gardearmee, der 1. und 8. MSD der Nationalen Volksarmee der DDR befinden sich weiterhin in erhöhter Gefechtsbereitschaft.
Die restlichen Truppen der Gruppe der sowjetischen Streitkräfte in Deutschland befinden sich ebenfalls in erhöhter Gefechtsbereitschaft und führten die Gefechtsausbildung in der Nähe ihrer ständigen Garnisonen durch.
Die Schiffe der 6. Flotte liefen am 17. August um 10.00 Uhr aus ihren Basen im Mittelmeer zu einer Übung aus.

R. Malinowski
R. Malinowski
M. Sacharow
M. Sacharow

18. August 1961
Nr. 80078

Dokument 22[206]

Geheim
Exemplar Nr. 1

An das ZK der KPdSU

Ich berichte:

1. Die Lage in Ost-Berlin und auf dem Territorium der Deutschen Demokratischen Republik war während der vergangenen 24 Stunden ruhig.
2. Die Streitkräfte der Westberliner Garnisonen befinden sich weiterhin in erhöhter Gefechtsbereitschaft. Dem Personal ist der Ausgang aus den Einheiten verboten. Die Bewachung der Stützpunkte und Militärobjekte wurde verstärkt.
Es gibt Informationen, daß ab 1. September diesen Jahres der Urlaub für Militärangehörige verboten wird, dies trifft auch für den Zuzug ihrer Familienmitglieder nach West-Berlin zu.
3. Die Lage in den Einheiten und Truppenteilen der 20. Armee, der 1. und 8. motorisierten Schützendivision der Nationalen Volksarmee der DDR im Gebiet Berlins, sowie bei den anderen Truppen der Gruppe der sowjetischen Streitkräfte in Deutschland ist unverändert.
Zuvor zur Aufrechterhaltung der Ordnung (im Fall der Notwendigkeit) verlegte Einheiten: nach Merseburg – ein verstärktes Bataillon der 8. Gardearmee, nach Rostock – ein motorisiertes Schützenbataillon und eine Panzerkompanie der 2. Garde-

---

206 RGANI, 5/30/367, Bl. 15, Bericht des Verteidigungsministeriums der UdSSR an das ZK der UdSSR über die Situation in Berlin und der DDR, 22. 8. 1961.

armee[207], kehrten in der Nacht vom 21. auf den 22. August zu ihren ständigen Stationierungsorten zurück.

R. *Malinowski*
R. Malinowski
M. *Sacharow*
M. Sacharow

22. August 1961
Nr. 80122

Dokument 23[208]

Zur Bestätigung (3x)

Protokoll Nr. 45/61
der Sitzung des Politbüros des Zentralkomitees der SED am Dienstag,
dem 22. August 1961, im Sitzungssaal des Politbüros *[Auszüge]*

Tagesordnung:
1. Protokollbestätigungen.
2. Stellungnahme zu dem Auftreten des amerikanischen Vizepräsidenten Johnson in Westberlin und der Verstärkung der amerikanischen Besatzungstruppen in Westberlin
   Berichterstatter: Genosse Ulbricht
3. Entsendung eines Sonderbotschafters zu Tito und Nasser
   Berichterstatter: Genosse Stoph
4. Maßnahmen zur Sicherung der Grenzen der DDR
5. Weiterführung der Kampagne zu den Wahlen für die Gemeindevertretungen, Stadtverordnetenversammlungen und Kreistage
   Berichterstatter: Genosse Ebert
6. Zwischenbericht des Zentralrats der FDJ über die Durchführung des Kampfauftrags der FDJ
7. Bericht einer Arbeitsgruppe über den Bezirk Schwerin
   Berichterstatter: Genosse*[n]* Quandt[209] und Glashagen[210]

---

[207] 2. Garde-Armee: Im Nordosten der DDR stationierter Truppenverband der Gruppe der Sowjetischen Streitkräfte in Deutschland. Zu ihm gehörten 1961: die 16. Garde-Panzerdivision (Neustrelitz), die 25. Panzerdivision (Vogelsang), die 21. Motorisierte Schützendivision (Perleberg), und die 94. Garde-Motorisierte Schützendivision (Schwerin) sowie selbständige Truppenteile und Einheiten.
[208] SAPMO-BA, DY 30/J IV 2/2 A/848, Protokoll Nr. 45/61 der Sitzung des Politbüros des ZK der SED, 22. 8. 1961.
[209] Quandt, Bernhard (1903–1999). Ministerpräsident des Landes Mecklenburg, SED-Funktionär. 1961 1. Sekretär der SED-Bezirksleitung Schwerin.
[210] Glashagen, Heinz (?-?). SED-Funktionär. 1958 Abteilungsleiter Leitende Organe der SED-Bezirksleitung Frankfurt/Oder.

8. Vorbereitung der Sitzung des Bundesvorstandes des FDGB[211]
   Berichterstatter: Genosse Warnke
9. Regelung einer Beschränkung des Aufenthaltes eines Verurteilten
   Berichterstatter: Genossin Benjamin
10. Einrichtung einer Handelsvertretung der DDR in Marokko
11. Auszeichnung des Genossen Hans Warnke anläßlich seines 65. Geburtstages am
    25. 8. 1961
12. Durchführung der Leipziger Herbstmesse 1961

[…]

Sitzungsleitung: Ulbricht   Protokollführung: Schön
Beginn: 10.00 Uhr   Ende: 20.35 Uhr

Behandelt:
1. Protokollbestätigungen
[…]
Behandelt:
4. Maßnahmen zur Sicherung der Grenzen der DDR
Beschlossen:
1. Die vorgeschlagenen Maßnahmen (Übergang von der 1. Etappe zur 2. Etappe)
   der Grenzsicherung, zur weiteren Festigung der Grenzen der Hauptstadt der
   DDR und Westberlin werden bestätigt.
   Anlage Nr. 1
2. Das Präsidium des Ministerrates wird beauftragt, Fragen des innerdeutschen
   Zahlungsverkehrs durch eine Verordnung neu zu regeln.
   Bei dem Ministerium der Finanzen ist eine Arbeitsgruppe zur Formulierung
   dieser Verordnung einzusetzen.
3. Für Reisen in das kapitalistische Ausland werden die bisherigen Genehmigungen ungültig. Sie sind neu zu beantragen.
4. Die Vorlage über die Einführung der Genehmigungspflicht für Westberliner
   Bürger zum Betreten der Hauptstadt der DDR wird bestätigt.
   Anlage Nr. 2[212]
   Es wird vorgeschlagen, daß sich der Oberbürgermeister der Hauptstadt der
   DDR an den Senat von Westberlin mit dem Ersuchen wendet, die Genehmigung
   zur Einrichtung zweier Zweigstellen des Deutschen Reisebüros in Westberlin
   zu erteilen, um Besuche Westberliner Bürger in der Hauptstadt der DDR zu ermöglichen.
   Im Falle der Ablehnung durch den Westberliner Senat kann entweder ein
   schriftlicher Antrag direkt an das Polizeipräsidium der Hauptstadt der DDR gerichtet werden oder an zwei Zweigstellen des Deutschen Reisebüros im Bahnhof Zoo und in einem zweiten Bahnhofsgebäude.
5. Die Mitteilung des Ministeriums des Innern über die Festlegung der Übergänge
   zwischen der Hauptstadt der DDR und Westberlin wird bestätigt.
   Anlage Nr. 3

---

211 FDGB – Freier Deutscher Gewerkschaftsbund.
212 Anlagen 2–10 hier nicht dokumentiert.

6. Die nochmalige Warnung zum Schutze friedliebender Bürger an den Grenzen von Westberlin wird bestätigt.
Anlage Nr. 4

7. Der Minister des Innern wird beauftragt, eine Anordnung zu erlassen, die jugendlichen Personen im Alter von bis zu 25 Jahren bis auf weiteres die Ausreise aus der DDR in die Länder des kapitalistischen Auslandes untersagt. In dieses Verbot sind auch Seereisen jeglicher Art, die in die Hoheitsgewässer solcher Staaten führen, mit einzubeziehen.
Ausnahmen, über die in jedem Falle der Minister des Innern entscheidet, sind nur zulässig, wenn ein berechtigtes staatliches, gesellschaftliches oder kulturelles Interesse vorliegt.

8. Zur Sicherung der medizinischen Versorgung in Berlin wird dem Vorschlag zugestimmt, bei vorliegender Notwendigkeit ca. 40 Ärzte und 8 Apotheker bis auf weiteres aus den Bezirken, besonders aus Leipzig, Dresden, Rostock, Erfurt und Gera, nach Berlin zu delegieren.
Verantwortlich für die Durchführung: Ministerium für Gesundheitswesen, Staatssekretariat für das Hoch- und Fachschulwesen, Räte der Bezirke.

9. Die Bekanntmachung und interne Dienstanweisung über die Registrierung von Schülern, Lehrlingen und Studenten, die in Westberlin lernten, werden bestätigt.
Anlage Nr. 5
Die Namen der bisher in Westberlin Studierenden und der in Westberlin gewesenen Oberschüler sind den staatlichen Organen und der Bezirksleitung zu übergeben.
Bis Anfang November ist der Bezirksleitung Berlin zu berichten, wie sie sich jetzt verhalten und welche Entwicklung sie nehmen. Es ist dann zu entscheiden, welche außerordentlichen Maßnahmen auf Grund der Berichte erforderlich sind.
Diese Frage ist auch am Montag in der Sitzung des Verteidigungsrates zu behandeln.

10. Die Vorlage über die Informationstätigkeit westdeutscher und westberliner bzw. ausländischer Vertreter von Presseorganen, Nachrichtenagenturen, Rundfunk, Fernseh-, Bild- und Filminstitutionen wird bestätigt.
Anlage Nr. 6

11. Die Vorlage über die Durchführung einer Pressekonferenz in Westberlin durch den Präsidenten der Reichsbahndirektion Berlin, Genossen Arndt[213], wird bestätigt.
Anlage Nr. 7

12. Die Vorlage zur Stärkung der Position der Reichsbahner in Westberlin wird bestätigt. Anlage Nr. 8

13. Die Vorlage über den Bezug westlicher Presseerzeugnisse wird bestätigt.
Anlage Nr. 9
In den im demokratischen Berlin vorhandenen Kulturhäusern volksdemokratischer Länder ist zu kontrollieren, ob dort Westliteratur ausliegt.

---

[213] Arndt, Otto (1920–1992). Minister für Verkehrswesen. 1961 Präsident der Reichsbahndirektion Berlin.

Die Mitarbeit von DDR-Bürgern an westdeutschen Zeitschriften und westdeutschen Gesellschaften ist zu überprüfen vom Gesichtspunkt der durchzuführenden Maßnahmen zu der Beseitigung dieses Zustandes.

14. Genosse Leuschner wird beauftragt, dem Präsidium des Ministerrates eine Vorlage über die Liquidierung der Beteiligung am Deutschen Normenausschuß vorzulegen.
Das Büro des Deutschen Normenausschusses ist sofort zu liquidieren.
Verantwortlich: Genosse Apel.
Das vorgefundene Material ist zu sichten.
Da es noch andere Stellen in Berlin und in der DDR gibt, die als Stützpunkte des Gegners zu betrachten sind, wird festgelegt:
die Genossen Leuschner und Neumann veranlassen die Überprüfung auf dem Gebiete der Wirtschaft und des Gesundheitswesens;
Genosse Grüneberg veranlaßt dasselbe auf dem Gebiete der Landwirtschaft;
Genosse Norden zusammen mit Genossen Siegfried Wagner[214] auf dem Gebiete der Kultur; Genosse Hörnig[215] zusammen mit dem Staatssekretariat für das Hoch- und Fachschulwesen auf dem Gebiete des Hochschulwesens.
Alle Bezirkssekretäre werden angewiesen, alle Verbindungsstellen, die der Gegner ausnutzen kann, ausfindig zu machen und Vorschläge zu ihrer Liquidierung zu unterbreiten.

15. Die Vorlage über die Lage in den künstlerischen Institutionen im demokratischen Berlin wird mit der Maßgabe bestätigt, daß solche Westberliner Kräfte, die durch Mitarbeiter und künstlerisch-technisches Personal aus der Hauptstadt der DDR, Berlin, ersetzt werden können, allmählich ausgeschaltet werden.
Anlage Nr. 10
[...]

(Unterschrift)
Walter Ulbricht

Anlage Nr. 1 zum Protokoll Nr. 45 vom 22. 8. 1961

1. Die vorgeschlagenen Maßnahmen (Übergang von der 1. Etappe zur 2. Etappe der Grenzsicherung) zur weiteren Festigung der Grenze der Hauptstadt der Deutschen Demokratischen Republik (das demokratische Berlin) und Westberlin werden bestätigt. Der Aufbau der neu zu schaffenden Grenzbrigade Berlin erfolgt im wesentlichen aus allen Kräften der 1. Brigade der Bereitschaftspolizei, den bisherigen Kräften der Sicherungskommandos Berlin sowie von frei werdenden Kräften der Deutschen Grenzpolizei, die bisher am Ostring der Hauptstadt der Deutschen Demokratischen Republik standen.
Der Stellvertreter des Ministers des Innern für bewaffnete Kräfte, Genosse Generalmajor Seifert, wird beauftragt, die erforderlichen Maßnahmen zu einer regulären Grenzsicherung unmittelbar in Angriff zu nehmen und dieselben bis

---

214 Wagner, Siegfried (*1925). Vorsitzender des Staatlichen Komitees für Unterhaltungskunst. 1961 Leiter der ZK-Abteilung Kultur.
215 Hörnig, Johannes (1921–2001). SED-Funktionär. 1961 Leiter der ZK-Abteilung Wissenschaft.

zum 28. 8. 1961 im wesentlichen zum Abschluß zu bringen. Der Kommandeur der neu zu schaffenden Grenzbrigade Berlin, sein Polit. Stellvertreter sowie sein Stabschef sind dem Nationalen Verteidigungsrat bis zum 28. 8. 1961 zur Bestätigung vorzulegen.

2. Zur Verstärkung der Grenzsicherung an der Staatsgrenze West und der Einführung eines ordnungsgemäßen Grenzregimes ist vom Minister des Innern in Zusammenarbeit mit dem Minister für Nationale Verteidigung und dem Minister für Staatssicherheit ein Beschluß auszuarbeiten, der dem Nationalen Verteidigungsrat am 28. 8. 1961 zur Bestätigung vorzulegen ist. Die Vorlage ist unter Hinzuziehung der 1. Sekretäre der Bezirksleitungen Suhl und Magdeburg und eines 1. Kreissekretärs aus dem Grenzgebiet auszuarbeiten.

3. Genosse Norden hat zu veranlassen, daß die Agitationskommission sich in Verbindung mit dem Aufruf des Zentralrates der Freien Deutschen Jugend eingehender mit den speziellen Fragen der Jugend befaßt. Der Minister für Nationale Verteidigung hat alle Maßnahmen zur Sicherung einer schnellen und reibungslosen Einstellung der Jugendlichen in die bewaffneten Kräfte zu veranlassen, einschließlich der schnellen Verabschiedung der von der FDJ aufgestellten Regimenter, zum Beispiel des 1. FDJ-Regiments Erfurt bzw. des FDJ-Regiments Berlin. Alle gemeldeten Jugendlichen, die gesundheitlich dazu in der Lage sind und bis Ende des Jahres 18 Jahre alt werden, sind einzustellen.

4. Auf Grund der verleumderischen Reden Brandts, daß die Angehörigen der Nationalen Volksarmee und der Volkspolizei bei Provokationen an der Grenze von der Schußwaffe keinen Gebrauch machen, hat der Genosse Norden mit den entsprechenden Genossen zu besprechen und zu veranlassen, daß durch Gruppen, Züge oder Kompanien schriftliche Erklärungen abgegeben werden, die beinhalten, daß sie voll verstanden haben, um was es geht, und daß jeder, der die Gesetze unserer Deutschen Demokratischen Republik verletzt – auch wenn erforderlich – durch Anwendung der Waffe zur Ordnung gerufen wird. Es ist sicherzustellen, daß im Zusammenhang mit der Veröffentlichung der Erklärung auch die jeweiligen Bilder der Angehörigen der bewaffneten Kräfte, die die Erklärungen verfaßten, veröffentlicht werden.

5. Das Präsidium des Ministerrates hat bis zum 26. 8. 1961 einen Beschluß über die Antragstellung, Zulassung und Betrieb im Fernschreibverkehr sowie Sicherung der Fernschreibanlagen zu fassen. Der Telefonverkehr ist, da laut Mitteilung des Genossen Stoph die erforderlichen Maßnahmen getroffen sind, ab sofort wieder aufzunehmen. Verantwortlich für die Durchführung dieses Beschlusses: Genosse Stoph.

6. a) Durch alle Ministerien und wissenschaftlichen Einrichtungen ist zu sichern, daß bis zum Abschluß eines Friedensvertrages Wissenschaftler der Deutschen Demokratischen Republik an keiner wissenschaftlichen Tagung in Westdeutschland teilnehmen und auch nicht zu Gastvorlesungen an westdeutsche Universitäten fahren.

b) Für Reisen in das kapitalistische Ausland (einschließlich NATO-Staaten) wird folgende Regelung festgelegt: In den nächsten Monaten werden wissenschaftliche Tagungen nur unter folgenden Gesichtspunkten besucht:

– Tagungen, deren Thematik von großer Bedeutung für unsere wissenschaftliche Arbeit sind;

– Tagungen, die im Hinblick auf die internationale Stellung der Deutschen Demokratischen Republik besucht werden sollten;
– es können nur solche Wissenschaftler fahren, die die Gewähr dafür geben, daß sie die Belange der Deutschen Demokratischen Republik allseitig vertreten.

Zur Regelung dieser Maßnahmen wird vorgeschlagen, daß die entsprechenden Ministerien und Institutionen festlegen, welche Tagungen von welchen Wissenschaftlern besucht werden müßten (die Zahl der Teilnehmer ist auf ein Mindestmaß zu beschränken).

Die Vorschläge werden dem Ministerium für Auswärtige Angelegenheiten zur Koordinierung und Bestätigung eingereicht.

c) Für die Realisierung unserer Verpflichtungen in den abhängigen Nationalstaaten ist ebenfalls ein Plan der Reisen aufzustellen und vom Ministerium für Auswärtige Angelegenheiten zu genehmigen.

7. Bis auf weiteres wird als Maßstab für die Erteilung von Genehmigungen zum Betreten Westberlins für Ärzte festgelegt: Die politische Zuverlässigkeit sowie die Aufrechterhaltung der notwendigen Zusammenarbeit mit bestimmten Westberliner Einrichtungen des Gesundheitswesens zur Verhütung bzw. Bekämpfung von Seuchen.

8. Ordnung über die Ausgabe von Passierscheinen zum Betreten der Westsektoren Berlins:
   a) Genehmigungen zum Betreten der Westsektoren von Berlin durch Mitarbeiter des Staats- und Wirtschaftsapparates sowie kultureller Institutionen erfolgt nur durch Antrag des zuständigen Ministers beim Minister des Innern.
   b) Genehmigungen zum Betreten der Westsektoren von Berlin durch Mitarbeiter von Partei- und Massenorganisationen ist nur mit Zustimmung der zuständigen Abteilung des Zentralkomitees möglich.
   Die zuständigen Abteilungen des Zentralkomitees beantragen die Passierscheine bei der Abteilung für Sicherheitsfragen des Zentralkomitees, die ihrerseits die Ausgabe der Passierscheine beim Präsidium der Volkspolizei Berlin anweist.
   c) Der Leiter der Abteilung für Sicherheitsfragen des Zentralkomitees hat in Zusammenarbeit mit dem Genossen Maron festzulegen, wie die Ausgabe von Passierscheinen für die Arbeit der Abteilung Verkehr und Gesamtdeutsche Fragen gesichert werden kann.

9. a) Urlauber mit FDGB-Reiseschecks, die in die 5-km-Sperrzone einreisen wollen, müssen wie alle anderen Bürger der Deutschen Demokratischen Republik entsprechend der vom Minister des Innern festgelegten Ordnung bei ihren zuständigen Kreis-Polizei-Ämtern einen Passierschein beantragen.
   b) Erholungsheime, Jugendherbergen etc., die im 500-Meter-Streifen an der Staatsgrenze West liegen, sind – soweit dies noch nicht geschehen ist – nach Rücksprache mit den Nutzungsberechtigten am 1. 9. 1961 dem Kommando der Deutschen Grenzpolizei zur Verfügung zu stellen.
   c) Die Räte der Kreise an der Staatsgrenze West haben in Verbindung mit den Volkspolizei-Kreis-Ämtern, den zuständigen Kommandeuren der Deutschen Grenzpolizei intern zu überprüfen, welche Gebäude (Objekte) bis zu einem

noch zu bestimmenden Zeitpunkt für notwendige Sicherungsaufgaben freizustellen sind. Die Listen nebst allen Unterlagen sind den Leitern der Volkspolizei-Kreisämter bis zum 25. 9. 1961 zu übergeben.
Verantwortlich: Genosse Stoph

Dokument 24[216]

Geheim
Exemplar Nr. 1
An das ZK der KPdSU

Ich berichte:

1. Die Lage in der Deutschen Demokratischen Republik und in Ost-Berlin war während der vergangenen 24 Stunden ruhig.
Unter der Bevölkerung gab es vereinzelte provokative Äußerungen.
Seit der zweiten Tageshälfte des 23. Augusts patrouillieren Einheiten der West-Berliner Garnisonen in kleineren Gruppen mit Panzern, gepanzerten Mannschaftstransportern und Panzerspähwagen an der Sektorengrenze zum demokratischen Berlin.
Die Deutsche Volkspolizei setzte ihre Arbeiten zur Errichtung von Sperren an der Sektorengrenze und am äußeren Ring um West-Berlin fort.
Nach Angaben der Deutschen Volkspolizei wurden zwischen dem 13. und 21. August in Berlin 1477 Personen aus verschiedenen Gründen festgenommen, nach entsprechender Überprüfung wurden: freigelassen – 852 Personen, verhaftet – 469 Personen, dem MfS übergeben – 69 Personen, anderen Behörden übergeben – 87 Personen.
Nach einer Entscheidung des Ministeriums des Inneren der DDR wird der Besuch der Hauptstadt der Deutschen Demokratischen Republik den Einwohnern West-Berlins nur bei Vorhandensein eines entsprechenden Passierscheins gestattet. Genehmigungen für die Ausgabe von Passierscheinen wird das Präsidium der Volkspolizei erteilen; die unmittelbare Ausstellung der Passierscheine erfolgt durch zwei Filialen des Reisebüros der DDR, die sich in West-Berlin befinden.
Seit 23. August 00.01 Uhr besteht an der Grenze zwischen der Hauptstadt der DDR und West-Berlin bis zum Abschluß eines Friedensvertrags folgende Ordnung:
– Ausländern, Mitgliedern des diplomatischen Korps und Militärangehörigen der westlichen Besatzungsstreitkräfte wird ein Übergang an der Sektorengrenze zugewiesen;
– für die Einwohner Westdeutschlands – zwei Übergänge;
– für die Einwohner West-Berlins – vier Übergänge.
West-Berliner Kinder können in das demokratische Berlin nur in Begleitung ihrer Eltern gelangen.

[216] RGANI, 5/30/367, Bl. 17f., Bericht des Verteidigungsministeriums der UdSSR an das ZK der UdSSR über die Situation in Berlin und der DDR, 24. 8. 1961.

Im Interesse der Sicherheit der Bürger Berlins hat das Ministerium des Inneren der DDR den Einwohnern Berlins vorgeschlagen, sich der Sektorengrenze von beiden Seiten her nicht auf mehr als 100 Meter zu nähern.

2. Die Lage bei den Einheiten und Truppenteilen der 20. Armee, der 1. und 8. motorisierten Schützendivision der NVA der DDR, sowie den anderen Verbänden der GSSD[217] ist unverändert.

Zur Aufklärung der Lage führte die 24. Luftarmee[218] am 23. August zwischen 09.30 und 18.30 Uhr zwei Hubschrauberflüge entlang der Grenze der DDR zur BRD, am äußeren Ring um West-Berlin und an der Sektorengrenze zwischen dem demokratischen und West-Berlin durch.

R. Malinowski

R. Malinowski

M. Sacharow

M. Sacharow

24. August 1961
Nr. 80134

Dokument 25[219]

REGIERUNG
DER DEUTSCHEN DEMOKRATISCHEN REPUBLIK
MINISTERIUM DES INNERN

Geheime Verschlußsache!
Nr. B 3/1 – 15/61
10. Ausf. 4 Blatt

Befehl
des Ministers des Innern
Nr. 32/61

25. August 1961   Berlin

Inhalt: Übernahme der Sicherung der Grenze zwischen der Hauptstadt der Deutschen Demokratischen Republik (das demokratische Berlin) und Westberlin durch die Deutsche Grenzpolizei

Zur weiteren Festigung der Grenzsicherung an der Grenze zwischen der Hauptstadt der Deutschen Demokratischen Republik (das demokratische Berlin) und Westberlin

---

[217] GSSD – Gruppe der Sowjetischen Streitkräfte in Deutschland.
[218] 24. Luftarmee: In der DDR stationierter operativer Luftwaffenverband der Gruppe der Sowjetischen Streitkräfte in Deutschland. Zu ihm gehörten 1961: Zwei Fliegerkorps, die über insgesamt drei Jagdfliegerdivisionen, zwei Jagdbomberdivisionen, eine Bomberdivision und drei Aufklärungsfliegerregimenter, zwei Transportfliegerregimenter, ein Transporthubschrauberregiment sowie fünf selbständige Hubschrauberstaffeln mit insgesamt ca. 1350 Flugzeugen und Hubschraubern verfügten.
[219] BStU, SdM 1874, Bl. 151 f., Befehl Nr. 32/61 des Ministers des Innern, 25. 8. 1961.

BEFEHLE ICH:

1. Mit Wirkung vom 28. August 1961, 24.00 Uhr, ist die Sicherung der Grenze zwischen der Hauptstadt der Deutschen Demokratischen Republik (das demokratische Berlin) und Westberlin durch eine Grenzbrigade im Bestand der Deutschen Grenzpolizei zu übernehmen, die nach der in der Anlage 1[220] bestätigten vorläufigen Struktur zu bilden und bis zum 5. September 1961 auf die strukturmäßige Stärke aufzufüllen ist.
2. Die Bildung der Grenzbrigade hat zu erfolgen aus dem Bestand der Kräfte und Mittel
   – der 1. Brigade der Bereitschaftspolizei,
   – der 12./5.[221] Grenzbrigade,
   – des Sicherungskommandos des Präsidiums der Volkspolizei Berlin,
   – der zugeführten Kräfte aus Einheiten der Bereitschaftspolizei der Republik.
3. Die Grenzbrigade trägt die Bezeichnung „9. Grenzbrigade".
4. Die 9. Grenzbrigade hat die Aufgabe, die Sicherung und Unversehrtheit der Grenze zwischen der Hauptstadt der Deutschen Demokratischen Republik (das demokratische Berlin) und Westberlin zu gewährleisten und den grenzüberschreitenden Verkehr nur an den dafür festgelegten Kontrollpunkten nach den bestehenden Bestimmungen zu kontrollieren und zu gestatten.
5. Die Grenze zwischen der Hauptstadt der Deutschen Demokratischen Republik (das demokratische Berlin) und Westberlin ist in 6 Sicherungsabschnitte einzuteilen.
   Zur Sicherung eines jeden Abschnittes ist eine Abteilung einzusetzen.
   Einteilung der Abschnitte:
   1. Abschnitt
      rechte Begrenzung: Tegeler Fließ (ausschließlich)
      linke Begrenzung: Wollankstraße (einschließlich)
   2. Abschnitt
      rechte Begrenzung: Wollankstraße (ausschließlich)
      linke Begrenzung: Gartenstraße Ecke Bernauer Straße (einschließlich)
   3. Abschnitt
      rechte Begrenzung: Gartenstraße Ecke Bernauer Straße (ausschließlich)
      linke Begrenzung: Stresemannstraße/Niederkirchnerstraße (einschließlich)
   4. Abschnitt
      rechte Begrenzung: Stresemannstraße/Niederkirchnerstraße (ausschließlich)
      linke Begrenzung: Schillingbrücke (einschließlich)
   5. Abschnitt
      rechte Begrenzung: Schillingbrücke (ausschließlich)
      linke Begrenzung: Dammweg (ausschließlich)
   6. Abschnitt
      rechte Begrenzung: Dammweg (einschließlich)
      linke Begrenzung: Kürassierstraße – Schönefelder Chaussee (ausschließlich)

---

[220] Vgl. ebenda, Bl. 153 (hier nicht dokumentiert).
[221] Gemeint ist hier die 12. Bereitschaft der 5. Grenzbrigade in Blumberg bei Berlin. Eine Bereitschaft der DGP ist in etwa mit einem Regiment vergleichbar.

6. Über die Herauslösung aus der 12./5. Grenzbrigade und die Veränderung der Sicherung am Ostring durch Übernahme der Grenzsicherung durch Angehörige der Deutschen Volkspolizei ergehen noch besondere Befehle.

7. Durch das Kommando der Deutschen Grenzpolizei sind vorläufige Einsatzgrundsätze für die 9. Grenzbrigade auszuarbeiten und bis zum 30. August 1961 zur Bestätigung vorzulegen.

8. Der Kommandeur der Deutschen Grenzpolizei hat mit Beginn der Umgruppierung durch langfristigen Einsatz erfahrener Kommandeure und Offiziere der Deutschen Grenzpolizei die unmittelbare Hilfe und Anleitung der neu formierten Stäbe und Einheiten bei der Organisation und Führung der Grenzsicherung zu gewährleisten.

9. Der Kommandeur der Deutschen Grenzpolizei hat zur Gewährleistung der zuverlässigen Sicherung der Grenze zwischen der Hauptstadt der Deutschen Demokratischen Republik (das demokratische Berlin) und Westberlin in Zusammenarbeit mit dem Präsidenten der Volkspolizei Berlin unter Berücksichtigung der Besonderheiten dieses Grenzabschnittes eine Grenzordnung auszuarbeiten und bis zum 15. September 1961 zur Bestätigung vorzulegen.

10. Die für die Deutsche Grenzpolizei gültigen Befehle und andere[n] Weisungen werden für die 9. Grenzbrigade ab 29. August, 00.01 Uhr, in Kraft gesetzt.
Der Kommandeur der Deutschen Grenzpolizei hat zu veranlassen, daß den übernehmenden Einheiten bis zum 28. August 1961 die wichtigsten Dokumente auf der Grundlage einer vorläufigen Norm zugeführt werden.
Die Zuführung aller für die Deutsche Grenzpolizei gültigen Dienstvorschriften, Befehle und andere Anweisungen an die 9. Grenzbrigade ist bis zum 15. September 1961 abzuschließen.

11. Der Kommandeur der Deutschen Grenzpolizei hat zu gewährleisten, daß der Politunterricht der Soldaten, Unteroffiziere und Offiziere der übernommenen Einheiten ohne Unterbrechung durchgeführt wird.
Die militärische und Spezialausbildung der Einheiten und Stäbe der 9. Grenzbrigade ist bis zum 20. September 1961 zu organisieren und ab 2. Oktober 1961 bis zum Abschluß des Ausbildungsjahres 1961 planmäßig durchzuführen.

12. Durch den Kommandeur der Deutschen Grenzpolizei sind die notwendigen politischen Maßnahmen zur Vorbereitung der Übergabe der zum Bestand der Bereitschaftspolizei gehörenden Kräfte durchzuführen und mit dem Kommandeur der Deutschen Grenzpolizei abzustimmen.

13. Der Leiter der Kaderverwaltung des Ministeriums des Innern hat in Zusammenarbeit mit den Kommandeuren der Deutschen Grenzpolizei und der Bereitschaftspolizei die Nomenklaturkader für die 9. Grenzbrigade auszuwählen und bis zum 28. August 1961 zur Bestätigung vorzulegen.
Mit der Übernahme des Personalbestandes der Einheiten der Bereitschaftspolizei und des Sicherungskommandos Berlin in den Bestand der Deutschen Grenzpolizei sind diese Kräfte nach den bei der Deutschen Grenzpolizei bestehenden Kaderrichtlinien zu überprüfen und bei Nichteignung in die Einheiten und Dienststellen der Bereitschaftspolizei und der HVDVP zurückzuversetzen.

14. Mit der Übergabe und Übernahme der Bewaffnung, Technik, Ausrüstung, Liegenschaften und deren Einrichtungen ist durch das Präsidium der Volkspolizei

Berlin, die Kommandos der Bereitschaftspolizei und der Deutschen Grenzpolizei bis zum 15. September 1961 abzuschließen.
Die Verwaltung Versorgungsdienste des Ministeriums des Innern hat die Erfüllung dieser Aufgaben zu kontrollieren.

15. Die durch die Deutsche Grenzpolizei zu übernehmenden Einheiten haben bis auf Widerruf ihre bisherigen Uniformen zu tragen.

16. Die Veränderung der Waren- und Materialpläne (außer den Teilen Bewaffnung und Ausrüstung), der Invest- und Werterhaltungspläne sind durch das Präsidium der Volkspolizei Berlin, das Kommando Deutsche Grenzpolizei und das Kommando Bereitschaftspolizei bis zum 31. Dezember 1961 zu überarbeiten. Der Leiter der Verwaltung Versorgungsdienste des Ministeriums des Innern hat die Durchführung zu koordinieren.

17. Die Finanzverwaltung des Ministeriums des Innern hat in der Verbindung mit den Finanzorganen des Präsidiums der Volkspolizei Berlin, des Kommandos der Deutschen Grenzpolizei und des Kommandos Bereitschaftspolizei den Haushaltsplan 1961 entsprechend den gestellten Aufgaben zu überarbeiten und bis zum 30. September 1961 zur Bestätigung vorzulegen.

18. Der Kommandeur der Deutschen Grenzpolizei hat in Durchführung dieses Befehls zu melden:
– die Übernahme der Grenzsicherung,
– den Abschluß der Formierung der 9. Grenzbrigade,
– den Abschluß der Auffüllung der 9. Grenzbrigade.
Bis zum 1. November 1961 ist dem Stellvertreter des Ministers des Innern für die bewaffneten Organe ein Bericht über die bisherigen Erfahrungen der Grenzsicherung zwischen der Hauptstadt der Deutschen Demokratischen Republik (das demokratische Berlin) und Westberlin vorzulegen.

19. Dieser Befehl ist nur auf meine Weisung zu vernichten.

20. Der Befehl 009/61[222] des Ministers des Innern tritt mit Wirkung vom 28. August 1961, 24.00 Uhr, außer Kraft.

Minister des Innern   gez. Maron

F.d.R.
Göhringer
(Göhringer[223])
Oberst

Kennwort: Grenzsicherung demokratisches Berlin/Westberlin

---

[222] Der Befehl Nr. 009/61 vom 12. August 1961 legte die Aufgaben des PdVP Berlin bei der Durchführung der Grenzschließung am 13. August 1961 fest. Abgedruckt in: Im Schatten der Mauer, S. 12–15.
[223] Göhringer, Immanuel (1917–?). Oberst der VP – Mitarbeiter MdI. Im 2. Weltkrieg Oberleutnant, 1943 Kriegsgefangenschaft und NKFD. 1949–1950 Leiter der Abteilung Schulung im MdI. 1950–1952 Abteilungsleiter im Hauptstab der Hauptverwaltung für Ausbildung (HVA), dann als Chef der Verwaltung Planung im Stab der Kasernierten Volkspolizei (KVP) tätig. 1955–1957 Stellv. Chef des Stabes/Hauptstabes der KVP/NVA. 1959 zum MdI versetzt.

Dokument 26[224]

Geheim
Exemplar Nr. 1

An das ZK der KPdSU

Ich berichte:

Die Lage in der Deutschen Demokratischen Republik ist unverändert, in Berlin jedoch wie folgt:

Die Entscheidung der Regierung der DDR zur Verschärfung des Kontrollregimes an der Sektorengrenze und besonders zur Errichtung einer 100 Meter Zone auf beiden Seiten der Grenze hat starke Unzufriedenheit seitens der West-Berliner Regierung und der Militärkommandanten der westlichen Sektoren Berlins hervorgerufen.

Für die Bewachung der Sektorengrenze auf der Seite West-Berlins wurden vermutlich eine Kampfgruppe der amerikanischen Streitkräfte, ein Bataillon der englischen Streitkräfte sowie ein Bataillon der französischen Streitkräfte, verstärkt mit Panzern, herangeführt.

Mit der erhöhten Bewachung verstärkten sich die Handlungen von rowdyhaften und profaschistischen Gruppen, zu denen sich 100 und mehr Personen an der Sektorengrenze versammelten. Sie skandierten faschistische und antidemokratische Losungen und beleidigten Bürger sowie Angehörige der Polizei und Grenztruppen der DDR.

Am 24. August wurden sowjetische Kraftfahrzeuge mit Offizieren der Abteilung Überflüge, Personal des Gefängnisses in Spandau und der Wachablösung für das sowjetische Ehrenmal im Tiergarten mehrmals von amerikanischen, englischen und West-Berliner Polizisten gestoppt. Um die Fahrzeuge versammelten sich rowdyhafte Elemente, die Drohungen gegenüber unseren Offizieren aussprachen und die Bewegung unserer Fahrzeuge zum Ehrenmal behinderten.

Am 24. August gab es weiterhin folgende Fälle von Provokationen und der Verletzung der Ordnung an der Sektorengrenze:

- um 10.00 Uhr drang ein amerikanischer Soldat im Bereich des Grenzkontrollpunktes Friedrichstraße absichtlich bis zu 40 Meter auf das Territorium der DDR vor;
- gegen 11.00 Uhr versammelten sich ebenfalls in der Nähe dieses Punktes bis zu 500 West-Berliner, einige von ihnen versuchten, die Sektorengrenze zu verletzen;
- in der zweiten Tageshälfte versuchte eine Gruppe von asiatischen und afrikanischen Journalisten sich den Grenzsperren zu nähern.

In all diesen Fällen sah sich die Polizei der DDR gezwungen, zur Verhinderung von Unruhen und Verstößen Wasserwerfer einzusetzen. In der Nacht vom 24. zum 25. August eröffneten beim Versuch eines Einwohners Ost-Berlins, den Teltow-Kanal zu durchschwimmen, Polizisten das Feuer. Der Grenzverletzer wurde getötet[225]. In Verbindung mit der an der Sektorengrenze geschaffenen Lage hatten am 24. Au-

224 RGANI, 5/30/367, Bl. 25–28, Bericht des Verteidigungsministeriums der UdSSR an das ZK der UdSSR über die Situation in Berlin und der DDR, 26. 8. 1961.

225 Bei dem Getöteten handelte es sich um den 24jährigen Günter Litfin, der versucht hatte, zwischen Friedrichstraße und Lehrter Bahnhof über die Spree nach West-Berlin zu flüchten. Er war der erste DDR-Bürger, der von Grenzpolizisten nach dem Mauerbau bei einem Fluchtversuch erschossen wurde. Vgl. Lapp, Gefechtsdienst im Frieden, S. 122 f.

gust die Genossen KONEW, I.S.[226] und PERWUCHIN, M.G. ein Gespräch mit Genosse ULBRICHT, in dessen Ergebnis Genosse ULBRICHT der Polizei der DDR die Anweisung gab, auf jeden Fall an der Sektorengrenze Handlungen zu vermeiden, die zu unerwünschten Zwischenfällen führen könnten.

Am Morgen des 25. August veröffentlichten die Zeitungen der Deutschen Demokratischen Republik eine Mitteilung des Ministeriums des Inneren, die betonte, daß sich die Staatsorgane der DDR nicht in die inneren Angelegenheiten West-Berlins einmischen werden. Den West-Berlinern wurde empfohlen, sich von Versammlungen an der Grenze mit provokativem Charakter fernzuhalten.

Am 25. August traf sich der Marschall der Sowjetunion Genosse KONEW, I.S. mit dem Minister für Nationale Verteidigung der DDR Armeegeneral HOFFMANN und richtete dessen Aufmerksamkeit darauf, daß die Truppen der Nationalen Volksarmee keine Handlungen zulassen sollten, die zu einer Verschärfung der Situation führen könnten.

2. Nach uns vorliegenden Informationen werden im französischen Sektor in den Anlagen der „Napoleon-Kaserne" Vorbereitungen zum Empfang von Panzern und gepanzerten Fahrzeugen getroffen. Gleichzeitig wird erwartet, daß die französische Garnison um vier Infanteriekompanien verstärkt wird.

3. Die Truppen der Gruppe der sowjetischen Streitkräfte in Deutschland befinden sich weiterhin in erhöhter Gefechtsbereitschaft und setzen die geplante Ausbildung fort.

R. Malinowski
R. Malinowski
W. Iwanow
W. Iwanow[227]

26. August 1961
Nr. 80159

---

[226] Konev, Ivan Stepanovič (1897–1973). Marschall der Sowjetunion (1944) – Oberkommandierender der GSSD. Sohn eines Bauern, seit 1916 im Militärdienst. 1918 Wechsel zur Roten Armee, kämpfte im Bürgerkrieg und war an der Niederschlagung des Kronstädter Aufstandes beteiligt. 1934 Abschluß an der Frunse-Militärakademie, dann Befehlshaber verschiedener Militärbezirke. Im Zweiten Weltkrieg zunächst Kommandeur der 19. Armee, dann bis 1945 Befehlshaber verschiedener Fronten. 1945–1946 Oberbefehlshaber der sowjetischen Besatzungsstreitkräfte in Österreich. 1946 Ernennung zum Oberbefehlshaber der Landstreitkräfte, gleichzeitig stellv. Verteidigungsminister der UdSSR. 1950 auf Betreiben Stalins zum Inspekteur der Streitkräfte degradiert, dann auf den Posten des Befehlshabers des Militärbezirks Prikarpaten abgeschoben. 1955 erneute Ernennung zum Befehlshaber der Landstreitkräfte, zugleich 1. Stellv. Verteidigungsminister der UdSSR und Oberkommandierender der Vereinten Streitkräfte des Warschauer Vertrages. 1956 befehligte Konev die Niederschlagung des ungarischen Volksaufstandes. 1960 wegen Krankheit in den Ruhestand versetzt. Im Vorfeld des Mauerbaus reaktiviert und zum Oberbefehlshaber der Gruppe der Sowjetischen Streitkräfte in Deutschland ernannt. 1962 bis 1973 Generalinspekteur der sowjetischen Streitkräfte. Angehöriger der RKP(b) seit 1918. Kandidat des ZK der VKP(b) von 1939–1952, danach bis zu seinem Tod Vollmitglied des ZK.

[227] Ivanov, Vladimir Dmitrievič (1900–1968). Armeegeneral (1961) – 1. Stellv. Generalstabschef. 1918 Eintritt in die Rote Armee, seit 1919 Mitglied der RKP(b). 1930 Abschluß an der Frunse-Militärakademie, danach Stabsoffizier im Leningrader Militärbezirk. Seit 1936 Mitarbeiter des Generalstabes, seit 1940 Stellv. Chef der dortigen Operationsabteilung. Im Zweiten Weltkrieg zunächst Truppenbefehlshaber, dann erneute Arbeit im Generalstab. Nach dem Krieg Einsatz als Stabsoffizier in verschiedenen Militärbezirken. 1950 Abschluß an der Militärakademie des Generalstabes, dann Stellv. Chef der sowjetischen Heimatluft-

Dokument 27[228]

Protokoll Nr. 46/61
der Sitzung des Politbüros des Zentralkomitees am Dienstag, dem 29. August 1961
im Sitzungssaal des Politbüros

[...]

Behandelt:
3. Zu einigen Fragen der Verteidigung der Deutschen Demokratischen Republik
Berichterstatter:
Hoffmann

Beschlossen:

1) Der Bericht des Ministers für Nationale Verteidigung, Genossen Hoffmann, über Maßnahmen zur weiteren Erhöhung der Verteidigungsbereitschaft der DDR wird zustimmend zur Kenntnis genommen.

2) Der vom Nationalen Verteidigungsrat vorgelegte Entwurf eines Gesetzes zur Verteidigung der Deutschen Demokratischen Republik wird bestätigt. Der Gesetzentwurf ist noch im Monat September (nach dem 17. 9. 1961) der Volkskammer der DDR durch den Vorsitzende[n] des Nationalen Verteidigungsrates zur Beratung und Beschlußfassung zu übermitteln.

3) Der vorliegende Entwurf eines Gesetzes über die allgemeine Wehrpflicht wird bestätigt. Die Beratung und Beschlußfassung des Entwurfes in der Volkskammer erfolgt zu einem vom Politbüro noch festzulegenden Zeitpunkt.

4) [...]

5) Die Bekanntmachung des Ministeriums des Innern über die Ordnung zur Gewährleistung der Sicherheit an der Westgrenze der DDR wird bestätigt. Genosse Maron hat zu veranlassen, daß sie am Montag[229], dem 20. 9. 1961, in allen Orten der Kreise an der Staatsgrenze West an sichtbarer Stelle anzubringen ist.

6) Der Entwurf des Befehls des Ministeriums des Innern zur Gewährleistung der Sicherheit im Sperrgebiet an der Staatsgrenze der Deutschen Demokratischen Republik wird als Grundlage angenommen. Die Genossen Honecker, Maron, Hoffmann und Mielke werden mit der Schlußredaktion beauftragt.

7) Der Entwurf des Befehls des Ministeriums des Innern über die Ausweisung von Personen aus dem Grenzgebiet der Westgrenze der DDR wird bestätigt.

8) Genosse Stoph wird beauftragt, am Donnerstag, dem 31. 8.[230] in einer Beratung mit den Vorsitzenden der Bezirke: [231]Gera, Erfurt, Suhl, Magdeburg, Schwerin und den Vorsitzenden der Räte der Kreise an der Staatsgrenze West alle Probleme zu besprechen und zu entscheiden, die sich aus der bestätigten Bekannt-

verteidigung. Von 1959 bis 1965 1. Stellv. Chef des Generalstabes, dann von 1965 bis 1968 Leiter der Militärakademie des Generalstabes.

228 SAPMO-BA, DY 30/J IV 2/2 A/849, Protokoll Nr. 46/61 der Sitzung des Politbüros des ZK der SED, 29. 8. 1961. Es handelt sich um das noch mit Rechtschreibfehlern behaftete Arbeitsprotokoll.

229 Handschriftlich gestrichen und ersetzt durch: Mittwoch.

230 Handschriftlich ergänzt: 61.

231 Handschriftlich vorangestellt: Rostock,.

machung des Ministeriums des Innern und seiner Befehle für die Veränderung der Arbeit in den Grenzkreisen ergeben. Zur Beratung sind hinzuzuziehen: Der Minister für Nationale Verteidigung, der Minister des Innern, der Minister für Staatssicherheit, der Chef der Deutschen Grenzpolizei, der Stellvertretende Vorsitzende des Ministerrats, Gen. Bruno Leuschner, sowie weitere Genossen, die vom Gen. Stoph zu bestimmen sind.

9) [...]

10) Der Bericht des Ministerrats[232] für Nationale Verteidigung über den Stadt[233] der Ausarbeitung eines Planes über die reguläre Sicherung der Staatsgrenze durch Einheiten der Grenzpolizei und der Nationalen Volksarmee wird zustimmend zur Kenntnis genommen. Alle erforderlichen Maßnahmen sind so zu treffen, daß bis spätestens 30. November 1961 die Grenzsicherung an der Staatsgrenze West entsprechend der Direktive des Politbüros erfolgt.

11) Der Minister für Nationale Verteidigung wird beauftragt, unmittelbar die erforderlichen Maßnahmen zur Sicherung der Staatsgrenze West gegen jedwede Provokationen, einschließlich evtl. Panzer-Vorstöße so vorzubereiten, damit zum festgelegten Zeitpunkt die Durchführung derselben gesichert ist.

12) Die Verbände der Deutschen Grenzpolizei werden mit Ausnahme der Kräfte am Ring um Westberlin dem Minister für Nationale Verteidigung unterstellt. Die erforderlichen Vorbereitungen dazu sind durch den Minister für Nationale Verteidigung, in enger Zusammenarbeit mit dem Minister des Innern und dem Minister für Staatssicherheit bis zum 15. September 1961 abzuschließen.

13) Durch den Minister für Nationale Verteidigung sind in Abstimmung mit dem Ministerium des Innern und dem Minister für Staatssicherheit Arbeitsgruppen einzusetzten [sic!], die an Schwerpunkten der Staatsgrenze West an Ort und Stelle mit den Vorsitzenden der Räte der Grenzkreise und den zuständigen Grenzkommandeuren festlegen, welche Sicherungsmaßnahmen bis zu einem bestimmten Zeitpunkt an der Staatsgrenze West durchzuführen sind.

14) Die Genossen Hoffmann und Maron werden beauftragt, dem Nationalen Verteidigungsrat eine Vorlage über die Gewährleistung der Sicherheit an der Seegrenze der DDR, einschließlich ihrer Hoheitsgewässer, zu unterbreiten.

15) Die Beschaffung der Materialien für die pioniermäßige Sicherung der Staatsgrenze West ist durch den Minist[234]nister für Nationale Verteidigung und dem[235] Ministerium des Innern zu veranlassen.

16) [...]

17) Die Genossen Honecker, Hoffmann und Verner[236] werden beauftragt, innerhalb von drei Tagen einen Vorschlag zum Besuch von leitenden Persönlichkeiten der Blockparteien in Einheiten der Nationalen Volksarmee auszuarbeiten.

---

[232] Handschriftlich gestrichen: rats.
[233] Gemeint ist hier: Stand.
[234] Handschriftlich gestrichen: nist.
[235] Handschriftlich gestrichen und ersetzt durch: das.
[236] Verner, Waldemar (1914–1982). Admiral (1961) – Leiter der Politischen Hauptverwaltung der NVA. Seit 1930 Mitglied der KPD. 1935 Emigration in die UdSSR, von 1938 bis 1945 illegale kommunistische Parteiarbeit in Dänemark. 1947–1949 1. Sekretär der SED-Kreisleitung Stralsund, 1950 Sekretär der SED-Landesleitung Mecklenburg. 1950 Übernahme durch das MdI, Ernennung zum Leiter der HV Seepolizei. 1952–1955 Chef der VP-See,

Dokument 28[237]

Geheim
Exemplar Nr. 1

An das ZK der KPdSU

Ich berichte:

1. Die Lage in der Deutschen Demokratischen Republik und in Ost-Berlin war während der vergangenen 24 Stunden unverändert.

Einheiten der Streitkräfte der West-Berliner Garnisonen setzten ihre Patrouillen mit gepanzerten Mannschaftstransportern und Fahrzeugen entlang der Sektorengrenze und der westlichen Seite des äußeren Rings um Berlin fort.

In West-Berlin ereigneten sich weiterhin Provokationen von profaschistischen und rowdyhaften Elementen, die Angehörige der Grenzpolizei der DDR beschimpften und sie mit Steinen bewarfen, am 29.8. gegen 24.00 Uhr versuchten sie, in der Alexandrinenstraße Grenzsperren zu zerstören. Die Polizei der DDR war gezwungen, Wasserwerfer und Tränengasgranaten einzusetzen.

Am 29.8. um 14.10 Uhr erschossen Grenzpolizisten der DDR im Bereich Teltow bei dem Versuch, den dortigen Kanal zu durchschwimmen und nach West-Berlin zu fliehen, den Bürger der DDR Hoff, Roland[238].

2. Auf Befehl des Ministers für Nationale Verteidigung der DDR verlegte die 1. Motorisierte Schützendivision der NVA vom äußeren Ring um West-Berlin zu ihren ständigen Stationierungsorten, mit Ausnahme eines motorisierten Schützenregiments, das im Bereich Hennigsdorf verbleibt.

3. Nach uns vorliegenden Angaben sollte am 29.8. aus dem artillerietechnischen Depot Miesau (50 km nord-östlich von Saarbrücken) eine Autokolonne bestehend aus 21 Fahrzeugen nach Berlin entsandt werden. Im Bereich Miesau besitzen die Amerikaner ein Lager für atomare Munition, die Kolonne wurde unter Beobachtung gestellt.

Genosse KONEW, I.S. erhielt die Anweisung, die Kolonne am Grenzkontrollpunkt Marienborn/Helmstedt nicht passieren zu lassen, falls unsere Spezialisten feststellen, daß offensichtlich Atommunition transportiert wird und die Amerikaner dieses bestätigen. Sollten in diesem Fall die Amerikaner jedoch das Vorhandensein von Atommunition unter den Transportgütern verneinen, so ist die Kolonne nach Berlin durchzulassen. Bis 09.00 Uhr des 30.8. traf die Kolonne am Grenzkontrollpunkt Marienborn noch nicht ein.

4. Veränderungen im Bestand und in der Gruppierung der Streitkräfte der NATO auf dem europäischen Kriegsschauplatz wurden nicht festgestellt.

dann Ausbildung an der Seekriegsakademie der UdSSR. 1957–1959 Chef der Seestreitkräfte der NVA, dann gegen seinen Willen zum Chef der Politischen Hauptverwaltung der NVA ernannt. Seit 1978 im Ruhestand.

237 RGANI, 5/30/367, Bl. 31 f., Bericht des Verteidigungsministeriums der UdSSR an das ZK der UdSSR über die Situation in Berlin und der DDR, 30. 8. 1961.

238 Hoff, Roland (1934–1961). Geboren in Hannover, zuletzt bei der Wasserwirtschaft in Forst angestellt. Zweiter DDR-Flüchtling, der nach dem 13. August 1961 beim Versuch die Sperranlagen in und um West-Berlin zu überwinden erschossen wurde. Vgl. Filmer/Schwan, Opfer der Mauer, S. 83 f.

5. Die Truppen der Gruppe der sowjetischen Streitkräfte in Deutschland befinden sich in den zuvor eingenommenen Positionen und sind weiterhin in erhöhter Gefechtsbereitschaft, sie setzen die geplante Ausbildung fort.

R. Malinowski
R. Malinowski
M. Sacharow
M. Sacharow

30. August 1961
Nr. 80187

Dokument 29[239]

Geheim
Exemplar Nr. 1

An das ZK der KPdSU

Ich berichte:

1. Die Lage in der Deutschen Demokratischen Republik und in Ost-Berlin war während der vergangenen 24 Stunden unverändert.

Das Politbüro der SED hat entschieden, zum Ziel der besseren Organisation des Schutzes der Grenzen der DDR, der verbesserten Gefechts- und Politausbildung der Grenzpolizei sowie zur ökonomischeren Verwendung der Kräfte und Mittel ab dem 15. September diesen Jahres die Deutsche Grenzpolizei aus dem Ministerium des Innern herauszulösen und sie dem Ministerium für Nationale Verteidigung zu unterstellen.

Der Schutz des Rings um Groß-Berlin und der Sektorengrenze verbleibt weiter bei der Zuständigkeit des Ministerium des Innern. Für die Bewachung werden die 5. Grenzbrigade und die 1. Brigade der Bereitschaftspolizei herangezogen.

2. Einheiten der Streitkräfte der West-Berliner Garnisonen setzten ihre Patrouillen mit gepanzerten Mannschaftstransportern und Fahrzeugen entlang der Sektorengrenze und der westlichen Seite des äußeren Rings um Berlin fort.

Im Bereich des Potsdamer Platzes bewarf eine kleinere Gruppe von West-Berliner Rowdys eine Gruppe von Polizisten der DDR mit Steinen.

3. Am 31. August fuhren über den Grenzkontrollpunkt Marienborn von der BRD aus nach West-Berlin:

– um 01.00 Uhr ein Eisenbahntransport der amerikanischen Streitkräfte bestehend aus 26 Waggons (21 Waggons mit Munition, 3 Plattformwagen mit Fahrzeugen die über Aufbauten verfügten, 2 Waggons für das Begleitkommando).

– von 15.35 bis 17.30 Uhr – drei Autokolonnen (64 Fahrzeuge) mit Einheiten der 3. selbständigen Infanteriekampfgruppe des 6. amerikanischen Infanterieregiments, die am 11. Juli und 6. August aus West-Berlin auf einen Truppenübungsplatz in der Bundesrepublik verlegt hatten.

---

[239] RGANI, 5/30/367, Bl. 33 f., Bericht des Verteidigungsministeriums der UdSSR an das ZK der UdSSR über die Situation in Berlin und der DDR, 1. 9. 1961.

Eine gründliche geheime Überprüfung der Waggons und Fahrzeuge mit Radiometern ergab, daß keine radioaktiven Güter mitgeführt wurden.

4. Am 31. August um 07.00 Uhr verlegten mit Erlaubnis des Ministeriums für Nationale Verteidigung der DDR jeweils ein motorisiertes Schützenbataillon und Versorgungseinheiten der 28. und 29. motorisierten Schützenregimenter der 8. Motorisierten Schützendivision der NVA der DDR aus Berlin in ein Zeltlager in einem Waldgebiet bei Neu-Zittau (südöstliche Umgebung von Berlin).

5. Veränderungen in der Gruppierung und Dislokation der Streitkräfte der NATO auf dem Territorium der BRD wurden nicht festgestellt.

6. Die Lage bei den Streitkräften der GSSD ist unverändert.

R. Malinowski

R. Malinowski

M. Sacharow

M. Sacharow

1. September 1961
Nr. 80212

Dokument 30[240]

Ein Denkmal für „Puppe"[241]?

Man muß damit rechnen, daß sie „Puppe" in Westberlin ein Denkmal setzen werden. „Puppe" war der eindeutige Spitzname eines Homosexuellen, der in den einschlägigen Westberliner Kreisen gut bekannt war. Der 13. August trennte ihn von seinen „Liebhabern", und in der Hauptstadt der DDR blieb sein Gewerbe aussichtslos. Am 24. August ertappte ihn die Volkspolizei bei verbrecherischen Handlungen unweit des Bahnhofs Friedrichstraße. Seiner Festnahme entzog er sich durch einen Sprung in den Humboldthafen, wobei er den Tod fand.

Im Kreise seiner „Freunde" weinte die „Bild-Zeitung" seitenbreite Tränen greller Druckfarbe. Und der Strom der Tränen schwoll noch an, als am 29. August ein nachweislich in Westdeutschland zweimal vorbestrafter Schläger[242] der Volkspolizei zu entkommen versuchte, weil man ihn wegen eines neuen Deliktes festnehmen wollte. Wie gesagt, der Homosexuelle und der Schläger werden in Berlin gefeiert, wie Menschen denen man sonst ein Denkmal zu setzen pflegt. Selbst der gewandteste Anwalt würde angesichts eines märchenhaften Honorars nicht solch gefühlvolle Worte des Mitleids und der Unschuld finden, wie die Leute um Lemmer[243].

[240] „Neues Deutschland", S. 8, 1. 9. 1961.

[241] Vom „Neuen Deutschland" verwendeter Pressename für den 24jährigen Günter Litfin, der am 24. August 1961 versucht hatte, zwischen Friedrichstraße und Lehrter Bahnhof über die Spree nach West-Berlin zu flüchten. Er wurde dabei von gezielt abgegebenen Schüssen tödlich verletzt und war der erste DDR-Bürger, den Grenzpolizisten nach dem Mauerbau bei einem Fluchtversuch erschossen.

[242] Hier ist der 27jährige Roland Hoff gemeint, der am 29. August 1961 als zweiter DDR-Bürger nach dem 13. August in Berlin bei einem Fluchtversuch erschossen wurde.

[243] Lemmer, Ernst (1898–1970). Deutscher Politiker. 1945–1948 stellvertretender CDU-Vorsitzender in der SBZ, 1949 nach Berlin (West) übergesiedelt, 1950–1956 CDU-Fraktionsvor-

Und es würde sich schon deshalb kein Anwalt für die beiden finden lassen, weil sie neben ihren nach dem Strafgesetzbuch zu ahndenden Verbrechen, den in aller Welt gefährlichen Versuch unternahmen, die Grenze eines Staates an einer Stelle zu überschreiten, wo für jedermann sichtbar ein Überschreiten nicht möglich ist. Wer dennoch derartige von normalen Menschen nicht benutzte Wege zu den seinen macht, würde nirgendwo in der Welt damit rechnen können, Blumensträuße der Anerkennung überreicht zu bekommen. Daß man in Westberlin anders darüber denkt und sowohl den Homosexuellen als auch den Schläger mit Blumen zu begrüßen dachte, ändert nichts daran, da jedermann weiß, daß Westberlin und die Auffassungen seiner regierenden Persönlichkeiten von allem abweichen, was sonst in der Welt als Maßstab des Üblichen und Normalen gilt...

I.N.

Dokument 31[244]

Mordhetze aus der Hauptstadt

Wir haben in unserer gestrigen Ausgabe mitgeteilt, was für finstere Elemente die beiden Männer waren, die nach dem 13. August unsere Grenze gewaltsam durchbrechen wollten und dabei umkamen: kriminelle Gestalten, die aber immer weiter mit großer Lautstärke und viel Aufwand von Druckerschwärze zu Helden der westlichen Welt emporgehoben werden.

Schon die ungewöhnliche Art des Grenzübergangs, die sie gewählt hatten – sie versuchten schwimmend der Grenzpolizei zu entgehen – deutet darauf hin, daß es sich um Leute mit schlechtem Gewissen handelt. Normale Bürger, die keine Agenten oder Verbrecher sind, pflegen sich an die Gesetze ihres Staates zu halten. Sie fürchten sich auch nicht, den Weg des Genehmigungsverfahrens zu beschreiten und gegebenenfalls die vorgesehenen Übergangsstellen zu benutzen.

Wer aber das Licht scheut, muß damit rechnen, daß ihm auf den dunklen, verbotenen Wegen, die er eingeschlagen hat, etwas passiert. Es ist allgemein üblich, daß Soldaten oder Grenzpolizisten die Grenze eines Staates bewachen. Diese Grenzposten sind überall in der Welt bewaffnet, um eine illegale Überschreitung der Grenze verhindern zu können. Unsere Grenzwachen haben ihre Pflicht getan, als sie gegen Versuche, die Grenze gewaltsam zu durchbrechen, von ihrer Waffe Gebrauch machten. Die Grenzverletzer haben sich bewußt und vorsätzlich in Lebensgefahr begeben und sind darin umgekommen. Was die Versuche betrifft, aus solchen Gestalten Helden zu machen, so ist uns dieses Verfahren bekannt. Als der Zuhälter Horst Wessel[245] in der Ausübung seines nicht ungefährlichen Berufs zu Tode kam,

---

sitzender in Berlin (West), 1956–1961 Landesvorsitzender der CDU von Berlin (West); 1956/57 Bundesminister für Post- und Fernmeldewesen, 1957–1962 Bundesminister für Gesamtdeutsche Fragen, 1964/65 Bundesminister für Vertriebene. 1965–1969 Sonderbeauftragter des Bundeskanzlers für Berlin.

[244] „Neues Deutschland", S. 5, 2. 9. 1961.

[245] Wessel, Horst (1907–1930). Student, ab 1926 Mitglied der NSDAP, seit 1929 SA-Sturmführer. Erlag im Februar 1930 den Folgen eines Überfalls, danach zum Märtyrer der nationalsozialistischen Bewegung stilisiert.

wurde er zum geeigneten Objekt nazistischer Heldenverehrung. Warum soll der Homosexuelle mit dem Spitznamen „Puppe", der in den Humboldthafen sprang, nicht zum Heros der Frontstadt werden? Jeder soll die Helden haben, die er wert ist. Diese Bemühungen, neue Helden der westlichen Welt zu kreieren, mögen in Lächerlichkeit versinken.

Ein empörender „Fall" wurde aus diesen Vorkommnissen erst durch die maßlose Hetze der Frontstadtpolitiker gegen die DDR und gegen die Männer, die treu und zuverlässig an unserer Grenze wachen und den Frieden schützen. In der Frontstadt wurde das Foto eines Kampfgruppenmannes plakatiert[246], gleichzeitig wurde eine Kopfprämie von 10 000 Mark ausgesetzt. Mit diesem Plakat wird auf die niedrigsten Instinkte spekuliert und eine infame Mordhetze betrieben. In diesem Punkte verstehen wir keinen Spaß. Wir lassen keinen Zweifel daran, daß die Urheber der Mordhetze sich eines Tages werden verantworten müssen.

Die Frontstadt-Störenfriede speien Gift und Galle und es ist unverkennbar, daß diese Stoffe schon ihren eigenen Verstand trüben. Sonst würden sie nämlich merken, daß ihre Mordhetze gegen Bürger der DDR aufs neue in krasser Weise zeigt: Mit den Frontstadtzuständen ist Schluß zu machen. Die freche Einmischung in die Angelegenheiten der DDR muß aufhören. Westberlin muß eine entmilitarisierte Freie Stadt werden.

Dr. K.

Dokument 32[247]

REGIERUNG
DER DEUTSCHEN DEMOKRATISCHEN REPUBLIK
MINISTERIUM DES INNERN

Geheime Verschlußsache!
B 3/1 – 18/61
10. Ausf. 1 Blatt

B E F E H L
des Ministers des Innern
Nr. 37/61

6. September 1961　　　　　　　　　　　　　　　　　　　　　　Berlin

Inhalt: Unterstellung der 5. Grenzbrigade

In Durchführung der Maßnahmen des Beschlusses des Ministerrates der Deutschen Demokratischen Republik vom 12. 08. 1961 über „Maßnahmen zum Schutz des Friedens und zur Sicherung der Deutschen Demokratischen Republik"[248] macht es

---

246 Das Foto ist abgedruckt bei Bader, Kampfgruppen, S. 98.
247 BA-MA, DVH-27/7025 (Kommando der Deutschen Grenzpolizei), Bl. 14, Befehl des Ministers des Innern Nr. 37/61, 6. 9. 1961.
248 Vgl. auch BA Berlin, DC 20 I/3 345, 37, außerordentliche Sitzung des Ministerrates, 12. 8. 1961.

sich erforderlich, weitere Maßnahmen der Sicherung der Staatsgrenze nach West-Berlin zu treffen.

Zur Gewährleistung dieser Forderung ist es notwendig, die 5. Grenzbrigade aus der Unterstellung des Kommandos der Deutschen Grenzpolizei mit allen Kräften und Mitteln herauszulösen.

Hierzu

BEFEHLE ICH:

1. Die 5. Grenzbrigade scheidet mit Wirkung vom 15. 9. 1961, 24.00 Uhr, aus dem Bestand der Deutschen Grenzpolizei aus.
2. Mit Wirkung vom 16. 9. 1961, 00.01 Uhr, sind alle Kräfte und Mittel der 5. Grenzbrigade ohne Ausnahme dem Kommandeur der Bereitschaftspolizei unterstellt.
3. Die Übergabe bzw. Übernahme der Kräfte und Mittel hat in der Zeit vom 4. 9. 1961 – 15. 9. 1961 zu erfolgen.
4. Der Plan der Maßnahmen zur Übergabe der 5. Grenzbrigade wird hiermit bestätigt.
5. Dieser Befehl ist nur auf meine Weisung zu vernichten.

Minister des Innern   *Maron*
                                                                 (Maron)

Dokument 33[249]

REGIERUNG
DER DEUTSCHEN DEMOKRATISCHEN REPUBLIK
MINISTERIUM DES INNERN

Geheime Verschlußsache!
B 3/1 – 19/61
19. Ausf. = 2 Blatt

Befehl
des Ministers des Innern

Nr. 38/61

6. September 1961   Berlin

Inhalt: Sicherung der Staatsgrenze nach Westberlin

Zur weiteren Festigung der Grenzsicherung an der Grenze der Hauptstadt der Deutschen Demokratischen Republik (Demokratisches Berlin), dem Bezirk Potsdam und Westberlin

---

[249] BA-MA, DVH-27/7025 (Kommando der Deutschen Grenzpolizei), Bl. 15–18, Befehl des Ministers des Innern Nr. 38/61, 6. 9. 1961.

b e f e h l e   i c h:

1. Mit Wirkung vom 16. September 1961, 00.01 Uhr, werden zur Sicherung der Grenze zwischen der Hauptstadt der Deutschen Demokratischen Republik (Demokratisches Berlin) und Westberlin sowie der Grenze zwischen dem Bezirk Potsdam und Westberlin zwei Grenzbrigaden aufgestellt. Die Brigaden sind nach der in der Anlage 1)[250] bestätigten Struktur zu bilden.

2. Die Brigaden tragen die Bezeichnung:

1. Grenzbrigade (B)
2. Grenzbrigade (B)

Diese Brigaden werden dem Kommandeur der Bereitschaftspolizei unterstellt.

Bei besonderen Lagen und Notwendigkeiten stehen die 1. und 2. Grenzbrigade (B) in operativer Hinsicht unter meinem direkten Befehl.

3. Die Bildung der zwei Grenzbrigaden hat zu erfolgen aus den Planstellen, den Kräften und Mitteln:

   – der 1. Mot.-Brigade der Bereitschaftspolizei;
   – der 5. Grenzbrigade der deutschen Grenzpolizei;
   – des Sicherungskommandos des Präsidiums der Volkspolizei Berlin.

4. Die 1. Grenzbrigade hat die Grenze zwischen der Hauptstadt der Deutschen Demokratischen Republik (Demokratisches Berlin) und Westberlin zu sichern. Diese Grenze ist entsprechend dem bestätigten Plan in 6 Sicherungsabschnitte[251] einzuteilen.

5. Die bestehende Organisation der Grenzsicherung im Abschnitt der 2. Grenzbrigade zwischen dem Bezirk Potsdam und Westberlin ist nicht zu verändern.

6. Die 1. und 2. Grenzbrigade haben die Sicherung und Unantastbarkeit der Grenzen nach Westberlin zu gewährleisten und den grenzüberschreitenden Verkehr im engen Zusammenwirken mit dem AZKW nur an den dafür festgelegten Kontrollpunkten – ausser dem KPP S-Bahnhof-Friedrichstrasse – nach den bestehenden Bestimmungen zuzulassen.

7. Für den Grenzdienst im Raum von Berlin sind nur Kräfte mit hervorragenden politischen, moralischen und fachlichen Qualitäten einzusetzen.
   Der Kommandeur der Bereitschaftspolizei hat bis zum 15. 9. 1961 kaderpolitische Richtlinien zu erarbeiten und nach erfolgter Bestätigung, die zur Zeit eingesetzten Kräfte daraufhin zu überprüfen. Alle Angehörigen, die den gesteigerten Anforderungen nicht entsprechen, sind kurzfristig durch geeignete und politisch gefestigte Kräfte zu ersetzen (insbesondere trifft das auf Unterführer und Offiziere zu).

---

[250] Hier nicht dokumentiert.
[251] Vgl. Dokument Nr. 25.

8. Das Kommando der Bereitschaftspolizei hat für beide Grenzbrigaden im Raum Berlin die bisherigen Einsatzgrundsätze zu überarbeiten. Die Grundsätze sind mir bis zum 15. 9. 1961 zur Bestätigung vorzulegen.

9. Der Kommandeur der Bereitschaftspolizei hat zur Gewährleistung der zuverlässigen Sicherung der Grenze zwischen der Hauptstadt der Deutschen Demokratischen Republik (Demokratisches Berlin), dem Bezirk Potsdam und Westberlin in Zusammenarbeit mit dem Präsidenten der Volkspolizei Berlin und dem Chef der BDVP Potsdam unter Berücksichtigung der Besonderheiten dieser Grenzen eine Grenzordnung auszuarbeiten und mir bis zum 30. 9. 1961 zur Bestätigung vorzulegen.

10. Der Kommandeur der Bereitschaftspolizei hat zu gewährleisten, daß der Polit.- Unterricht der Wachtmeister (Soldaten)[252], Unterführer und Offiziere der übernommenen Einheiten ohne Unterbrechung durchgeführt wird.
Die militärische- und Spezialausbildung der Einheiten und Stäbe der 1. und 2. Grenzbrigade ist bis zum 30. September 1961 zu organisieren und ab 15. Oktober 1961 bis zum Abschluß des Ausbildungsjahres 1961 planmäßig durchzuführen.

11. Durch den Kommandeur der Deutschen Grenzpolizei sind die notwendigen politischen Maßnahmen zur Vorbereitung der Übergabe, der zum Bestand der bisherigen 5. Grenzbrigade gehörenden Kräfte durchzuführen und mit dem Kommandeur der Bereitschaftspolizei abzustimmen.

12. Der Leiter der Kaderverwaltung des MdI hat in Zusammenarbeit mit dem Kommandeur der Deutschen Grenzpolizei und der Bereitschaftspolizei die Nomenklaturkader für die 1. und 2. Grenzbrigade bis zum 15. September 1961 zur Bestätigung vorzulegen.

13. Die Übergabe und Übernahme der Bewaffnung, Technik, Ausrüstung, Liegenschaften und deren Einrichtungen ist durch das Präsidium der Volkspolizei Berlin, die Kommandos der Bereitschaftspolizei und der Deutschen Grenzpolizei bis zum 25. September 1961 abzuschließen.
Die Verwaltung Versorgungsdienste des MdI hat die Erfüllung dieser Aufgaben zu kontrollieren.

14. Die durch die Bereitschaftspolizei zu übernehmenden Einheiten tragen bis auf weiteres ihre bisherige Uniform.

15. Die Veränderung der Waren- und Materialpläne (ausser den Teilen Bewaffnung und Ausrüstung), der Invest- und Werterhaltungspläne sind durch das Präsidium der Volkspolizei Berlin, das Kommando Deutsche Grenzpolizei und das Kommando Bereitschaftspolizei bis zum 31. Dezember 1961 zu überarbeiten. Der Leiter der Verwaltung Versorgungsdienste des MdI hat die Durchführung zu koordinieren.

---

[252] Bei der Bereitschafts- und Transportpolizei sowie den uniformierten Zweigen der Deutschen Volkspolizei hießen die Mannschaftsdienstgrade Wachtmeister, bei der Deutschen Grenzpolizei ab 1952 sowie bei der neu formierten Grenzbrigade Soldaten.

16. Die Finanzverwaltung des MdI hat in Verbindung mit den Finanzorganen des Präsidiums der Volkspolizei Berlin, des Kommandos Deutsche Grenzpolizei und des Kommandos Bereitschaftspolizei den Haushaltsplan 1961 entsprechend der gestellten Aufgaben zu überarbeiten und bis zum 15. Oktober 1961 zur Bestätigung vorzulegen.

17. Der Kommandeur der Bereitschaftspolizei hat in Durchführung dieses Befehls zu melden:

- die Übernahme der Grenzsicherung;
- den Abschluß der Formierung der 1. und 2. Grenzbrigade;
- den Abschluß der Auffüllung der 1. und 2. Grenzbrigade.

Bis zum 15. November 1961 ist dem Stellvertreter des Ministers des Innern für die bewaffneten Organe ein Bericht über die bisherigen Erfahrungen der Grenzsicherung zwischen der Hauptstadt der Deutschen Demokratischen Republik (Demokratisches Berlin), dem Bezirk Potsdam und Westberlin vorzulegen.

18. Dieser Befehl ist nur auf meine Weisung zu vernichten.

19. Mein Stellvertreter für die bewaffneten Organe des MdI hat bei Notwendigkeit Durchführungsanweisungen zu erlassen.

20. Meine Befehle Nr. 009/61 und 32/61[253] werden mit Herausgabe dieses Befehls ausser Kraft gesetzt und sind zurückzusenden.

Maron
Minister des Innern (Maron)

---

[253] Vgl. Dokument 25.

Dokument 34[254]

DEUTSCHE DEMOKRATISCHE REPUBLIK

NATIONALER VERTEIDIGUNGSRAT
DER VORSITZENDE

Geheime Kommandosache   Berlin, den *12. 9.* 1961
27 (persönlich) 27[255]   *16* Uhr

NATIONALER VERTEIDIGUNGSRAT
DER DEUTSCHEN DEMOKRATISCHEN REPUBLIK

B E F E H L

DES VORSITZENDEN DES NATIONALEN VERTEIDIGUNGSRATES

14. 09. 1961   Berlin

Inhalt: Maßnahmen zur Erhöhung der Kampfkraft der bewaffneten Kräfte der
Deutschen Demokratischen Republik

Zur weiteren Festigung und Sicherung unserer Staatsgrenzen und zur Schaffung
eines zuverlässigen Schutzes der Deutschen Demokratischen Republik gegen alle
Versuche der westdeutschen Militaristen und Revanchisten, den sozialistischen
Aufbau in der Deutschen Demokratischen Republik und den Abschluß des Friedensvertrages zu stören,

B E F E H L E   I C H :

1. Mit Wirkung vom 15. September 1961 wird *[sic!]* das Kommando der Deutschen
   Grenzpolizei und dessen nachgeordnete Verbände und Truppenteile, außer der
   5. Grenzbrigade, aus dem Bestand der bewaffneten Kräfte des Ministeriums des
   Innern herausgelöst und dem Minister für Nationale Verteidigung unterstellt.

2. Die Übergabe und Übernahme des Kommandos der Deutschen Grenzpolizei,
   der Grenzbrigaden, der selbständigen Grenzbereitschaften und der Grenzabschnitte beginnt am 15. September und ist bis zum 30. September 1961 abzuschließen. Mit der Übernahme ist das Kommando der Deutschen Grenzpolizei in
   das „Kommando Grenze" umzubenennen.

3. Dem Ministerium für Nationale Verteidigung sind zu übergeben und in Rechtsträgerschaft zu übertragen, außer der 5. Grenz-Brigade:

   – alle Objekte, Liegenschaften, Lager und sonstige Einrichtungen, die im Februar 1957[256] vom Ministerium für Staatssicherheit an das Ministerium des Innern übergeben wurden;

---

[254] BA-MA, DVW-1/40338, Bl. 198–200, Befehl des Vorsitzenden des Nationalen Verteidigungsrates über Maßnahmen zur Erhöhung der Kampfkraft der bewaffneten Kräfte der
Deutschen Demokratischen Republik, 15. 9. 1961.
[255] Stempelaufdruck.
[256] Im Dezember 1956 beschloß das Politbüro, bis zum 1. 2. 1957 das Ministerium des Innern
und das Ministerium für Staatssicherheit zu reorganisieren. Aus dem MfS wurden wieder

- alle Objekte und Einrichtungen, die von der Deutschen Grenzpolizei in der Zeit ihrer Zugehörigkeit zum Ministerium des Innern genutzt, in ihrem Interesse geschaffen wurden bzw. solche, die zur Übergabe an die Deutsche Grenzpolizei vorgesehen waren;
- alle die Deutsche Grenzpolizei betreffenden Unterlagen, wie Vorplanungen, Projekte, Pläne, Verträge usw. und die zu diesen Zwecken bereitgestellten und geplanten materiellen und finanziellen Mittel.

4. Die Übergabe- und Übernahmedokumente sind dem Nationalen Verteidigungsrat in seiner 8. Sitzung[257] zur Bestätigung vorzulegen.

Dieser Befehl ist, außer der Urschrift, am 02. 01. 1962 zu vernichten.

W. Ulbricht
/Walter Ulbricht/
Vorsitzender des
Nationalen Verteidigungsrates

Verteiler:
1. Ausfertigung = Gen. Honecker (Urschrift)
2.   „   = Minister für Nationale Verteidigung
3.   „   = Minister des Innern
4.   „   = Minister für Staatssicherheit

---

ausgegliedert und dem MdI angeschlossen: das Kommando der DGP, das Kommando der Bereitschaftspolizei und die Hauptverwaltung der Transportpolizei, die alle erst 1955 im Zuge der Bildung einer „Hauptverwaltung Innere Sicherheit" dem MfS unterstellt worden waren; vgl. SAPMO-BA, DY 30/J IV 2/2 A/539, o. Bl., Protokoll Nr. 65/56 Politbürositzung, TOP 12.: Veränderung in der Struktur der Polizeikräfte, 18.–20. 12. 1956. Im Februar 1957 konkretisierte die Sicherheitskommission beim Politbüro diese Entscheidung; vgl. BA-MA, DVW-1/39555, Bl. 2–5, 13. Sitzung der Sicherheitskommission, TOP 1.: Vorlage des Genossen Maron über die neue Struktur des Ministeriums des Innern, 9. 2. 1957.
257 Vgl. BA-MA, DVW-1/39465, Bl. 99–113, 8. NVR-Sitzung, TOP 9.: Bestätigung des Protokolls der Übernahme der Deutschen Grenzpolizei in das Ministerium für Nationale Verteidigung, Anl. 11 und 12, 29. 11. 1961.

Dokument 35[258]

Gkdos-Tgb-Nr. Va/210/61

Geheime Kommandosache
(persönlich!)
12 Ausfertigungen
4. Ausfertigung = *7* Blatt
1 Anlage/n   = 2 Blatt
Insgesamt: = 9 Blatt

REGIERUNG
DER DEUTSCHEN DEMOKRATISCHEN REPUBLIK
MINISTERIUM FÜR NATIONALE VERTEIDIGUNG
BEFEHL
DES MINISTERS FÜR NATIONALE VERTEIDIGUNG
Nr. 67/61

*23.09.*1961   Strausberg[259]

Inhalt: Maßnahmen zur Erhöhung der Gefechtsbereitschaft der NVA

Ausgehend von der Verschärfung der internationalen Lage, die dadurch hervorgerufen wurde, daß die Länder der NATO und insbesondere Westdeutschland, in
letzter Zeit die Kriegsvorbereitungen verstärkten, das Wettrüsten forcierten, die
zahlenmäßige Stärke ihrer Armeen erhöhen und als Antwort auf den Vorschlag für
den Abschluß eines Friedensvertrages mit Deutschland sogar mit der Entfesselung
eines neuen Krieges drohen, macht es sich erforderlich, weitere Maßnahmen zur Erhöhung der Gefechtsbereitschaft durchzuführen. Dazu

BEFEHLE ICH:

1. Das Ausbildungsjahr 1961 ist bis zum 31. 12. 1961 zu verlängern. Zur Beseiti-
   gung der vorhandenen Mängel in der operativen und Gefechtsausbildung bis
   Ende 1961 haben mein Stellvertreter und Chef des Hauptstabes und mein Stell-
   vertreter für Ausbildung eine Anordnung herauszugeben. Termin: 22. 09. 1961.
   Der Hauptstab und die Kommandos der Teile und MB nehmen im Oktober/
   November an einer gemeinsamen Kommandostabsübung unter der Leitung des
   Oberkommandierenden der Vereinigten Streitkräfte teil. Mein Stellvertreter und
   Chef des Hauptstabes hat die erforderlichen Maßnahmen zur Vorbereitung und
   Durchführung dieser Übung anzuweisen.
2. Die im Herbst 1961 vorgesehene Entlassung des Personalbestandes, dessen Ver-
   pflichtung bis Ende 1961 abläuft, ist bis zur Festlegung eines neuen Termins zu-
   rückzustellen. Ausnahmen genehmigt mein Stellvertreter und Chef des Hauptstabes. Die Uffz.[260]-Schüler, die bis Ende September 1961 ihre Uffz.-Ausbil-
   dung erfolgreich abschließen, sind zu befördern und soweit kein Einsatz in eine

---

[258] BA-MA, DVW-1/18791, Bl. 1–9, Befehl Nr. 67/61 des Ministers für Nationale Verteidigung, 23. 9. 1961.
[259] Strausberg: Kleinstadt 25 km östlich von Berlin; seit 1954 befand sich hier der Hauptstab
der KVP, 1956–1990 Dienstsitz des Ministeriums für Nationale Verteidigung der DDR.
[260] Uffz. – Unteroffizier.

Uffz.-Planstelle möglich ist, als Stellvertretende Gruppenführer, Truppführer, Geschützführer usw. einzusetzen. Die Auffüllung der Uffz.-Lehrgänge für das Ausbildungsjahr 1962 hat vorwiegend aus den Neueingestellten vom 01. 09. 1961 zu erfolgen.

3. Der Bedarf an Neueinstellungen für den 28. 09. 1961 ist durch die Chefs der Teile und des MB zu präzisieren, danach sind durch die Chefs der MB die Auflagen an die Bezirkskommandos mit dem Ziel, einer gleichmäßigen 102%igen Auffüllung lt. Stellenplan, zu verändern.
Die Kommandeure und Politorgane haben zu gewährleisten, daß die neueingestellten Armeeangehörigen ab 10. 11. 1961 im Bestand der Gruppen, Bedienungen und Besatzungen Aufgaben erfüllen können.
Die Versetzung der Offiziere von den Offz.[261]-Schulen in die Truppenteile ist bis zum 15. 10. 1961 zu beenden.

4. Für das Inkrafttreten der neuen Stellenpläne werden folgende Termine festgelegt:

(1) MfNV[262] und Landstreitkräfte (außer Na.-B.[263] der MB)　　01. 10. 1961

(2) Na.-B. der MB　　　　　　　　　　　　　　　　　　　20. 10. 1961

(3) Volksmarine　　　　　　　　　　　　　　　　　　　　01. 11. 1961

(4) LSK/LV[264]　　　　　　　　　　　　　　　　　　　　　01. 12. 1961

Dabei sind ergänzend zu meinem Befehl Nr. 58/61 folgende Neuaufstellungen und Umgliederungen durchzuführen:

a) Neuaufstellungen

– sst.[265] Leitungsbau-Kp. 17; Standort: Potsdam, Behlert Str.
– sst. Nachrichten-Kp. 16; Standort· Niederlehme
　Verantwortlich: Chef Nachrichten des MfNV
– sst. Leitungsbau-Kp. 3; Standort: Leipzig, Schumannstr.
– sst. Leitungsbau-Kp. 5; Standort: Fünfeichen
　Verantwortlich: Chef der MB
– sst. Straßen- und Brückenbau-Ausb.-Btl.[266] 3; Standort: Gera
– sst. Straßen- und Brückenbau-Ausb.-Btl. 5; Standort: Prenzlau, Karl-Marx-Str.
　Verantwortlich Chef der MB

b) Umgliederung

– das LAB[267]-Transportwesen zum Eisenbahnpionier-Rgt. 2[268]
Verantwortlich: Chef Transportwesen
Termin: bis 15. 10. 1961
Die Kontrolle über das Inkrafttreten der neuen Stellenpläne, der Neuaufstellungen und Umgliederung übertrage ich meinem Stellvertreter und Chef des Hauptstabes.

---

261 Offz. – Offizier.
262 MfNV – Ministerium für Nationale Verteidigung.
263 Na.-B. – Nachrichtenbataillon.
264 LSK/LV – Luftstreitkräfte/Luftverteidigung.
265 sst. – selbständig.
266 Ausb.-Btl. – Ausbildungsbataillon.
267 LAB – Lehrausbildungsbataillon.
268 Rgt. – Regiment.

5. Im Monat November/Dezember ist die reale Entfaltung bzw. Neuaufstellung folgender Führungsorgane, Verbände und Truppenteile zu üben:
   – Armee- und Armeekorps-Kommando
   – eine Straßen-Kommandanten-Brigade
   – ein st.[269] Nachrichtentruppenteil
   – ein Flugplatz-Pionier-Bataillon
   – vier Kfz.-Transport-Kolonnen
   – zwei Sanitäts-Transport-Kompanien
   Zusätzlich ist die Realität der Pläne und die Bereitschaft
   – zur Umgliederung von Krankenhäusern in örtliche Lazarette
   – zur Übergabe der T/S[270]-Reserven an die Vereinigten Streitkräfte
   – zur Durchführung von Hauptinstandsetzungen in den festgelegten Betrieben
   zu überprüfen.
6. Ab 1. 11. 1961 sind die Maßnahmen der erhöhten Gefechtsbereitschaft (Anlage Nr. 1) zu gewährleisten.
   Die von mir am 12. 08. 1961 befohlenen Maßnahmen der erhöhten Gefechtsbereitschaft (G-Kdos-Tgb.-Nr.: Va/194/61[271]) treten am 31. 10. 1961 außer Kraft.
7. Zur Durchführung der Überprüfung der Gefechtsbereitschaft bis Ende 1961 hat mir mein Stellvertreter und Chef des Hauptstabes bis zum 25. 09. 1961 einen Plan zur Bestätigung vorzulegen.
   Bei der Überprüfung der Gefechtsbereitschaft sind die Hauptkonzentrierungs-(Hauptbereitschafts-) Räume zu beziehen. Besondere Aufmerksamkeit ist zu richten auf:
   – die schnelle Alarmierung und Benachrichtigung an Sonn- und Feiertagen
   – Verbesserung und Beschleunigung der Waffen-, Munitions- und Geräteausgabe
   – die allseitige Gefechtssicherstellung, besonders des Schutzes vor Massenvernichtungsmitteln bei Auslösung von Gefechtsalarm
   – die ständige und ununterbrochene Führung, besonders durch die Kommandos der Teile und MB sowie Verbandsstäbe.
8. Auf dem Gebiet Nachrichten sind folgende Maßnahmen durchzuführen:
   (1) Im Monat Oktober 1961 ist in Form einer Schaltübung die kurzfristige Übergabe und Übernahme von Nachrichtenkanälen aus dem Fernmeldenetz der Deutschen Post zu üben.
   (2) Bis zum 15. 10. 1961 sind die Militärnachrichtenkommandanturen entsprechend dem Plan zu entfalten.
   (3) Der Zustand der bestehenden Nachrichtenverbindungen in den Hauptrichtungen ist bis zum 1. 11. 1961 zu überprüfen.

---

[269] st. – ständiger.
[270] T/S – Treibstoff/Schmierstoff.
[271] In der Nacht vom 12. zum 13. 8. 1961 wurde für die gesamte NVA Alarm ausgelöst und Maßnahmen der erhöhten Gefechtsbereitschaft befohlen. Vgl. BA-MA, DVW-1/6284, Bl. 24–26, Maßnahmen der erhöhten Gefechtsbereitschaft, 12. 8. 1961. Hinweise auf Gefechtsalarm bei der GSSD finden sich in: Die Flucht aus der Sowjetzone, S. 76.

(4) Die nachrichtenmäßigen Übergänge zur VRP[272] und CSSR[273] sind bis 1. 11. 1961 zu schließen und für die militärische Nutzung vorzubereiten.
Verantwortlich: Mein Stellvertreter und Chef des Hauptstabes

9. Die Wachsamkeit und die Aufklärungstätigkeit ist zu verstärken.

10. Auf das Ministerium für Verkehrswesen ist verstärkt Einfluß zu nehmen zur Durchführung folgender Maßnahmen:

(1) Die Brückenkonstruktion zur Doublierung der Übergänge Guben und Muskau sind bis 1. 11. 1961 vorzubereiten und in der Nähe zu lagern. Die Zugänge, zu den zur Doublierung vorgesehenen Übergängen sind bis 1. 11. 1961 vorzubereiten, wenn örtlich möglich, auszubauen.

(2) Die Konstruktion für die restlichen Neiße-Übergänge sind bis 31. 12. 1961 vorzubereiten.

(3) Sicherstellung der Instandhaltung der festgelegten Verkehrswege und Umgehungsmöglichkeiten und ihre militärische Nutzung ab 1. 11. 1961.

(4) Erfassung aller schwimmenden Mittel der DDR mit einer Tragfähigkeit von 20 t und höher und ihre Vorbereitung zur Doublierung von Übergängen.

11. Die Bezirks- und Kreiskommandos sind mit Wirkung vom 1. 12. 1961 in Wehrbezirks- und Wehrkreiskommandos umzubenennen. Die sich daraus ergebenden Änderungen sind durch meinen Stellvertreter und Chef des Hauptstabes anzuweisen.

12. Der Bedarf der NVA an Bewaffnung, Ausrüstung, Versorgungsgütern, Lager- und Instandsetzungskapazität aus der Volkswirtschaft ist durch die Chefs der Teile der NVA, der Dienstbereiche, Waffengattungen und Verwaltungen bis zum 15. 10. 1961 zu präzisieren.
Durch den Chef Rückw.[274] Dienste des Ministeriums für Nationale Verteidigung sind die Bedarfsrechnungen an Versorgungsgütern, Lager- und Instandsetzungskapazitäten zu koordinieren.

13. Ab 1. 11. 1961 sind 50 % der Feuerabteilungen der Fla-Raketen[275] im diensthabenden System mit einer Bereitschaft von 6–11 Minuten einzusetzen.
Durch praktische Flüge ist die Organisation der Gefechtsstarts von den Ausweich- und Manöverflugplätzen zu überprüfen. Auf allen Flugplätzen, die für Manöver vorgesehen sind, sind die Vorräte an materiell-technischen Mitteln aufzufüllen und die Bereitschaft des technischen Bestandes, der dort stationierten Truppenteile zur Bedienung der Jagdflugzeuge mit Raketen-Bewaffnung, zu überprüfen.
Im Monat September/Oktober 1961 ist mit dem gesamten fliegenden Personal das Befliegen der Flugplätze des Zusammenwirkens abzuschließen.
Das Befliegen der Funkmeßstationen aller Waffengattungen und die Festlegung der realen Auffassungszonen in großen und niedrigen Höhen ist durchzuführen.
Verantwortlich: Mein Stellvertreter und Chef LSK/LV

---

272 VRP – Volksrepublik Polen.
273 ČSSR – Československá Socialistická Republika (Tschechoslowakische Sozialistische Republik)
274 Rückw. – Rückwärtige.
275 Fla-Raketen – Flugabwehrraketen.

14. Der Gefechtsdienst der Schiffe in den Verbänden ist zu organisieren. Ab 1. 11. 1961 sind Kontrollübungen zur Überprüfung der Gefechtsbereitschaft der Schiffe mit faktischer Anwendung der Waffen und der Zuführung von Munition u. a. Versorgungsarten durchzuführen.
    Verantwortlich: Chef der Volksmarine

15. In Verbindung mit der bevorstehenden Lieferung der Raketen-Waffen[276] ist mit dem Ausbau der entsprechenden Anlagen zu beginnen.
    Verantwortlich: Mein Stellvertreter für Ausbildung und Chef der VM[277]

16. Der Chef Rückw. Dienste des MfNV hat:
    a) Maßnahmen zur Dezentralisierung der ungedeckten zentralen Lager und zur Lagerung der Vorräte in den erforderlichen Richtungen zu treffen.
    b) Bis zum 31. 10. 1961 eine Ordnung über die Zusammenarbeit mit den Rückw. Diensten der NVA und den verbündeten Armeen auszuarbeiten.
    Dabei ist von folgendem Grundsatz auszugehen:
    die mat.-technische[278] und medizinische Sicherstellung der operativen und taktischen Verbände, der Truppenteile der verbündeten Truppen wird durch das Kommando der Armeen sichergestellt, in deren Bestand sie handeln mit nachfolgender Kompensation.

17. Die Kampftechnik ist bis zum 1. 11. 1961 auf Winternutzung umzustellen.
    Verantwortlich: Chefs der Teile, MB und Waffengattungen

18. Mit Wirkung vom 1. 1. 1962 sind in den Bezirksstädten der DDR Stadtkommandanten der NVA einzusetzen.
    Mein Stellvertreter und Chef des Hauptstabes hat dazu die Funktionellen Pflichten auszuarbeiten.

19. Mit Wirkung vom 25. 09. 1961 treten außer Kraft
    a) Plan der Auswertung der gemeinsamen Kdo.[279]-Stabsübung (G-Kdos-Tgb.-Nr.: VIa/346/61)
    b) Plan der Überprüfung der Gefechtsbereitschaft (G-Kdos-Tgb.-Nr.: V/1542/61).

20. Dieser Befehl ist am 30. 12. 1962, außer der Urschrift, zu vernichten.

– Armeegeneral –   H o f f m a n n

---

276 Hierbei handelt es sich um die 1962/63 erfolgte sowjetische Lieferung von operativ-taktischen Raketen des Typs R-11/Scud-A und taktischen Raketen des Typs Luna/FROG 3/5 für die Landstreitkräfte der NVA. Beide Raketentypen waren als Einsatzmittel für Kernwaffen vorgesehen. Die Volksmarine dagegen erhielt ab 1962 mit jeweils vier P-15/Styx-Flugkörpern ausgerüstete Raketenschnellboote des Typs 205/Osa-I sowie eine Batterie des Küstenraketensystems S-2/Sopka. Die Raketensysteme der Volksmarine waren nur für den Einsatz konventioneller Sprengköpfe ausgelegt.
277 VM – Volksmarine.
278 mat.-technische – materiell-technische.
279 Kdo. – Kommando.

Anlage Nr. 1
zum Befehl 67/61
... Ausf. = ... Blatt

Maßnahmen der erhöhten Gefechtsbereitschaft

1. Ab Truppenteil aufwärts hat sich ein diensthabender Vertreter der Leitung ständig im Objekt aufzuhalten (24-Stundendienst).
2. Die Gefechtsstände aller Stufen der LSK/LV, Truppenluftabwehr und der Volksmarine haben in Objekten arbeitsfähig zu sein.
3. In jedem Truppenteil ist ein diensthabendes Bataillon (Abteilung) einzusetzen.
4. Die Alarmdokumentation in den Stäben aller Stufen ist ständig zu überprüfen und auf dem laufenden zu halten. Die zur Alarmierung und Benachrichtigung erforderlichen Nachrichtenverbindungen sowie die Signalanlagen innerhalb der Objekte sind zu kontrollieren.
5. Urlaubssperre ist anzuordnen. Urlauber und Kommandierte sind zurückzurufen. Ausgang im beschränkten Umfang innerhalb des Garnisonsbereiches kann gewährt werden.
6. Die Ausbildungsmaßnahmen sind nur in den Objekten oder in ihrer unmittelbaren Nähe durchzuführen.
7. Alle Waffen u. a. technischen Mittel sind zu entkonservieren und in einsatzbereiten Zustand zu versetzen.
8. Sämtliche Gefechts- und Transportfahrzeuge sowie Aggregate sind mit Kraftstoff aufzufüllen.
9. Alle beweglichen Vorräte in den Verbänden und Truppenteilen sind zu verladen.
10. Truppenteile und Einheiten, die sich zur Durchführung von Übungen, Gefechtsschießen oder anderen Maßnahmen nicht in den Objekten befinden, sind unverzüglich zurückzurufen bzw. am Ort der Übung in volle Gefechtsbereitschaft zu versetzen.
11. Die Rückw. Dienste haben sich auf die ununterbrochene Sicherstellung der Versorgung und Betreuung der Truppen vorzubereiten.
12. Die Bewachung der Objekte, insbesondere Stäbe, Nachrichtenzentralen, Parks usw. ist zu verstärken. Der Standortstreifendienst ist besonders festzulegen und durchzuführen.
13. Bei Notwendigkeit sind zur Bewachung von Brücken über große Wasserhindernisse entsprechende Einheiten festzulegen.
14. In der Volksmarine hat der Bereitschaftsdienst die 2. Bereitschaftsstufe herzustellen. Der Vorpostendienst ist durchzuführen.
15. Die funktechnische Aufklärung und -Beobachtung des Luft- und Seeraums ist verstärkt zu führen. In den MB sind die funktechnischen Posten und Rundblickstationen der FR[280] und FA[281] zu entfalten.

---

[280] FR – Flakregimenter. 1961 unterstand jedem der zwei Militärbezirke ein eigenes Flakregiment.
[281] FA – Flakabteilungen. 1961 unterstand jeder der sechs NVA-Divisionen eine eigene Flakabteilung.

16. Die Verbindung zu den benachbarten sowjetischen Stäben ist ständig zu gewährleisten.

17. Die bereitgestellten Reservezüge, einschließlich des Lok- und Begleitpersonals, sind in ständiger Einsatzbereitschaft zu halten.

18. In allen Truppenteilen der LSK/LV sind kaserniert unterzubringen: das fliegende Personal (in Abhängigkeit von der Anzahl der vorbereiteten Flugzeuge unter Berücksichtigung von Reservebesatzungen), das ingenieur-technische Personal der Geschwader, die Offiziere des Stabes, die Angehörigen der selbständigen Bataillone für die fliegertechnische Sicherstellung und funktechnische Sicherstellung in der Anzahl, die für die Gewährleistung des Flugdienstes erforderlich ist.

Dokument 36[282]

Geheim
Exemplar Nr. 1

AN DEN MARSCHALL DER SOWJETUNION[283]

Genossen MALINOWSKI, R.Ja.

Ich berichte über die Lage in Berlin um 15.00 Uhr am 25.10. diesen Jahres, auf Grundlage eines Telefongespräches mit den Generälen Belik[284] und Abramow.

Am 25. 10. um 09.25 Uhr diesen Jahres setzte eine Grenzerabteilung der Deutschen Demokratischen Republik am Grenzkontrollpunkt Friedrichstraße einen amerikanischen Personenkraftwagen mit Zivilpersonen fest. Sofort danach ging ein amerikanischer Offizier zum Grenzkontrollpunkt und erklärte in ultimativer Form, daß wenn die Grenzer der DDR das Fahrzeug nicht innerhalb einer Stunde in das Demokratische Berlin durchlassen, es mit Gewalt durchgebracht wird.

Am 25. 10. um 10.00 Uhr trafen im erwähnten Bereich erste amerikanische Panzer ein und bis 14.00 Uhr befanden sich in einer Entfernung von 50 bis 60 Meter vom Kontrollpunkt 10 Panzer (zwei von ihnen mit Planierschaufeln auf der Mitte der Friedrichstraße), ebenfalls fuhren dort drei Jeeps und vier gepanzerte Mannschaftstransportwagen auf.

Am 25. 10. um 12.50 Uhr bewegten sich über den Grenzkontrollpunkt Friedrichstraße fünf Jeeps mit jeweils vier Bewaffneten, um das amerikanische Fahrzeug mit den Zivilpersonen zu begleiten. Die gesamte Fahrzeuggruppe drang etwa 200 Meter

282 RGANI, 5/30/367, Bl. 162 f., Bericht von Generaloberst S.P. Ivanov an den Verteidigungsminister der UdSSR Marschall R.Ja. Malinovskij, 25. 10. 1961.

283 Auf dem Dokument befindet sich folgender handschriftlicher Vermerk: „An Genossen N.S. Chruščev zu senden. Malinovskij – 25. 10. 1961".

284 Belik, Petr Alekseevič (1909–1980). Armeegeneral (1969) – 1. Stellv. Oberbefehlshaber der GSSD. 1953 Abschluß an der Militärakademie des Generalstabes. 1960–1966 1. Stellv. Oberbefehlshaber der Gruppe der Sowjetischen Streitkräfte in Deutschland. 1966–1978 Chef des Militärbezirkes Transbaikal, dann bis 1979 Oberbefehlshaber des TVD (strategischen Operationsgebiets) Fernost.

auf das Territorium des Demokratischen Berlins vor und kehrte dann zurück. Dabei gab es keine Zwischenfälle. Zur gleichen Zeit wurde der Grenzkontrollpunkt von zwei amerikanischen Hubschraubern überflogen.

Um 15.00 Uhr am 25. 10. wurde die gesamte amerikanische Garnison in Gefechtsbereitschaft versetzt: Ausbildung und Übungsschießen wurden eingestellt, Kampftechnik aufgefahren, der Personalbestand befindet sich in Nähe der Technik.

Im Stationierungsraum der 2. und 3. Kampfgruppe[285] fuhren 6 Panzer auf, 5 Panzer befinden sich auf dem Appellplatz der Panzerkompanie[286] und fünf Panzer bewegen sich in Richtung Norden zur Autobahn Berlin-Marienborn.

Im englischen oder französischen Sektor wurde kein Alarm bei den Streitkräften beobachtet, lediglich die Patrouillen am Brandenburger Tor und am Potsdamer Platz wurden verstärkt (um bis 15–20 Mann).

Im Bereich des Tiergartens befinden sich vier amerikanische[287] gepanzerte Mannschaftstransporter, zwei rückstoßfreie Geschütze und vier Lastkraftwagen.

Der Kommandant des amerikanischen Sektors bat um ein Treffen mit unserem Kommandanten.

Das Treffen wird um 17.00 Uhr stattfinden,

Marschall der Sowjetunion KONEW hat persönlich über das Telefonsystem „VČ"[288] folgende Anweisungen an Generalleutnant Belik gegeben:

1. Am Grenzkontrollpunkt ist ein sowjetischer Offizier zu postieren.

2. Der Kommandant Berlins Oberst Solowjow[289] hat entschieden mit dem amerikanischen Kommandanten zu sprechen.

Iwanow

25. Oktober 1961   Generaloberst S.P. Iwanow[290]

---

[285] Amerikanische Truppenverbände jeweils in Bataillonsstärke, die in der McNair-Kaserne in Berlin-Lichterfelde stationiert waren.

[286] Die in West-Berlin befindliche „F" Panzerkompanie des 40. US-Panzerregiments war in der Turner-Kaserne in Berlin-Dahlem untergebracht.

[287] Da der Tiergarten zum britischen Sektor gehörte, müßte es sich hierbei eigentlich um Einheiten der britischen Berlin Indepent-Brigade-Group gehandelt haben.

[288] VČ (vysokoj častoty) – Hochfrequenz. Offizielle sowjetische Bezeichnung für das als abhörsicher geltende Regierungsfernmeldesystem der UdSSR.

[289] Solov'ev, Andrej I. (?–?). Generalmajor (1962) – Stadtkommandant. Vom 9. Mai 1961 bis zum 22. August 1962 sowjetischer Stadtkommandant von Berlin.

[290] Ivanov, Semen Pavlovič (1907–1993). Armeegeneral (1968) – stellv. Generalstabschef. 1939 Abschluß an der Frunse-Militärakademie, im 2. Weltkrieg Stabschef verschiedener Fronten. 1948–1952 Stabschef der GSSD, dann Stabschef des Militärbezirkes Odessa. 1953–1956 Stabschef des Militärbezirkes Moskau, 1956–1959 Stabschef des Militärbezirkes Kiew. 1959–1962 stellv. Chef des Generalstabes der Sowjetarmee. 1963 abgelöst und zum Chef des Militärbezirkes Sibirien ernannt. Ab 1968 Leiter der Militärakademie des Generalstabes, 1973 zur Gruppe der Generalinspekteure des Verteidigungsministeriums der UdSSR versetzt.

Dokument 37[291]

Geheim
Exemplar Nr. 1

Protokoll des Gespräches
zwischen dem Kommandanten der Garnison der sowjetischen Streitkräfte in Berlin
Oberst Solowjow und dem Kommandanten des amerikanischen Sektors in Berlin
Generalmajor Watson, vom 25. Oktober 1961

General Watson[292]: Ich bin zu Ihnen wegen eines ernsten Gespräches gekommen.
Wie Ihnen bekannt ist, besteht gegenwärtig am Grenzkontrollpunkt Friedrichstraße eine sehr ernste Situation, die dadurch entstanden ist, daß die Ost-Berliner
Polizei ohne jede gesetzliche Grundlage versucht, amerikanisches Personal bei der
Durchfahrt nach Ost-Berlin zu kontrollieren. Als ich am 26. August bei Ihnen war,
haben wir diese Frage erörtert und Sie haben mir damals erklärt, daß es keine Hindernisse für die Bewegung des amerikanischen Personals geben würde.

Oberst Solowjow: Wie Ihnen bekannt ist, bestehen für die Bewegungen von amerikanischem Militärpersonal keine Hindernisse.

General Watson: Sie versicherten mir damals, daß es keine Behinderungen bei den
Bewegungen von amerikanischem Personal geben würde.

Oberst Solowjow: Damit war das amerikanische Militärpersonal gemeint, es kann
die Grenze ungehindert passieren.

General Watson: Wir meinen, daß Personen, die sich in Fahrzeugen mit amerikanischen Nummern befinden, keiner Kontrolle unterliegen. Darüber hatte mein Poli-
tikberater Herr Trivers[293] am 17. Oktober ein Gespräch mit Oberstleutnant Lasarew[294]. Am 22.10. wurden unsere Fahrzeuge am Grenzübergang Friedrichstraße
festgehalten. Hinsichtlich dieser Frage fand an dem selben Tag ein erneutes Treffen
von Herrn Sabolyk[295] mit Oberstleutnant Lasarew unmittelbar am Grenzkontrollpunkt statt.
Dessen ungeachtet wurde heute bei der Durchfahrt ein amerikanisches Fahrzeug

---

[291] RGANI, 5/30/367, Bl. 167–171, Bericht des Verteidigungsministeriums der UdSSR an das
ZK der UdSSR über das Treffen von Oberst Solov'ev und General Watson, 26. 10. 1961.
[292] Watson, Albert II (1909–1993). Generalleutnant (1963) – Stadtkommandant. 1953–1954
Einsatz im Koreakrieg, 1960–1961 Kommandeur der in der Bundesrepublik stationierten 3.
US-Division, 1961–1963 amerikanischer Stadtkommandant von Berlin. 1963–1964 Befehlshaber der 3. US-Armee, 1964–1966 Kommandierender General des IX. US-Korps, 1966
Abschied aus dem aktiven Dienst.
[293] Trivers, Howard (*1909). Deutschlandexperte im State Department. 1957–1961 Politischer
Berater des amerikanischen Stadtkommandanten von Berlin. Ab 1962 Direktor der Abteilung Analyse und Untersuchung des Sino-Sowjetischen Blocks im Büro für Nachrichtendienst und Forschung des State Departments.
[294] Lazarev (?–?). Oberstleutnant – Mitarbeiter Stadtkommandantur. 1961 Politischer Berater
des sowjetischen Stadtkommandanten von Berlin.
[295] Sabolyk, Robert A. (?–?). Oberstleutnant – Militärpolizist. 1961 Chef der amerikanischen
Militärpolizei in Berlin.

am Grenzkontrollpunkt Friedrichstraße angehalten und von den Personen, die sich darin befanden, die Dokumente gefordert.

Wir meinen, daß die sowjetische Militärmacht verpflichtet ist, das Viermächteabkommen zu erfüllen. Die USA erkennt die DDR nicht an und deshalb wird sich das amerikanische Personal ihren Gesetzen nicht unterordnen.

Während unserer Treffen haben Sie den Wunsch geäußert, jede Art von Provokation zu vermeiden. Das heutige Ereignis ist ein ernster Zwischenfall, wir fordern, daß es keine Behinderungen bei den Bewegungen von amerikanischem Personal zwischen West- und Ost-Berlin gibt. Jetzt, während meiner Fahrt über den Grenzkontrollpunkt Friedrichstraße, sah ich dort zwei amerikanische Militärbusse, ich bitte zu prüfen, warum sie festgehalten werden und Anweisung zu geben, sie nach Ost-Berlin durchzulassen.

Oberst Solowjow: In der letzten Zeit haben die Provokationen von Seiten des amerikanischen Personals am Grenzübergangspunkt Friedrichstraße zugenommen. Diese äußern sich in dem Versuch, Zivilpersonen nach Ost-Berlin einfahren zu lassen, ohne daß diese Dokumente vorzeigen, die ihre Zugehörigkeit [zur amerikanischen Militärverwaltung – d.Ü.] bestätigen. Diese Fälle ereigneten sich am 22., 23. und 24. Oktober.

Den schwersten Zwischenfall gab es am Abend des 22. Oktobers, als Zivilpersonen, die mit dem Fahrzeug Nr. B-2000 fuhren, sich weigerten, ihre Dokumente vorzuzeigen und ihnen deshalb auf gesetzlicher Grundlage die Einreise in das Demokratische Berlin nicht gestattet wurde. Daraufhin drang der Chef der amerikanischen Militärpolizei Oberstleutnant Sabolyk zusammen mit neun bewaffneten Soldaten auf das Territorium der DDR vor. Dieser zum Himmel schreiende Akt einer bewaffneten Provokation wiederholte sich innerhalb einer halben Stunde.

Am 25. 10. um 7.45 wurde im Bereich des Grenzübergangs Friedrichstraße durch das amerikanische Militärpersonal eine neue, und in ihren Folgen noch gefährlichere, bewaffnete Provokation vorbereitet und durchgeführt. Ein Fahrzeug mit Zivilpersonen, das auf gesetzlicher Grundlage durch die Polizei der DDR festgehalten wurde, überquerte die Sektorengrenze unter dem Schutz von fünf Jeeps, in denen sich 20 bewaffnete und zum Kampf bereite Soldaten befanden. Nur die kaltblütige Selbstbeherrschung der Polizei der DDR verhinderte fatale Folgen dieses Zwischenfalls. Sie sollten verstehen, daß derartige Handlungen seitens der amerikanischen Besatzungsstreitkräfte nicht zu einer Verbesserung der Situation in Berlin führen, sondern diese lediglich verschärfen.

Das Vordringen bewaffneter amerikanischer Soldaten auf das Territorium des Demokratischen Berlins ist unvereinbar mit den existierenden Beziehungen zwischen Staaten und der Lage in Berlin, in Verbindung damit erhebe ich entschiedenen Protest und verlange, unverzüglich die Provokationen an der Sektorengrenze einzustellen. Im Wiederholungsfall könnten diese zu sehr gefährlichen Folgen führen, die Verantwortung hierfür würde allein bei der amerikanischen Militärmacht in Berlin liegen.

General Watson: Ich erkläre nochmals, daß das Festhalten von amerikanischem Personal am Grenzkontrollpunkt Friedrichstraße ernsten Charakter hat, dies ist eine sehr prinzipielle Frage, hier wird unser Prestige berührt. Ihre Bemerkungen werde ich meiner Regierung darlegen, aber bei der Wiederholung von ungesetzlichen Handlungen seitens der Ost-Berliner Polizei werden wir gezwungen sein, noch schärfere Maßnahmen zu unternehmen.

Ich bitte Sie, daß bis zur Regulierung der Frage der Paßordnung für das amerikanische Personal von Ihnen ein Posten am Grenzübergang Friedrichstraße aufgestellt wird, dem unser Personal ohne Frage seine Dokumente zeigen wird. Ich wiederhole nochmals, daß Fahrzeuge mit amerikanischen Nummern und die Personen, die sich in ihnen befinden, ungehindert Durchfahrt erteilt werden sollte.

Oberst Solowjow: Amerikanisches Personal in Uniform unterliegt, wie mir bekannt ist, keiner Kontrolle und wurde niemals von der Polizei der DDR am Kontrollpunkt festgehalten, was Personen in Zivilkleidung betrifft, so sollen diese nach den entsprechenden Verordnungen der Regierung der DDR ihre Dokumente den Grenzpolizisten vorzeigen, so daß diese sich versichern können, ob die Person zum amerikanischen Personal gehört. Unsere sowjetischen Bürger, die mir unmittelbar unterstellt sind, die im Gefängnis in Spandau[296] arbeiten sowie bei anderen Behörden, unterliegen bei der Einfahrt nach West-Berlin der Kontrolle durch die West-Berliner Polizei, und wir haben niemals dagegen protestiert. Was die Aufstellung eines unserer Posten am Grenzübergangspunkt Friedrichstraße betrifft, so ist dieses in den existierenden Übereinkünften nicht vorgesehen und auch nicht nötig, weil die Festlegung des Ausweisregimes ausschließlich in der Kompetenz der Regierung der DDR liegt. Ich sollte Ihnen mitteilen, daß Ihr Militärpersonal am Grenzübergang Friedrichstraße unsere Militärfahrzeuge anhält, unbeachtet davon, ob sich in ihnen Offiziere befinden, und wir haben in diesen Fällen nicht bei Ihnen protestiert.

General Watson: Dieser Fall ist mir nicht bekannt, dies wurde ohne meine Erlaubnis getan. Ich werde dies überprüfen und Anweisung dafür geben, daß sich dieses nicht wiederholt.

Oberst Solowjow: Sie sehen, daß diese Handlungen des amerikanischen Personals und der West-Berliner Polizei bei den Einheiten der sowjetischen Garnison in Berlin keinen Alarm ausgelöst haben und nicht zur Verlegung von militärischem Gerät an die Grenze geführt haben, wie dieses, gerade herausgesagt, heute unüberlegterweise seitens der amerikanischen Garnison getan wurde. Ihre Fahrzeuge, in denen sich Personen in Uniform befinden, wird niemand anhalten. Ich wiederhole nochmals, es geht ausschließlich um Personen in Zivilkleidung, sie sind verpflichtet an der Grenze ihre Dokumente zu zeigen, und dann wird es keine Zwischenfälle geben.

Oberst Watson: Ich möchte ihre Aufmerksamkeit darauf lenken, daß eine verschärfte und strengere Kontrolle am Grenzübergangspunkt Friedrichstraße erst in den letzten Tagen eingeführt wurde.

Oberst Solowjow: Wie Ihnen bekannt ist, wurde die Kontrolle des Verkehrs zwischen West-Berlin und dem Demokratischen Berlin durch die Regierung der DDR nach dem 13. August eingeführt; Neues gibt es hier nicht; die Polizei der DDR führt

---

[296] Im West-Berliner Bezirk Spandau befand sich das alliierte Kriegsverbrechergefängnis, das im regelmäßigen Wechsel von Soldaten der vier Siegermächte bewacht wurde.

lediglich die existierenden Instruktionen ihrer Regierung aus. Hinsichtlich des Festhaltens ihrer Busse ist mir absolut nichts bekannt, sie können nur festgehalten werden, wenn sich Personen in Zivilkleidung weigern, ihre Dokumente vorzuzeigen.

General Watson: Personen, die sich in diesen Bussen befinden, gehören zum amerikanischen Personal, ganz gleich womit sie bekleidet sind.

Oberst Solowjow: Ich kann Ihre Aufmerksamkeit nur nochmals darauf lenken, daß die Gesetze der DDR durch uns und Sie respektiert werden müssen, dann wird es keine Zwischenfälle geben.

General Watson: Ich erkläre nochmals, die Angelegenheit liegt nicht beim Vorzeigen von Dokumenten, das Wichtigste besteht in der Grundsätzlichkeit dieser Frage, mir ist nicht klar, weshalb in letzter Zeit eine derart strenge Kontrolle eingeführt wurde, in einer Zeit, in der unsere Regierungen Gespräche über Berlin führen.

Oberst Solowjow: Die Verfügungen über die Kontrolle von Zivilpersonen bestanden bereits früher. Es ist offensichtlich, daß in letzter Zeit Ihre Leute verstärkt in Zivilkleidung in das Demokratische Berlin fahren. Früher habe ich Sie nicht über die Festlegungen bei der Überquerung der Sektorengrenze informiert, die Verfügungen existierten bereits vorher.

General Watson: Die Zahl der Personen, die in Zivilkleidung die Grenze überqueren, hat sich nicht erhöht. Mir ist unverständlich, weshalb eine solche Strenge eingeführt wurde. Ich bitte Sie, auf die entsprechenden Instanzen in der DDR einzuwirken, damit am Grenzkontrollpunkt Friedrichstraße das amerikanische Personal ungehindert passieren kann.

Oberst Solowjow: Soweit mir bekannt ist, gab es am Regime der Ausweiskontrolle am Kontrollpunkt Friedrichstraße keine Änderungen. Ich weise Sie nochmals darauf hin, daß es für amerikanisches Militärpersonal keine Behinderungen bei der Einreise in das Demokratische Berlin gibt. Es gibt auch keine Behinderungen für amerikanisches Personal in Zivilkleidung, in dem Fall, wenn sie beim Überqueren der Grenze Dokumente vorzeigen, die ihre Identität bestätigen. Ich hoffe, daß es bei der Erfüllung dieser Formalität keine Mißverständnisse geben wird. Ich bitte Sie, diese Frage zu regulieren.

General Watson: Ich werde in dieser Frage meiner Regierung berichten und hoffe, daß Sie das ebenfalls tun werden.

26. Oktober 1961   S.P. Iwanow

Dokument 38[297]

Geheim
Exemplar Nr. 1

An das ZK der KPdSU

Ich berichte:

1. Die Situation in der Deutschen Demokratischen Republik und in Ost-Berlin war während des 26. Oktobers und in der Nacht zum 27. Oktober unverändert.

2. Die Streitkräfte der Westmächte und die West-Berliner Polizei setzten ihre Aufklärungstätigkeit und Patrouillen entlang der Sektorengrenze und am Ring um West-Berlin fort. Außerdem wird die Grenze durch Bodenposten und Hubschrauber beobachtet.

Die amerikanische Militärpolizei setzte ihre Patrouillen auf der Autobahn Helmstedt-Berlin mit vier Fahrzeugen fort.

3. Am 26. 10. um 16.15 Uhr verletzte ein amerikanischer Hubschrauber die Sektorengrenze und drang auf das Territorium des demokratischen Sektors in Berlin bis zum Gebiet Karlshorst vor.

Am 26. 10. um 17.00 Uhr fuhren am Grenzkontrollpunkt Friedrichstraße 12 amerikanische Panzer und 7 Jeeps mit Soldaten auf. In zwanzig Meter Entfernung vom Kontrollpunkt wurden auf westlicher Seite 10 Filmkameras aufgebaut.

Um 18.20 Uhr zogen sich die Panzer und Fahrzeuge mit Ausnahme von zwei Jeeps in den rückwärtigen Raum West-Berlins zurück.

Am 26. 10. um 17.50 Uhr überquerte ein amerikanisches Fahrzeug mit zwei Zivilpersonen und begleitet von drei Jeeps mit bewaffneten Soldaten den Kontrollpunkt Friedrichstraße, drang 200 Meter auf das Territorium des Demokratischen Berlins vor und kehrte dann zurück.

Am 26. 10. um 13.00 Uhr patrouillierten im Bereich des sowjetischen Ehrenmals im Tiergarten zwei gepanzerte Mannschaftstransporter, zwei rückstoßfreie Geschütze und vier Lastkraftwagen mit Soldaten der englischen Streitkräfte.

4. Am 26. 10. um 21.00 Uhr protestierte der Kommandant der sowjetischen Streitkräfte in Berlin beim Kommandanten des amerikanischen Sektors in West-Berlin gegen die unzulässigen Flüge amerikanischer Hubschrauber über dem Demokratischen Berlin sowie gegen die fortgesetzten provokativen Handlungen der Amerikaner am Grenzübergang Friedrichstraße.

Der Text des Protestes und die Antwort darauf sind beigefügt[298].

5. Während der vergangenen 24 Stunden flogen aus den USA nach Europa 19 Flugzeuge des Typs B-47[299], gleichzeitig kehrten 9 B-47 in die Vereinigten Staaten zurück.

---

[297] RGANI, 5/30/367, Bl. 174 ff., Bericht des Verteidigungsministeriums der UdSSR an das ZK der UdSSR über die Situation in Berlin und der DDR, 27. 10. 1961.

[298] Vgl. ebenda, Bl. 177 f. (hier nicht dokumentiert).

[299] Boeing B-47 Stratojet. Das sechsstrahlige Flugzeug, das eine Bombenlast von mehr als 20 Tonnen über eine Reichweite von 5800 km befördern konnte, bildete in den 50er und Anfang der 60er Jahre das Rückgrat des Strategischen Luftkommandos (SAC) der USA.

Am 27. 10. um 06.00 Uhr befanden sich auf den Luftbasen außerhalb der USA:
- im europäischen Raum 163 B-47 (in England – 65, in Spanien – 67, in Marokko – 31)
- in Fernost 54 B-47 und 3 B-52[300] (in Alaska 24 B-47 und 1 B-52, in Japan 6 B-47, auf den Inseln im Stillen Ozean 24 B-47 und 2 B-52).

Über den USA patrouillierten in der Luft 10 Flugzeuge des Typs B-52.

6. Folgende Manöver werden fortgesetzt:
- Übungen von Verbänden des 7. Armeekorps[301] der USA im Raum Bamberg, Nürnberg, München, Augsburg, Ansbach unter dem Codenamen „Herbstschild";
- Übung der vereinigten Seestreitkräfte der NATO im Nordatlantik zum Schutz der Seewege und zur U-Abwehr unter dem Codenamen „Sharp squall";
- an der Westküste der USA eine Übung der trägergestützten Angriffskräfte der 1. US Flotte unter dem Codenamen „Strike axe".
- eine Seeübung der US Flotte zur Eskortierung eines Konvois („Passrex") sowie eine Landungsübung der Marineinfanterie der USA im Bereich der Hawaii-Inseln („Silver sword").

Am 26.10. endete im Raum Malta eine Übung von U-Booten und U-Abwehrkräften der Seestreitkräfte der NATO. („Medsubasweeks").

7. Die Verlegungen von Einheiten der Panzerregimenter 4/68 und 3/32, die zum 18. Luftlandekorps gehören, aus den USA in die BRD werden fortgesetzt, ferner werden verlegt eine Abteilung 203,2mm Haubitzen[302] und eine Abteilung 155mm Haubitzen.

8. Am 26. Oktober diesen Jahres passierten den Grenzkontrollpunkt Marienborn Militärangehörige, Zivilbürger und Fahrzeuge der USA, Englands und Frankreichs:
- nach West-Berlin – 277 Personen und 23 Fahrzeuge;
- aus West-Berlin – 118 Personen und 23 Fahrzeuge.

In den Luftkorridoren folgen 135 Flugzeuge, davon:
- nach West-Berlin – 65 Flugzeuge;
- aus West-Berlin – 75 Flugzeuge.

9. Die Lage bei den Streitkräften der GSSD ist unverändert.

Im Zusammenhang mit der Beteiligung von amerikanischen Panzern an den Provokationen am Grenzübergang Friedrichstraße hat der Oberkommandierende der GSSD den Befehl gegeben, ein Panzerbataillon des 68. Panzerregiments der 6. Motorisierten Schützendivision (30 Panzer) in die Nähe dieses Gebiets zu verlegen und

---

[300] Boeing B-52 Stratofortress. Das ab Mitte der 50er Jahre gebaute achtstrahlige Flugzeug kann eine Bombenlast von mehr als 31 Tonnen über eine Reichweite von 14 000 km befördern. Versionen der B-52 stehen noch heute beim SAC im Einsatz.

[301] VII. US Army Corps (Stuttgart) – im Südwesten der Bundesrepublik stationierter operativer Truppenverband der zur damaligen Central Army Group (CENTAG) gehörenden 7. US-Armee. Zu seinem Bestand zählten 1961: die 4. US-Panzerdivision, die 24. US-Infanteriedivision (mechanisiert), das 2. US-Panzeraufklärungsregiment sowie selbständige Truppenteile und Einheiten.

[302] Haubitze: Artilleriegeschütz schweren und mittleren Kalibers für Flach- und Steilfeuer. Die US-Haubitzen der Kaliber 203mm und 155mm waren u. a. auch zum Verschuß von Kernladungen mit einer Sprengkraft von 0,8 Kt vorgesehen.

in den umliegenden Straßen zu postieren. Der Einsatz des Bataillons erfolgt nur auf Anweisung des Oberkommandierenden der Gruppe.

10. Am 27. 10. um 03.57 Uhr wurde mit funktechnischen Mitteln der Luftverteidigung über der Insel Saaremaa[303] in 11 000 Meter Höhe ein auf Ostkurs befindlicher und sich mit einer Geschwindigkeit von 150 km/h bewegender Ballon ausfindig gemacht. Um 07.10 Uhr befand sich der Ballon im Raum Nowgorod. Infolge des bedeckten Himmels konnten unsere Abfangjäger nicht aufsteigen. Maßnahmen zur Vernichtung werden mit Verbesserung des Wetters eingeleitet.

R. Malinowski
R. Malinowski
M. Sacharow
M. Sacharow

27. Oktober 1961
Nr. 80814

Dokument 39[304]

Eingang	Fernschreiben/Fernspruch/Funkspruch	Streng geheim! Nr. 99991
	FS-Nr. 906 vom 27. 10. 1961	Dringlichkeit Blitz
Absender:	Genosse Ulbricht – Moskau	
An	Polit-Büro – Genossen Matern	

Berlin, den 27. 10. 1961

Es ist momentan noch nicht zweckmäßig, über die Besprechung zwischen General Watson und Oberst Solowjow in der Presse zu berichten. Die bisherigen Anweisungen, daß Zivilpersonen der 3 Westmächte verpflichtet sind, Personalausweis vorzuzeigen, sind genau durchzuführen.

In der Presse vertreten wir unseren prinzipiellen Standpunkt, daß in der Hauptstadt der DDR die Kontrolle an der Westberliner Grenze zu den souveränen Rechten der Staatsorgane der DDR gehört.

Da wir die Lösung noch anderer Probleme vorbereiten, ist es nicht zweckmäßig, öffentlich die 3 Westmächte in übertriebener Weise anzugreifen, damit uns andere Maßnahmen nicht unnötig aus Prestigegründen erschwert werden.

Genosse Mielke ist anzuweisen, daß innerhalb von 3 Tagen ein Schlagbaum aus Stahl für die ganze Breite der Friedrichstraße fertiggestellt wird. Für den Zeitpunkt der Errichtung des Schlagbaums erfolgt besondere Anweisung.

Oberst Solowjow hat gegenüber den Westmächten eindeutig erklärt, daß die Kontrolle Sache der deutschen Volkspolizei ist. Er hat protestiert gegen den Akt des provokatorischen Eindringens in die DDR. Er hat Gegenmaßnahmen angekündigt.

---

[303] Vor der estnischen Küste in der südöstlichen Ostsee gelegene Insel, die damals zum Territorium der UdSSR gehörte.
[304] SAPMO-BA, DY 30/3291, Bl. 70, Telegramm von Ulbricht aus Moskau an Matern, 27. 10. 1961.

Außenminister Gromyko[305] hat den USA Botschafter Thompson[306] zu sich gebeten, um ihm eine gleiche Erklärung zu übermitteln.

Ulbricht

Dokument 40[307]

Geheim
Exemplar Nr. 1

An das ZK der KPdSU

Ich berichte:

1. Die Situation in der Deutschen Demokratischen Republik und in Ost-Berlin war während des 27. Oktobers und in der Nacht zum 28. Oktober unverändert.

2. Die Streitkräfte der Westmächte und die West-Berliner Polizei setzten ihre Aufklärungstätigkeit und die Patrouillen entlang der Sektorengrenze sowie am Ring um West-Berlin fort. Es wurde eine Verstärkung der Posten an der Sektorengrenze und am Ring um West-Berlin beobachtet.

Am 27. 10. um 17.55 Uhr wurde in der amerikanischen Garnison in Berlin Gefechtsalarm ausgelöst.

Die amerikanische Militärpolizei setzte ihre Patrouillen auf der Autobahn Helmstedt-Berlin mit vier Fahrzeugen fort. Von unserer Seite wurden diese Fahrzeuge unter ständige Kontrolle genommen, indem sie begleitet werden.

3. Die Amerikaner setzen ihre Provokationen im Bereich des Grenzübergangspunktes Friedrichstraße fort:

Am 27. 10. um 16.25 Uhr fuhren am Grenzkontrollpunkt Friedrichstraße 3 Jeeps und ein LKW mit 30 Soldaten auf. Hinter ihnen näherten sich 14 amerikanische Panzer, die vor dem Grenzübergang anhielten. Danach begleiteten die drei Jeeps mit jeweils vier Soldaten und fünf Soldaten zu Fuß, ohne ihre Dokumente vorzuzeigen, einen PKW mit Zivilpersonen durch den Kontrollpunkt und drangen einige Dutzend Meter auf das Territorium des Demokratischen Berlins vor.

Auf Befehl des Stellvertretenden Oberkommandierenden der GSSD wurde zum Bereich des Kontrollpunktes eine Kompanie unserer Panzer geschickt.

Nachdem sie die sich nähernden Panzer erblickt hatten, machte die gesamte Gruppe der Amerikaner (darunter auch die Panzer) kehrt und zog sich zurück.

---

[305] Gromyko, Andrej Andreevič (1909–1989). Sowjetischer Außenminister. Ab 1939 im diplomatischen Dienst tätig, 1943–1946 sowjetischer Botschafter in den USA, 1952/53 Botschafter in Großbritannien, 1949–1952 und 1953–1957 stellvertretender Außenminister der UdSSR, 1957–1985 Außenminister der UdSSR. 1956–1989 Mitglied des ZK der KPdSU, 1973–1988 Mitglied des Politbüros der KPdSU, 1985–1989 Vorsitzender des Präsidiums des Obersten Sowjets der UdSSR.

[306] Thompson, Llewellyn E. (1904–1972). US-Diplomat. Seit 1929 im diplomatischen Dienst, Osteuropa- und Sowjetexperte. 1957–1962 und 1967–1969 US-Botschafter in der UdSSR, Berater Kennedys während der Berlin- und der Kuba-Krise.

[307] RGANI, 5/30/367, Bl. 179–182, Bericht des Verteidigungsministeriums der UdSSR an das ZK der UdSSR über die Situation in Berlin und der DDR, 28. 10. 1961.

Um 19.20 Uhr wurde unsere Panzerkompanie zu ihrem Standplatz (1,5 km vom Kontrollpunkt) zurückgeführt.

Während dieser Zeit versammelten sich im Bereich des Grenzübergangs auf beiden Seiten bis zu 200 Personen, darunter auch Fotoreporter.

Um 19.40 Uhr fuhren am Grenzübergangspunkt Friedrichstraße erneut 8 amerikanische Panzer auf, woraufhin unsere Panzerkompanie ebenfalls zum Kontrollpunkt geschickt wurde.

Unsere und die amerikanischen Panzer stehen sich in einer Entfernung von ca. 100 m mit aufeinander gerichteten Kanonen gegenüber.

Auf Befehl des Oberkommandierenden der GSSD wurde am 28. 10. um 01.00 Uhr im Bereich des Operntheaters ein weiteres Panzerbataillon zusammengezogen, und seit dem Morgen des 28. 10. befinden sich hier 60 unserer Panzer.

Zur Beurteilung der Lage wurde am Grenzkontrollpunkt Friedrichstraße ein Beobachtungspunkt des Stabes der GSSD eingerichtet, auf dem sich der Stellvertreter des Oberbefehlshabers der Gruppe für Gefechtsausbildung und drei Offiziere befinden.

4. Am 27. 10. 61 erhielten wir die schriftliche Antwort des Chefkontrolleurs der amerikanischen Sektion der Berliner Luftsicherheitszentrale (BCVB), gleichzeitig gab der diensthabende Kontrolleur dieser Sektion unserem Vertreter eine mündliche Verlautbarung auf unseren Protest vom 26.10. wegen der Verletzung der Lufthoheit des demokratischen Berlins durch einen amerikanischen Hubschrauber. Die Texte der schriftlichen Antwort und der mündlichen Verlautbarung sind beigefügt[308].

Am 27. 10. um 17.00 Uhr wurde unsere Militärmission in Westdeutschland durch den amerikanischen Oberstleutnant Raymond[309] besucht, er teilte mit, daß am 28. 10. um 15.00 Uhr vor der Mission eine Demonstration (ca. 100 Personen) einer deutschen pazifistischen Organisation stattfinden wird, diese will ein Protestschreiben gegen die Atomversuche in der UdSSR übergeben. Raymond erklärte, wenn wir das Protestschreiben annehmen, wird sich die Demonstration rasch auflösen.

Dem Chef unserer Militärmission wurde Anweisung gegeben, keine Proteste anzunehmen und die Verantwortung für die Sicherheit der Mission dem amerikanischen Kommando zu übertragen.

5. Während der vergangenen 24 Stunden kehrten aus Europa 15 B-47 in die Vereinigten Staaten zurück.

Am 28. 10. um 06.00 Uhr befanden sich auf den Luftbasen außerhalb der USA:
– im europäischen Raum 148 B-47 (in England – 59, in Spanien – 60, in Marokko – 29)
– in Fernost 54 B-47 und 4 B-52 (in Alaska 24 B-47 und 1 B-52, in Japan 6 B-47 und 1 B-52, auf den Inseln im Stillen Ozean 24 B-47 und 2 B-52).

Über den USA patrouillierten in den vergangenen 24 Stunden 10 Flugzeuge des Typs B-52.

Die Atom-Raketen-U-Boote der USA „George Washington"[310], „Theodor Roose-

---

308 Hier nicht dokumentiert.
309 Nicht ermittelt.
310 Erste zur George Washington-Klasse gehörende Atom-Raketen-U-Boote der USA, seit

velt" und „Patrick Henry" setzen ihre Gefechtsfahrt im Nordmeer fort. Die „Abraham Lincoln" und die „Robert Lee" befinden sich auf dem Stützpunkt Holy Loch (England).

6. Folgende Manöver wurden im Verlauf des 27. 10. fortgesetzt:
- Übungen von Verbänden des 7. Armeekorps der USA im Raum Bamberg, Nürnberg, München, Augsburg, Ansbach unter dem Codenamen „Herbstschild";
- an der Westküste der USA eine Übung der trägergestützten Angriffskräfte der 1. US Flotte unter dem Codenamen „Strike axe".
- eine Seeübung der US Flotte zur Eskortierung eines Konvois („Passrex") sowie eine Landungsübung der Marineinfanterie der USA im Bereich der Hawaii-Inseln („Silver sword")
- Die Übung der vereinigten Seestreitkräfte der NATO im Nordatlantik zum Schutz der Seewege und zur U-Abwehr („Sharp squall") wurde am 27. 10. beendet.

7. Am 27. Oktober diesen Jahres passierten den Grenzkontrollpunkt Marienborn Militärangehörige, Zivilbürger und Fahrzeuge der USA, Englands und Frankreichs:
- nach West-Berlin – 346 Personen und 34 Fahrzeuge;
- aus West-Berlin – 280 Personen und 24 Fahrzeuge.
In den Luftkorridoren folgen 134 Flugzeuge, davon:
- nach West-Berlin – 67 Flugzeuge;
- aus West-Berlin – 67 Flugzeuge.

8. Die Lage bei den Streitkräften der GSSD ist unverändert.

9. Am 27. 10. 61 um 19.55 Uhr verstarb im Krankenhaus des Kreml der Chef der Akademie des Generalstabes Armeegeneral Malandin, G.K[311].

R. Malinowski
R. Malinowski
M. Sacharow
M. Sacharow

28. Oktober 1961
Nr. 80818

Ende 1960 im Einsatz, ausgestattet mit jeweils 16 Atomraketen des Typs Polaris A1, die eine Reichweite von ca. 2700 km hatten.

[311] Malandin, German Kapitonovič (1894–1961). Armeegeneral (1948) – Leiter der Akademie des Generalstabes. 1943–1945 Stabschef der 13. Armee, nach Kriegsende Stabschef der Zentralen Gruppe der Streitkräfte in Österreich. 1946–1948 Chef des Hauptstabes der Landstreitkräfte, 1948–1955 stellv. Chef des Generalstabes. 1955–1956 erneut Chef des Hauptstabes der Landstreitkräfte. 1956–1961 Chef der Akademie des Generalstabes.

Dokument 41[312]

Moskau, den 29. 10. 1961

An die
Mitglieder des Politbüros
Genossen Hermann Matern

Werte Genossen!

In der Frage der Sicherung unserer Grenze in Berlin gegenüber Westberlin scheint es ein Mißverständnis zu geben. Vor längerer Zeit wurde beschlossen, daß an den Hauptpunkten dieser Grenze pioniermäßig Panzerhindernisse errichtet werden sollen. Es wurde ausdrücklich gesagt, daß das notwendig ist westlich des Brandenburger Tors, am Potsdamer Platz und an anderen Stellen. Das ist deshalb erforderlich, damit der Gegner nicht in Versuchung kommt, an diesen Stellen unsere Drahthindernisse niederzuwalzen und eine politische Demonstration durchzuführen.
Leider hat das Ministerium für Nationale Verteidigung, das für diese Aufgabe verantwortlich ist, diese Anordnung bisher nicht durchgeführt. Ich bin also dafür, daß der Minister für Nationale Verteidigung gemeinsam mit dem Minister für Staatssicherheit an den politisch wichtigsten Grenzstellen solche Panzerhindernisse (Hokker) errichtet.
Gleichzeitig ist es notwendig, für die Friedrichstraße und für die anderen 6 Übergänge solche Panzerhindernisse vorzubereiten. Da angenommen werden muß, daß bei einer zeitweisen Sperrung der Friedrichstraße Okkupationstruppen aus Westberlin an den 6 anderen Übergängen durchzukommen versuchen, müssen also auch für diese Übergänge die Vorbereitungen beschleunigt getroffen werden. Es ist notwendig, dafür nicht nur erfahrene Pioniere auszuwählen, sondern auch Angehörige der Polizei oder Aktivisten des Betonbaus, die zum gegebenen Zeitpunkt schnell eingesetzt werden können.

Mit sozialistischem Gruß!
W. Ulbricht
W. Ulbricht

---

[312] SAPMO-BA, DY 30/3291, Bl. 71, Brief von Ulbricht aus Moskau an Matern, 29. 10. 1961.

Dokument 42[313]

Geheim
Exemplar Nr. 1

A n   d a s   Z K   d e r   K P d S U

Ich berichte:

1. Die Situation in der Deutschen Demokratischen Republik und in Ost-Berlin war während des 28., 29. Oktobers und in der Nacht zum 30. Oktober unverändert.

2. Die Streitkräfte der Westmächte und die West-Berliner Polizei setzten ihren Patrouillen- und Aufklärungsdienst entlang der Sektorengrenze und am Ring um West-Berlin fort. Die Beobachtung der Grenze erfolgte durch Bodenposten und periodische Aufklärungsflüge von Hubschraubern und Flugzeugen. Die Engländer richteten auf dem Gebäude des Reichstages einen Beobachtungspunkt ein. Im Zusammenhang mit einer Anweisung des Marschalls der Sowjetunion, Gen. I.S. KONEW, sind seit dem 29. 10. 08.00 Uhr Patrouillenfahrten von amerikanischen Fahrzeugen auf der Autobahn Berlin-Helmstedt untersagt.

3. Am 29. 10. um 14.00 Uhr überflog ein amerikanischer Hubschrauber in 800 bis 900 m Höhe die Sektorengrenze im Bereich des Grenzübergangspunktes Friedrichstraße und flog über den Karl-Marx-Platz in Richtung Brandenburger Tor wieder nach West-Berlin zurück.

4. Im Bereich Friedrichstraße:
   - in der Nacht zum 28. Oktober bis um 10.50 Uhr befanden sich dort 17 amerikanische Panzer und eine Panzerkompanie der GSSD;
   - am 28. 10. um 10.50 Uhr wurde unsere Panzerkompanie zum Operntheater hin (1,5 km nördlich des Grenzkontrollpunktes Friedrichstraße) abgezogen;
   - am 28. 10. um 12.00 Uhr zogen sich die amerikanischen Panzer in das rückwärtige Gebiet Westberlins zurück;
   - am 28. 10. um 16.00 versammelten sich auf West-Berliner Seite eine Menschenmenge von 1000–1500 Personen, die um 16.30 Uhr von der West-Berliner Polizei zerstreut wurde;
   - am 29. 10. um 14.30 Uhr kamen am Kontrollpunkt zwei Autobusse mit englischem Militär- und Zivilpersonal an. Die Zivilisten verweigerten das Vorzeigen von Dokumenten gegenüber den Grenzern der DDR. Die Autobusse wurden nicht durchgelassen und kehrten nach West-Berlin zurück. Um 17.20 fuhren die Autobusse erneut zum Kontrollpunkt und nach der Überprüfung der Dokumente wurden sie in das Demokratische Berlin durchgelassen.

Versuche der ungesetzlichen Einreise in das demokratische Berlin sowie andere Handlungen seitens der Amerikaner und Engländer gab es nicht.

5. Am 28. Oktober fand in Frankfurt am Main eine Demonstration von Einwohnern der Stadt statt, an der sich ca. 100 Personen beteiligten. Sie bewegte sich zur sowjetischen Militärmission, um einen Protestbrief gegen die Erprobung von Atomwaffen in der UdSSR zu übergeben. Der Chef unserer Mission verbot den fünf De-

---

313 RGANI, 5/30/367, Bl. 184 ff., Bericht des Verteidigungsministeriums der UdSSR an das ZK der UdSSR über die Situation in Berlin und der DDR, 30. 10. 1961.

legierten der Versammelten, sich auf das Territorium der Militärmission zu begeben. Es gab keine Zwischenfälle.

6. In der Zeit vom 28. bis zum 30.10. wurden keine nennenswerten Änderungen in der Gruppierung der Strategischen Luftstreitkräfte der USA in Europa und Fernost festgestellt.

Am 30.10. um 06.00 Uhr befanden sich auf den Luftbasen außerhalb der USA:
– im europäischen Raum 138 B-47 (in England – 55, in Spanien – 54, in Marokko – 29)
– in Fernost 54 B-47 und 4 B-52 (in Alaska 24 B-47 und 1 B-52, in Japan 6 B-47 und 1 B-52, auf den Inseln im Stillen Ozean 24 B-47 und 2 B-52).

Über den USA patrouillierten in der Luft 17 Flugzeuge des Typs B-52.

7. Vom 28. bis zum 30.10. diesen Jahres passierten den Grenzkontrollpunkt Marienborn Militärangehörige, Zivilbürger und Fahrzeuge der USA, Englands und Frankreichs:
– nach West-Berlin – 485 Personen und 43 Fahrzeuge;
– aus West-Berlin – 550 Personen und 49 Fahrzeuge.
In den Luftkorridoren folgen 236 Flugzeuge, davon:
– nach West-Berlin – 118 Flugzeuge;
– aus West-Berlin – 67 Flugzeuge.

8. Am 28.10. endete die Militärübung des 7. Armeekorps der USA unter dem Codenamen „Herbstschild".

Auf dem Truppenübungsplatz Grafenwöhr (55 km nordöstlich von Nürnberg) absolvieren gegenwärtig drei Raketenabteilungen der USA ihre Gefechtsausbildung.

R. Malinowski
R. Malinowski
M. Sacharow
M. Sacharow

30. Oktober 1961
Nr. 80837

Dokument 43[314]

MINISTERIUM
FÜR NATIONALE VERTEIDIGUNG
- Operative Verwaltung -   O.U., den 1961
G-Kdos-Tgb.-Nr.: V*a*/67/63   Geheime Kommandosache!
                                            ... Ausfertigungen
                                            1. Ausfertigung = *4* Blatt
Aktennotiz

Betr.: Stand der Erfüllung des Befehls 67/61 des Ministers für Nationale Verteidigung

---

[314] BA-MA, DVW-1/18791, Bl. 34–37, Aktennotiz von Oberst Skerra über den Stand der Erfüllung des Befehls 67/61, ohne Datum (Ende November/Anfang Dezember 1961).

Nach Rücksprache mit dem
- Stellv. des Chefs des Hauptstabes für Organisation
- Chef Nachrichten
- Chef Transportwesen
- Stabschef der Rückw. Dienste
- Stellv. des Chefs des Stabes für op. Fragen des Kommandos LSK/LV
- Leiter Operativ des Kommandos Volksmarine
ergibt sich folgender Stand der Erfüllung:

Zu 1.:
Entsprechende Anordnungen wurden herausgegeben.
Zu 2.:
Die Regelung der Entlassungen erfolgte durch die Anweisung 7/61 des Ministers für Nationale Verteidigung.
Die Auffüllung der Uffz.-Ausb.-Rgt.[315] erfolgte termingemäß.
Zu 3.:
Erfüllt.
Zu 4.:
Inkrafttreten der Stellenpläne ist erfolgt bzw. gewährleistet (LSK/LV).
Die Neuaufstellung der Leitungsbau- und Nachrichtenkompanie ist erfolgt, jedoch nur mit Ausbildungstechnik.
Die Aufstellung der Straßen- und Brückenbau-Ausb.-Btl. 3 und 5 ist abgeschlossen ohne Ausstattung mit Großtechnik.
Die Umgliederung des Eisenbahn-Pionier-Rgt. 2 ist abgeschlossen.
Zu 5.:
Die Vorbereitungen werden bis Ende November abgeschlossen.
Zu 6.:
Die Maßnahmen der erhöhten Gefechtsbereitschaft wurden bis auf weiteres verlegt[316].
Zu 7.:
Der Plan der Überprüfung der Gefechtsbereitschaft wurde erarbeitet und vom Minister für Nationale Verteidigung bestätigt.
Zu 8.:
(1) Die Übergabe von Na[317]-Kanälen wurde geübt. Eine weitere Übung wird vorbereitet.
(2) Die Entfaltung der Militär-Nachrichtenkommandanturen wurde zurückgestellt. Voraussetzungen zur Entfaltung sind geschaffen.
(3) Der Zustand der Nachrichten-Verbindungen in den Hauptrichtungen wird laufend überprüft.

[315] Uffz.-Ausb.-Rgt. – Unteroffiziersausbildungsregiment.
[316] Statt dessen blieben bis zum 5. 12. 1961 die bereits am 12. 8. 1961 festgelegten und mündlich befohlenen Maßnahmen der erhöhten Gefechtsbereitschaft in Kraft. Am 5. 12. 1961 legte Verteidigungsminister Hoffmann fest, daß die Maßnahmen der erhöhten Gefechtsbereitschaft gemäß Punkt 6 und Anlage Nr. 1 des Befehls 67/61 erst auf besondere Weisung in Kraft treten würden. Vgl. BA-MA, DVW-1/18791, Bl. 11, Schreiben vom Chef des Hauptstabes Riedel betr. Maßnahmen der erhöhten Gefechtsbereitschaft, 9. 1. 1962.
[317] Na – Nachrichten.

(4) Zur Schließung der nachrichtenmäßigen Übergänge zur VR[318] Polen wurden Konsultationen durchgeführt. Maßnahmen werden bis Mitte Dezember abgeschlossen.
Entsprechende Maßnahmen mit der CSSR sind vorbereitet.

Zu 10.:

(5) Die Brückenkonstruktionen wurden zum 20. 11. 1961 fertiggestellt. Die Zugänge können nicht ausgebaut werden, da es sich um Privatgelände handelt.

(6) Die erforderlichen Maßnahmen für die Konstruktion der restlichen Neiße-, der Elbe- und Muldeübergänge sind vorbereitet (Anordnung 11/61 des Vorsitzenden des Ministerrates).

(7) Die Sicherstellung der Verkehrswege und der Umgehungsmöglichkeiten ist ab 1. 11. 1961 gewährleistet.

(8) Die Erfassung aller schwimmenden Mittel ist durchgeführt. Hinsichtlich einer erforderlichen Konsultation mit Spezialisten der Sowjetunion sind Maßnahmen eingeleitet.

Zu 11.:

Diese Maßnahmen wurden am 1. 12. 1961 zurückgestellt.

Zu 12.:

Bedarfsrechnung durch den Chef Rückw. Dienste koordiniert. An der laufenden Präzisierung wird gearbeitet.

Zu 13.:

Die 1. Feuerabteilung des FR-16[319] ist einsatzbereit.
Praktische Flüge wurden durchgeführt.
Erarbeitet wurde ein Plan der Vorbereitung der Schaffung von materiell-technischen Mitteln für die Flugplätze, die für Manöver vorgesehen sind, mit Ausnahme der Munition der Ausweichführungsplätze Dresden, die in Bernburg lagert, Schönefeld, Lagerung in Eggersdorf und Alteno, Lagerung in Cottbus. Treibstoff für Alteno kann am Ort aufgrund fehlender Einlagerungsmöglichkeiten nicht gelagert, aber auf besonderen Befehl hingebracht werden.
Durch Kommandanturen, die durch die Fliegertechn.-Btl.[320] gebildet wurden, kann nach besonderem Plan der Einsatz auf Ausweich- und Manöverflugplätze erfolgen.
Eine Wartungsgruppe wurde in Marxwalde geschaffen, die auch durch das MfS bestätigt wurde.
2 Staffelkampfsätze Fla-Raketen[321] befinden sich in B-2[322] mit aufgeladenen Akku und werden auf besonderen Befehl mit Lufttransport sofort nach Marxwalde überführt. 2 Staffelkampfsätze Fla-Raketen befinden sich in B-2 ohne aufgeladenen

---

318 VR – Volksrepublik.
319 FR-16 – Fla-Raketenregiment 16. Das bei Bernau stationierte Fla-Raketenregiment 16 war mit Flugabwehrraketen des Typs V-750/SA-2 Guideline ausgestattet und gehörte zu der im Raum Berlin befindlichen 1. Luftverteidigungsdivision der LSK/LV.
320 Fliegertechn.-Btl. – Fliegertechnische Bataillone.
321 Hier sind RS-2U/AA-1-„Alkali" Luft-Luft-Raketen gemeint, die ab 1959 zur Bewaffnung des bei den LSK/LV eingeführten Jagdflugzeuges Mig-19PM gehörten. Die Mig-19PM war 1961 der einzige Flugzeugtyp der NVA, der über gelenkte Luft-Luft-Raketen verfügte.
322 B-2 – Bereitschaftsstufe 2.

Akku für den Fall der Verlegung des JG-3[323] nach *[?]*[324]. 1 Kettenkampfsatz Fla-Raketen befindet sich in B-1[325] an den Flugzeugen.

Das Befliegen der Flugplätze des Zusammenwirkens und der Funkmeßstationen wurde nach einem besonderen Plan durchgeführt.

Zu 14.:

In der Zeit vom 2.–11. 11. 1961 wurde verstärkte taktische Ausbildung in beiden Flottillen durchgeführt, bei der alle typischen Aufgaben unter schwierigsten Bedingungen geübt wurden.

Zu 15.:

Im Bereich der Volksmarine wurde mit dem Ausbau begonnen, für die Landstreitkräfte wurden erforderliche Investitionen geplant.

Zu 16.:

a) Es wurden Maßnahmen eingeleitet, die eine 50%ige Auslagerung an Versorgungsgütern und eine Lagerung an Vorräten in den erforderlichen Richtungen ermöglichen. Vorschläge wurden dem Chef des Hauptstabes unterbreitet, die nochmals überarbeitet werden müssen.

b) Auf Anweisung des Ministers für Nationale Verteidigung vom 8. 11. 1961 wurde die Durchführung dieser Maßnahme zurückgestellt.

Zu 17.:

Erfüllt.

Zu 18.:

Vorbereitungen wurden bis zum 30. 11. 1961 abgeschlossen.

Stellv. d. Chefs d. Hauptstabes
für operative Fragen

– Oberst –   (S k e r r a[326])

---

[323] JG-3 – Jagdgeschwader 3. In Preschen stationierter Fliegertruppenteil, der als einziger innerhalb der LSK/LV insgesamt 12 Jagdflugzeuge des Typs Mig-19PM im Bestand hatte.

[324] Ortsangabe fehlt.

[325] B-1 – Bereitschaftsstufe 1.

[326] Skerra, Horst (*1930). Generalleutnant (1977) – Stellv. Chef des Hauptstabes der NVA. Ausbildung zum Traktoristen. 1949 Eintritt in die KVP. 1951 bis 1952 Offiziershörer an der VP-Schule Kochstedt, dann von 1952 bis 1956 Studium an einer sowjetischen Militärakademie. 1956 bis 1960 Leiter einer Unterabteilung in der Verwaltung Operativ des MfNV. Ab 1960 Stellv. Chef des Hauptstabes der NVA. Im Sommer 1961 zum Oberst befördert. 1964 bis 1966 an der Generalstabsakademie der UdSSR in Moskau, dann Kommandeur der 1. MSD. 1969 bis 1973 Stabschef des MB III, von 1974 bis 1976 Chef der Verwaltung Operativ im MfNV. 1976 bis 1982 Chef des MB III, dann bis 1989 Chef des Stabes im Kommando Landstreitkräfte (Potsdam-Geltow). 1990 Ernennung zum Chef der Landstreitkräfte, seit 30. 9. 1990 im Ruhestand.

Dokument 44[327]

Geheime Verschlußsache!
GVS-Tgb.-Nr.[328]: V/3408/61
Geheime Verschlußsache!
1. Ausfertigung = 8 Blatt
2 Anlage/n   = 3 Blatt
Insgesamt   = 11 Blatt

Bestätigt:

am: *14. 12.* 1961

Vorsitzender   *W Ulbricht*
des Nationalen Verteidigungsrates   /W. Ulbricht/

P R O T O K O L L
über
die Übergabe der Deutschen Grenzpolizei durch das Ministerium des Innern und die
Übernahme der Grenztruppen durch das Ministerium für Nationale Verteidigung

----

1. Die Übergabe der Grenztruppen erfolgt auf der Grundlage des Befehls Nr.
   1/61[329] des Vorsitzenden des Nationalen Verteidigungsrates vom 12. 09. 1961 sowie des Übergabeplanes des Ministers des Innern und des Ministers für Nationale Verteidigung vom 06. 09. 1961[330] in der Zeit vom 15. 09. – 30. 09. 1961.

2. Die Chefs der Verwaltungen, Waffengattungen und Dienste des Ministeriums für
   Nationale Verteidigung haben sich auf ihren Gebieten mit dem Zustand der
   Grenztruppen bekannt gemacht und eine allgemeine Übernahme vollzogen. Ent-
   sprechende Protokolle, gemäß Anlage, wurden angefertigt.

3. Die Grenztruppen wurden am 15. 09. 1961 mit einer Stärke von

2 Generalen
4 167 Offizieren
6 617 Unteroffizieren
27 532 Soldaten

Gesamtstärke   38 318 übergeben.

Von der Gesamtstärke – mit Stichtag 30. 06. 1961 – sind 42% = 12 064 Mitglieder
und Kandidaten unserer Partei, davon:

---

[327] BA-MA, AZN 30885, o. Bl., Protokoll über die Übergabe der Deutschen Grenzpolizei
durch das Ministerium des Innern und die Übernahme der Grenztruppen durch das Ministerium für Nationale Verteidigung, bestätigt am 14. 12. 1961; auch in ebenda,
DVW-1/39465, Bl. 99–108, 8. NVR-Sitzung, TOP 9.: Bestätigung des Protokolls der Übernahme der Deutschen Grenzpolizei in das Ministerium für Nationale Verteidigung, Anl. 11,
29. 11. 1961.
[328] GVS-Tgb.-Nr. – Geheime Verschlußsachen-Tagebuch-Nummer
[329] Vgl. Dokument 34.
[330] Vgl. Dokument 33.

33,7% Offiziere
32,7% Unteroffiziere
33,6% Soldaten
Die FDJ-Organisation umfaßt 19607 Mitglieder.

Vom 01. 01. bis 15. 09. 1961 stellten 3600 Angehörige der Grenztruppen den Antrag, Kandidaten der Sozialistischen Einheitspartei Deutschlands zu werden.
Die Parteiorganisationen der Grenztruppen gewährleisten die führende Rolle der SED in den Verbänden, Truppenteilen und Einheiten.

Die Soldaten, Unteroffiziere und Offiziere stehen treu zur Partei und Regierung und erfüllen ihre militärischen Pflichten.
Die Mehrheit von ihnen übernahmen *[sic!]* Verpflichtungen im Sozialistischen Wettbewerb und kämpfen *[sic!]* um Bestentitel.

Mit dem Stand[331] vom 15. 09. 1961 haben sich 50,2% der Soldaten und Unteroffiziere, deren Dienstzeit im Herbst 1961 abläuft, weiterverpflichtet.
Für vorbildliche Pflichterfüllung konnten bisher im Jahre 1961 40581 Belobigungen und Auszeichnungen ausgesprochen bzw. verliehen werden.
Bei der Erhöhung der Sicherheit und Ordnung im Grenzgebiet hat sich das Verhältnis der Soldaten, Unteroffiziere und Offiziere zu den Werktätigen weiter gefestigt.

Trotzdem kann der politisch-moralische Zustand der Grenztruppen nicht befriedigen, da insbesondere die Zahl der Fahnenfluchten und anderen besonderen Vorkommnisse sehr hoch liegt. Vom 01. 01. bis 15. 09. 1961 wurden fahnenflüchtig:

　　　　3 ehemalige Offiziere
　　　22 ehemalige Unteroffiziere und
　　132 ehemalige Soldaten,

davon 28 Mitglieder und Kandidaten der SED und 109 FDJ-Mitglieder.
Den Schwerpunkt der besonderen Vorkommnisse bilden die 2. und 3. Grenzbrigade.
Im 1. Halbjahr 1961 gab es 6078 Disziplinarverstöße sowie 149 Fälle von Vergehen gegen die militärische Disziplin und Ordnung. Schwerpunkt sind Verstöße gegen Befehle und Forderungen der Dienstvorschriften wie: Wachvergehen, Nichtausführung von Befehlen, Urlaubsüberschreitungen und unerlaubtes Entfernen von der Truppe. Fälle von Hetze gegen den Staat und Kontaktaufnahmen mit dem Gegner durch Grenzposten traten auf.
Das Hauptkettenglied ist die Verbesserung der politisch-ideologischen Erziehungsarbeit, vor allem in den Kompanien und Stäben. Eine Veränderung des politisch-moralischen Zustandes kann nur durch eine Summe von Maßnahmen auf allen Gebieten erreicht werden.

4. Der Offiziersbestand der Grenztruppen war am 15. 09. 1961 zu 92,3%, der Unteroffiziersbestand zu 90,8% aufgefüllt. In der Iststärke der Soldaten sind 10234 = 37,2% Neueingestellte enthalten, die sich zur Zeit in der Grundausbildung befinden.

---

[331] Maschinenschriftlich: Stab; handschriftliche Korrektur.

Soziale Zusammensetzung:

	Offiziere:	Unteroffiziere:	Soldaten:
Arbeiter	82,9%	82,9%	80,2%
Angestellte	7,7%	7,6%	8,7%
Sonstige	9,3%	9,5%	11,2%

Kommandeure und Stäbe beherrschen im wesentlichen die Organisation und Führung der normalen und verstärkten Grenzsicherung.

Sie sind ungeübt in der Erfüllung ihrer Aufgaben bei komplizierter Lage und verkürzter Vorbereitungszeit.

Schwach wird die Organisation der militärischen Sicherung der Staatsgrenze beherrscht.

Die militärische Qualifizierung der Offiziere einschließlich der Polit-Offiziere ist erforderlich. Die Qualifikation des Unteroffizier-Korps bedarf einer dringenden Verbesserung. Der Ausbildungsstand der Grenzkompanien gewährleistet die Sicherung des Grenzabschnittes; die Durchführung von Gefechtshandlungen nur unter einfachen Bedingungen. Die Spezialeinheiten haben einen befriedigenden Ausbildungsstand.

5. Das bisherige System der Grenzsicherung entspricht nicht den militärischen Forderungen. Die Staatsgrenze zur Westzone ist eine offene Grenze mit einer Länge von 1370 km, von denen lediglich nur 130 km = 9,5% durch einfache Drahtsperren auf zwei Pfählen gesichert sind.

Außerdem war durch ungenügende Auffüllung bis zum 15. 09. 1961 eine unzureichende Postendichte vorhanden.

Die Gefechtsausbildung der eingesetzten Grenzsoldaten entspricht noch nicht voll den Forderungen, die an sie zur zuverlässigen Sicherung der Staatsgrenze gestellt werden.

Mit den vorhandenen Kräften und Mitteln sind die Grenztruppen lediglich in der Lage, die Aufgaben im 500-m-Streifen[332] zu erfüllen. Es ist zu überprüfen, welche Aufgaben durch andere Organe erfüllt werden können.

Von den Grenztruppen sind eingesetzt:

- an der Staatsgrenze zur Westzone   68%
- an der Küste   6%
- an der Staatsgrenze zur VR Polen   4%
- an der Staatsgrenze zur CSSR   2%
- sonstige (Kdo., Schulen, Sonderobjekte)   20%

Der zuverlässige und wirksame Schutz der Staatsgrenze West erfordert den verstärkten, systematischen Aufbau des Sperrsystems und die Verbesserung der Standortverteilung der Grenztruppen.

---

[332] Schon 1952 wurden die Sicherheitsmaßnahmen entlang der Demarkationslinie zwischen Ost- und Westdeutschland verschärft. Eine neu eingerichtete Sperrzone bestand aus einem 10-m-Kontrollstreifen, in dem alle Häuser und natürlicher Bewuchs entfernt wurden, einem 500-m-Schutzstreifen und einer 5-km-Sperrzone, in denen der Aufenthalt nur mit einer besonderen Genehmigung erlaubt war. Vgl. Schultke, „Keiner kommt durch", S. 34.

6. Der Zustand der Bewaffnung und Kfz.-Technik ist befriedigend.
   Mängel bestehen im folgenden:
   – Die Bewaffnung und Ausrüstung besteht vorwiegend aus älteren Typen, die
     infolge jahrelanger Nutzung nur bedingt brauchbar sind;
   – die Einsatzbereitschaft wird zum Teil herabgesetzt, weil vielfach Ersatzteile
     fehlen, deren Produktion seit Jahren eingestellt wurde;
   – die strukturmäßige Bewaffnung ist teilweise mit nichtartverwandtem Ersatz
     aufgefüllt; die vorhandene Kfz.-Technik ist zum größten Teil veraltet und
     nicht geländegängig.
     Dadurch ist die Manövrierfähigkeit der Grenztruppen stark eingeschränkt, es
     fehlen SPW[333];
   – die Einsatzbereitschaft der gepanzerten Fahrzeuge, besonders der SFL[334] so-
     wie der Boote ist durch Überalterung erheblich gemindert.

Auf fast allen Gebieten gibt es gegenüber dem Soll ein beträchtliches Fehl; die
Bereitstellung größerer finanzieller Mittel für die nächsten Jahre macht sich deshalb zur Auffüllung der materiellen und technischen Mittel erforderlich. Der Bestand an Hauptarten der Bewaffnung und Ausrüstung mit den Einsatzkoeffizienten ist in der Anlage Nr. 1[335] enthalten.

7. Die Nachrichtenverbindungen der Führung sind nach dem Unterstellungsverhältnis auf der Grundlage der zu lösenden Aufgaben sowie der vorhandenen
   Kräfte und Mittel organisiert. Die Funkverbindungen sind abwärts der Brigaden
   bis zu den Kompanien stabil. In der Ebene Kommando werden sie durch das
   Fehlen leistungsstarker Sender stark beeinträchtigt.

Drahtverbindungen entsprechen den Erfordernissen bei normaler Lage. Ihre Sicherstellung unter Gefechtsverbindungen[336] ist zur Zeit nicht gewährleistet.
Das Grenzmeldenetz befindet sich in gutem, die Feld-Dauerlinie in zum Teil un-
befriedigendem Zustand.

Das gesamte System der Verbindungen des Zusammenwirkens muß auf der
Grundlage der Umunterstellung neu organisiert werden. Die stationäre Technik
ist veraltet und in einem zum Teil unbefriedigenden Zustand.
Eine organisierte Instandsetzung der Technik ist zur Zeit weder kräfte- noch mit-
telmäßig sichergestellt.

8. Die Rückwärtigen Dienste der Grenztruppen sind gegenwärtig in der Lage, die
   Versorgung der Verbände, Truppenteile und Einheiten unter den Bedingungen
   der normalen Grenzsicherung zu organisieren.

Zur Lösung von Versorgungsaufgaben unter gefechtsmäßigen Bedingungen fehlen die erforderlichen Transporteinheiten, Einrichtungen und Vorräte.
Die Medizinischen Dienste verfügen nur in der Ebene der Grenzbereitschaften

---

333 SPW – Schützenpanzerwagen.
334 SFL – Selbstfahrlafette(n).
335 Hier nicht dokumentiert.
336 Gemeint ist hier: unter Gefechtsbedingungen.

über eigene Einrichtungen. Sie sind entsprechend den Normen der NVA in der Grenzbereitschaft ausgestattet.

Klinische Behandlungen werden in zivile Einrichtungen überwiesen.

Die Wintereinkleidung ist noch nicht in vollem Umfang gewährleistet.

Das Kommando ist nicht in der Lage, infolge von Neueinstellungen entsprechend den vorhandenen eigenen Beständen, unter Berücksichtigung der noch zu realisierenden Mengen aus dem Waren- und Materialplan 1961 und den lt. Protokoll vom 26.9.61 durch das Ministerium des Innern dem Kommando der Grenztruppen zur Verfügung gestellten Menge, die materielle Sicherstellung für die Winterbekleidung bzw. Resteinkleidung der Neueinstellung zu gewährleisten.

Es macht sich die Erarbeitung von Nachtragsplänen zum Waren- und Materialplan 1961 und zu dem vorläufig bestätigten Waren- und Materialplan 1962 erforderlich.

Die Unterkünfte der Grenztruppen sind zu ca. 1/3 Massivobjekte und zu 2/3 Barackenobjekte. Die Barackenobjekte wurden in der Zeit von 1948–1954 gebaut und befinden sich zum größten Teil in einem unbefriedigenden baulichen Zustand. Darüber hinaus entspricht die Standortverteilung nicht den Forderungen der zuverlässigen Sicherung der Staatsgrenze. Bei diesen Objekten ist ein kontinuierliches Ablöseprogramm mit Massivobjekten in den nächsten fünf Jahren erforderlich. Die Grenztruppen verfügen zur Zeit über nur 1/3 der erforderlichen Wohnungseinheiten für die Stäbe. In den Kompaniebereichen ist der Wohnraum nicht im vollen Umfang vorhanden.

Dem Ministerium für Nationale Verteidigung werden die Objekte gemäß Objektliste des Ministeriums des Innern übergeben.

Die Übergabe der Versorgungslager Löcknitz und Torgau mit sämtlichen Kräften und Mitteln erfolgt bis zum 31. 12. 1961.

9. Die stationären Werkstätten für die Instandsetzung der Bewaffnung und Technik sind teilweise in behelfsmäßigen Räumen untergebracht und in der Lage, mittlere Instandsetzungen der Artl.[337]-Bewaffnung, Grundüberholung der Infanterie-Bewaffnung, laufende Instandsetzungen der Panzer und gepanzerten Fahrzeuge, laufende und zum Teil mittlere Instandsetzungen bei Kraftfahrzeugen und laufende Instandsetzungen an den Geräten des Pionier- und Chemischen Dienstes auszuführen.

Vorgesehene Komplexwerkstätten für die Kfz.[-] und Waffeninstandsetzung sind im Bauplan bis 1965 enthalten.

Die Instandsetzung unter gefechtsmäßigen Bedingungen ist zur Zeit nicht voll gewährleistet.

Minister des Innern   Minister für Nationale Verteidigung
– Generalleutnant –   – Armeegeneral –

    Maron   *Hoffmann*
  /M a r o n/   /H o f f m a n n/

---

[337] Artl. – Artillerie.

Dokument 45[338]

Geheime Verschlußsache   Geheime Kommandosache
                                          27 (persönlich) 27[339] 11/62

DEUTSCHE DEMOKRATISCHE REPUBLIK   *4. Ausf. 2 Bl.*

NATIONALER VERTEIDIGUNGSRAT
DER VORSITZENDE

Minister des Innern
Genosse Generaloberst Karl M a r o n

B e r l i n

BEFEHL

22. 8. 1962   Berlin

Inhalt: Maßnahmen zur Gewährleistung der Sicherheit der Hauptstadt der Deutschen Demokratischen Republik

---

Zur Gewährleistung der Sicherheit der Hauptstadt der Deutschen Demokratischen Republik, Berlin, und der damit verbundenen Aufgaben

BEFEHLE ICH:

1. Mit Wirkung vom *23. 8. 62* werden die
   1. Grenzbrigade (B)
   2. Grenzbrigade (B)
   4. Brigade (Ausbildungsbrigade)[340]

   aus dem Bestand des Ministeriums des Innern herausgelöst und dem Minister für Nationale Verteidigung unterstellt.

2. Die Übergabe und Übernahme der drei Brigaden beginnt am *23.8.62* und ist bis zum *6.9.62* abzuschließen. Der Stadtkommandant der Hauptstadt der Deutschen Demokratischen Republik ist Kommandeur der Grenztruppen Berlin[341].

3. Dem Minister für Nationale Verteidigung sind zu übergeben und in Rechtsträgerschaft zu übertragen:

---

[338] BA-MA, DVW-1/40338, Bl. 180f., Befehl des Vorsitzenden des Nationalen Verteidigungsrates über Maßnahmen zur Gewährleistung der Sicherheit der Hauptstadt der Deutschen Demokratischen Republik, 22. 8. 1962.
[339] Stempelaufdruck.
[340] Eine 3. Brigade fehlt bzw. die Nummer wurde nicht vergeben.
[341] Vgl. zum Stadtkommandanten auch BA-MA, DVW-1/39469, Bl. 13–19, 12. NVR-Sitzung, TOP 1.: Bericht über die Gewährleistung der Sicherheit an der Staatsgrenze nach Westberlin, Anl. 2, 14. 9. 1962, sowie ebenda, DVW-1/39470, Bl. 18–21, 13. NVR-Sitzung, TOP 3.: Statut des Stadtkommandanten der Hauptstadt der Deutschen Demokratischen Republik, Berlin, und Bezeichnung des Wachregiments der Nationalen Volksarmee, Anl. 3, 23. 9. 1962.

- alle Objekte, Liegenschaften, Lager und sonstige Einrichtungen, die zum Zeitpunkt der Übergabe durch diese drei Brigaden genutzt werden;
- alle Unterlagen wie Vorplanungen, Projekte, Pläne, Verträge usw. sowie zu diesem Zweck bereitgestellte bezw. geplante materielle und finanzielle Mittel.

4. Am *10. 9. 62* ist mir über die Durchführung dieses Befehls Vollzug zu melden.

5. Dieser Befehl ist außer der Urschrift am 1. 2. 1963 zu vernichten.

W. Ulbricht
Walter Ulbricht

Dokument 46[342]

Auszug aus einem Pressegespräch des in den Westen geflohenen
Regimentskommandeurs der NVA Oberstleutnant Martin Herbert Löffler, 1962

Löffler:
Wir waren praktisch, das ganze Regiment, immer konzentriert, d.h. einzelne Einheiten, Bataillone hatten verschiedene Räume bezogen in einer Entfernung von 600 m bis zu $1^1/_2$ km von der Grenze weg. Mein Gefechtsstand selbst befand sich unmittelbar im Objekt und voraus war die Bereitschaftspolizei und die Grenztruppen[343]. Hinter uns war die sowjetische Armee.

Frage *[eines Journalisten]*:
Waren Ihre Einheiten überhaupt vorbereitet auf die Möglichkeit eines bewaffneten Konfliktes mit den Alliierten?

Löffler:
Jawohl, wir wurden bereits mehrere Tage zuvor konzentriert. Dort war die gesamte Division konzentriert und eine Gruppe des Ministeriums hat die Division inspiziert und ihr sozusagen den letzten Schliff gegeben, die volle Marschbereitschaft, Gefechtsbereitschaft der ...

Frage:
Wurde Ihnen auch gesagt, daß die Möglichkeit eines Angriffs der Bundeswehr ...

Löffler:
Nein. Ich möchte sagen, daß man uns dieses nicht im voraus gesagt hat, warum man uns dort konzentriert, sondern erst in der Nacht bzw. am späten Abend vom 12. zum 13. wurde ich persönlich zum Minister berufen und dort bekamen wir dann praktisch die einzelnen Befehle.

---

[342] BA-MA, BW-1/21656, Bl. 10–12, Auszug aus Pressegespräch mit Martin Herbert Löffler, moderiert vom damaligen Leiter des Informations- und Pressestabes im Bundesministerium der Verteidigung, Oberst i.G. Gerd Schmückle, ohne Datum (1962).

[343] Löffler meint: Grenzpolizei. Die Deutsche Grenzpolizei wurde erst mit einem Befehl des Vorsitzenden des Nationalen Verteidigungsrates, Walter Ulbricht, vom 12. 9. 1961 zu Grenztruppen umformiert und dem Ministerium für Nationale Verteidigung unterstellt.

Frage:
Wann war es zum ersten Mal, daß Sie davon gehört haben, daß sich in Berlin etwas tun würde? Daß eine Mauer gebaut werden sollte? Gab es darüber Geheimbefehle?

Löffler:
Nein, nichts. Den ersten Befehl für die Schließung der Grenze sozusagen hatten wir bekommen in der Nacht vom 12. zum 13. in Strausberg, genau in Wilkendorf im Schloß.

Frage:
Ist beim Empfang beim Minister in dieser Nacht irgend etwas gesagt worden, was Sie tun sollten, wenn es zu Auseinandersetzungen kommt. Sind dort nähere Anweisungen gegeben [worden], falls es zu Auseinandersetzungen kommt?

Löffler:
Nein.

Frage:
Haben Sie, als die Mauer errichtet wurde, in Ihren Offizierskreisen damit rechnen müssen, daß die Mauer eingerissen würde bzw., wenn sie eingerissen würde, wie Sie sich zu verhalten hatten?

Löffler:
Nein.

Frage:
Können Sie etwa sinngemäß wiederholen, was dort in Strausberg vor [von] dem Minister gesagt wurde?

Löffler:
Ja, mit wenigen Worten nur. Ich bekam einen Umschlag mit der Aufschrift „persönlich", unten links in der Ecke war der Stempel des Ministers. Auf dieser Karte stand: Sie werden eingeladen zu einer Filmveranstaltung heute abend, ich kann jetzt nicht hundertprozentig sagen, 18 oder 19 Uhr[344], mit einem anschließenden Abendessen. Anzug: Dienstanzug. Da habe ich gesagt, mir war dann klar, daß irgend etwas kommen mußte, denn es war das erste Mal, daß man Offiziere einlud zum Abendessen mit Stiefeln, nicht? Wir kamen dort hin, haben dort gewartet. Es waren anwesend alle Regimentskommandeure mit ihren Polit-Stellvertretern von den zwei mot. Schützendivisionen, die eingesetzt wurden für Berlin, und zwar bekanntlich die 8. mot. Schützendivision, die Schweriner Division, im Zentrum von Berlin und die 1. mot. Schützendivision, [an] dem Außenring. Anwesend waren außerdem noch alle Divisionskommandeure mit ihren Politstellvertretern und einige Generale bzw. noch die Chefs der Militärbezirke. Es war dort ein sogenanntes Stehbankett vorbereitet, der Minister kam, hat jeden begrüßt und sagte, werden wir erstmal etwas zu uns nehmen und nachher sehen wir uns einen Film an. Wir haben dort erst den Imbiß genommen, sind dann zum Film und anschließend sagte er dann, so ich bitte

---

[344] Laut Hans Leopold, damals in der Politischen Hauptverwaltung der NVA für die Jugendarbeit zuständiger Abteilungsleiter, trafen die Offiziere bereits zwischen 17.00 Uhr und 17.30 Uhr in Wilkendorf ein. Vgl. Dokument 47.

noch, daß jeder seinen Stuhl mitnimmt, wir gehen jetzt etwas höher. Da sind wir in den ersten Stock gegangen, dort wurde dann die Aufgabe bzw. die Lage erläutert. Er sagte weiterhin noch, so um 10 Uhr[345] werden sich die Politstellvertreter in Marsch setzen zu den Regimentern und werden die Regimenter zur Grenze führen. Fassen Sie das nicht auf, Kommandeure, als irgendein Mißtrauen, aber das ist eine Frage der Geheimhaltung. Sie werden kurz nach 12 *[Uhr]*[346] dieses Haus verlassen und dann zu Ihren Einheiten zurückfahren, die sich bereits auf dem Marsch befinden. Wir haben dann noch sozusagen gemütlich beisammen gesessen und sind dann genau 0.15 Uhr zu unseren Einheiten gefahren.

Frage:
Ist es nicht ungewöhnlich, daß die Kommandeure dabehalten wurden*[?]* Wurden Fragen gestellt?

Löffler:
Für uns war es ungewöhnlich, weil es in der Regel so ist, daß der Politstellvertreter selbst keine militärischen Kenntnisse bzw. sehr mangelhafte militärische Kenntnisse besitzt. Wir selbst als Kommandeure waren in Sorge, deshalb haben wir auch die Frage gestellt, und uns wurde nur erklärt, das ist eine Frage der Geheimhaltung, das müssen Sie verstehen, und der Politstellvertreter bekommt eine Karte mit den taktischen Befehlen darauf, und er kommt bestimmt klar mit dieser Karte. Das war die ganze Begründung.

Frage:
Herr Löffler, Sie haben gesagt, er hat die Lage geschildert und erläutert. Können Sie uns darüber Einzelheiten sagen?

Löffler:
Na gut, also er hat nicht die Lage geschildert, wie sie in West-Berlin zur Zeit ist, sondern er hat praktisch nur die Gefechtsaufgabe gestellt, wie man bei uns so schön sagt, seinen Gefechtsbefehl gegeben. Er hat nur eingangs gesagt, wir warten deshalb bis 0.15 Uhr, weil sich dann die meisten S- bzw. U-Bahnwagen bei uns im Sektor befinden. Und dann hat er ganz kurz die Aufgabe gestellt, was die Division für eine Aufgabe hat, die einzelnen Regimenter und dann *[hat er]* noch erläutert kurz die Aufgabe der sowjetischen Truppen, die praktisch in der 2. Staffel hinter uns lagen.

Frage:
Hat er da Einzelheiten gesagt? Die Aufgabe der sowjetischen Truppen, Eingreifen
…

Löffler:
Nein, er hat nur gesagt, die soundsovielte Panzerdivision meinetwegen, z.B. bei mir die Krampnitzer-Division[347], die lag hinter mir, konzentriert sich in diesem und diesem Raum.

---

[345] Gemeint ist: 22.00 Uhr.
[346] 24.00 Uhr.
[347] Es handelte sich um die 10. Garde-Panzerdivision der GSSD, die zur 20. Garde-Armee gehörte.

Frage:
Im Falle von Widerstand gegen die Schließung der Grenze. Was wäre Ihr Befehl gewesen bei einem alliierten Widerstand der Amerikaner, Engländer und der Franzosen?

Löffler:
Also, erstens möchte ich sagen, daß nicht sofort, soviel ich orientiert bin, am 13. August begonnen wird [sic!] mit dem Bau der Mauer, sondern einige Tage später, wenn ich mich nicht irre. Und zusätzliche Befehle haben wir nicht bekommen in dieser Richtung, evtl. bei Eingreifen der alliierten Mächte; hatten wir nicht bekommen.

Frage:
Glauben Sie, Ihre Streitkräfte hätten eingegriffen?

Löffler:
Ja, ich bin überzeugt, sie hätten eingegriffen.

Dokument 47[348]

MILITÄRGESCHICHTLICHES INSTITUT DER DDR
Arbeitsgruppe Befragungen/Erinnerungen

Erinnerungsbericht des Generalmajors a.D. Hans Leopold[349] an den
13. August 1961

Erlebnis 13. August 1961

Berichtet von Generalmajor Hans Leopold

Urlaub. Was verbindet sich nicht alles mit diesem Wort! Spazierengehen, Kaffeetrinken, kulturelle Veranstaltungen besuchen, etwas Sport treiben und sich auch mal auf die sogenannte faule Haut legen.
In jenem Sommer des Jahres 1961 haben wir das allerdings nur ein paar Tage genießen können. Unser Urlaub sollte bald ein jähes Ende nehmen. Es war der 11. August. Meine Frau A.[350] und mein Sohn S.-J. und ich brutzelten an diesem Tag behaglich am Strand des Werbellinsees, ca. anderthalb Kilometer vom damaligen Erholungsheim der NVA entfernt, in der Sonne. Gemeinsam mit unserem Nachbarn, der

---

[348] Archiv des Militärgeschichtlichen Forschungsamtes, Auszug aus dem Erinnerungsbericht von Generalmajor a.D. Hans Leopold, Bl. 1–13, Potsdam 1989.

[349] Leopold, Hans-Joachim (*1931). Generalmajor (1978) – 1961 Mitarbeiter der Politischen Hauptverwaltung des MfNV. 1956–1957 Studium an der Militärpolitischen Akademie der UdSSR. 1961–1964 Leiter der Abteilung Jugendarbeit in der Politischen Hauptverwaltung des MfNV. 1964–1968 Militärakademie Dresden, dann Politinstrukteur der 7. PD. 1971–1975 Stellv. Kommandeur und Politchef der 1. MSD. 1976–1981 Stellv. Chef der Politischen Verwaltung des MB V, 1981–1990 Stellv. Chef der Politischen Verwaltung der Landstreitkräfte der NVA. Seit September 1990 im Ruhestand.

[350] Namen unbeteiligter Dritter im folgenden unkenntlich gemacht.

Familie S., mit der wir unseren Urlaub verbrachten, hatten wir eine Zitronenbowle vorbereitet. Wir wollten auf unsere Ferientage anstoßen. Da trat jemand von den Mitarbeitern des Heimes zu uns und teilte mir mit, ich solle sofort ans Telefon kommen. Eilig lief ich ins Zimmer des Heimleiters, griff nach dem Hörer, meldete mich. Am anderen Ende der Leitung war Helmut Klabunde[351], damals Leutnant und Mitarbeiter in der von mir geleiteten Abteilung Jugend der Politischen Hauptverwaltung, später Generalmajor d.R.[352] und Vorsitzender der Gewerkschaft der Zivilbeschäftigten. Er sagte: „Hans, Du mußt sofort zurück. Morgen früh sollst Du Dich in der Politischen Hauptverwaltung melden. Wir schicken Dir ein Auto rüber." Auf meine Frage, was denn eigentlich los sei, antwortete er mir lediglich: „Das wirst Du hier erfahren!"

Hier liegt was in der Luft, das war mein erster Gedanke. Ich ging zum Strand zurück, informierte meine Frau. Aus der Zitronenbowle wurde nichts mehr. Natürlich unterhielt ich mich auch mit Dieter S. Er, Oberstleutnant, war damals Leiter der Abteilung für militärische Fragen beim Zentralrat der FDJ – später war er Oberst und Leiter der Abteilung für Sicherheitsfragen der Bezirksleitung der SED Berlin. Ich fragte ihn: „Sag mal, kannst Du Dir vorstellen, um was es dabei geht?" Er antwortete: „Wenn mich nicht alles täuscht, denken wir beide wohl dasselbe". Daß irgend etwas anliegen mußte, war nichts Herbeigeholtes. Wochen vorher hatte sich die Lage infolge der zunehmenden imperialistischen Aggressionsvorbereitungen, insbesondere der BRD gegen unsere Republik, gefährlich zugespitzt. Anfang August wurden die NATO-Verbände in Westeuropa in erhöhte Alarmbereitschaft versetzt. Wenige Tage später fanden vor unserer Küste Seekriegsmanöver der NATO statt. Zugleich nahmen Provokationen, Hetze, organisierter Menschenhandel, Sabotage- und Diversionsakte gegen uns zu.

All diese feindlichen Aktivitäten konnten die Staaten des Warschauer Vertrages nicht einfach unbeachtet lassen. Daß sie darauf reagieren werden, erwartete nicht nur ich. Nur, wie die Reaktionen darauf mal in der Realität, in der Praxis aussehen würden, darüber konnte sich keiner eine rechte Vorstellung machen.

Als ich mich von Dieter S. verabschiedete, bemerkte er noch: „Es wird wohl nicht lange dauern, und ich komme hinterher." So kam es auch. Noch am selben Tag, in den späten Nachmittagsstunden, wurde er in den Zentralrat der FDJ zurückgerufen. Auch ich fuhr an diesem Freitag nach Strausberg zurück. Es war schon Abend geworden, als ich in meiner Wohnung eintraf. Am Morgen darauf meldete ich mich in der Politischen Hauptverwaltung. Eine merkwürdige Ruhe umfing mich. Ich ging von Zimmer zu Zimmer, um etwas in Erfahrung zu bringen. Viele Mitarbeiter der Abteilungen Propaganda und Agitation waren schon nicht mehr im Hause. Auf meine Frage, wo sie seien, gab es mehr Schulterzucken als Antworten. Ich erfuhr lediglich, daß einige für eine besondere Aufgabe eingesetzt seien, andere sich zur

351 Klabunde, Helmut (*1935). Generalmajor der Reserve (1988) – 1961 Mitarbeiter der Politischen Hauptverwaltung des MfNV. Seit 1955 in den bewaffneten Organen der DDR, 1961–1967 Oberinstrukteur Jugendarbeit bei der Politischen Hauptverwaltung des MfNV. 1967–1970 Militärakademie Dresden, dann erneut Oberinstrukteur Jugendarbeit bei der Politischen Hauptverwaltung des MfNV. 1975–1981 Abteilungsleiter Jugend in der Politischen Hauptverwaltung. 1981 Versetzung in die Reserve, danach bis 1990 Vorsitzender der Gewerkschaft der Zivilbeschäftigten der NVA.
352 d.R. – der Reserve.

Erfüllung einer speziellen Aufgabe in irgendeiner NVA-Dienststelle befänden. Auch Mitarbeiter meiner Abteilung waren mit ausgerückt. Später erfuhr ich, daß der Genosse Klabunde, nachdem er mich im Erholungsheim angerufen hatte, zu einer Kontrolle in eine Luftverteidigungsdivision gefahren war. Dort erlebte er unmittelbar den 13. August.

Irgendwann danach, während ich in nachdenklicher Stimmung wieder an meinem Schreibtisch saß, ging die Tür auf. Eine Sekretärin überreichte mir eine Einladung des Verteidigungsministers Armeegeneral Hoffmann. Dieses würde ich aus heutiger Sicht als sehr kurios betrachten.

[...]

Sie enthielt die Aufforderung, mich am 12. August um 17.00 Uhr im Gästehaus Wilkendorf zu einem Filmabend mit Abendessen einzufinden. Was mich stutzig machte, war nicht der Sachverhalt Film und Essen, sondern der Nachsatz: „Uniformart: Dienstuniform mit persönlicher Waffe." Diese Aufforderung rief natürlich im Gespräch mit anderen Genossen, die eine ähnliche Einladung erhalten hatten, viele Überlegungen, auch laute Spekulationen hervor. Was mag los sein? Was hat man mit uns vor? Fragen über Fragen, auf die uns keiner eine Antwort geben konnte. Nach und nach beruhigten sich aber die Gemüter. Na ja, bis dahin ist ja noch ein paar Stunden hin, sagten wir uns, wir werden sehen. Als wir in den späten Nachmittagsstunden in Wilkendorf ankamen, bat man uns, in den dort hergerichteten Räumlichkeiten Platz zu nehmen. Die Mehrzahl der geladenen Gäste traf zwischen 17.00 und 17.30 Uhr ein.

Unter ihnen Generalmajor Martin Bleck[353], damals Chef des Militärbezirks Neubrandenburg, der Kommandeur und der Leiter der Politabteilung der 1. mot. Schützendivision, Oberst Leopold Gotthilf[354], später Generalmajor a.D., und Oberstleutnant Karl-Heinz Drews[355], später Generalleutnant und Stadtkommandant der Hauptstadt sowie der Kommandeur und der Leiter der 8. mot. Schützendivision, Oberst Gerhard Amm[356] und Oberstleutnant Paul Schakols[357]. Desweiteren waren

---

[353] Bleck, Martin (1919–1996). Generalleutnant (1971) – 1961 Chef MB V. Seit 1945 in den bewaffneten Organen. 1953–1955 Kommandeur der KVP-Bereitschaft Schwerin. 1955–1957 Ausbildung an der Generalstabsakademie der UdSSR, dann bis 1964 Chef des MB V. 1964–1980 Chef der Verwaltung Inspektion im MfNV. Seit November 1980 im Ruhestand.

[354] Gotthilf, Leopold (1918–1999). Generalmajor (1968) – 1961 Kommandeur 1. MSD. Seit 1948 in der Bereitschaftspolizei. 1953–1957 stellv. Kommandeur der Hochschule für Offiziere der KVP/NVA. 1957–1959 Studium an der Generalstabsakademie der UdSSR, dann bis 1963 Kommandeur der 1. MSD. 1963–1974 Kommandeur der Offiziershochschule der Landstreitkräfte. 1974–1980 Chef der Verwaltung Schulen und Weiterbildung im MfNV, dann in den Ruhestand versetzt.

[355] Drews, Karl-Heinz (*1929). Generalleutnant (1981) – 1961 Politchef 1. MSD. Seit 1948 in der Bereitschaftspolizei. 1953–1954 Offiziershörer, dann bis 1958 Oberinstrukteur bei der Politischen Hauptverwaltung des MfNV. 1958–1961 Politchef der 1. MSD. 1962–1964 Ausbildung an der Generalstabsakademie der UdSSR, dann bis 1967 Politchef der 4. MSD. 1967–1975 Leiter der Politverwaltung des MB V, danach bis 1978 Militärattaché der DDR in der Sowjetunion. Ab 1978 Stadtkommandant von Berlin (Ost), im November 1989 in den Ruhestand versetzt.

[356] Amm, Gerhard (*1913). Oberst – 1961 Kommandeur 8. MSD. 1940–1945 Feldwebel in der Wehrmacht. 1945 zunächst im Zentralrat der FDJ, dann Wechsel zur VP. Ab 1951 VP-Kommandeur im HVA-Stab, 1956–1960 1. Stellv. Kommandeur der 1. MSD. 1960–1962 Kom-

Offiziere aus dem Bereich Operativ des Ministeriums für Nationale Verteidigung und der Politischen Hauptverwaltung anwesend. Wir wurden darauf aufmerksam gemacht, daß die Filmvorführung im Garten stattfindet, dort Stühle aufgebaut sind und man uns den Film „Djamila"[358] zeigen würde. Ein Film, der den Widerstandskampf der algerischen Befreiungsbewegung gegen die französische Kolonialherrschaft zum Inhalt hatte.

Kurz vor Beginn der Filmvorführung traf dann der Minister ein. Er forderte uns in einer fast legeren Art auf: „Behaltet Platz, Genossen. Eßt und trinkt erst mal was, seht Euch den Film an; das andere später." Wir hielten es dann auch so, aßen und tranken etwas, sahen uns anschließend im Garten den Film an. Die meisten von uns kannten ihn nicht. Doch wer ihn kennt und weiß, wie darin bestimmte Probleme des Widerstands- und Befreiungskampfes des algerischen Volkes nachgestellt werden, der wird, sofern er sich in die Situation von damals hineinversetzt, verstehen können, daß unsere Ohren noch spitzer wurden. Neue Fragen tauchten auf: Warum zeigt man uns ausgerechnet diesen Film? Auf was zielt das ab? Doch keiner von uns konnte darauf definitiv antworten. Gegen 21.00 Uhr, noch bevor der Film zu Ende war, rief uns ein Offizier des Sekretariats des Ministers in das Gästehaus. In dem für die Beratung vorgesehenen Raum erblickten wir sogleich Kartenständer neben Kartenständer. Schon beim ersten flüchtigen Hinsehen wurde uns klar, daß es sich um eine großangelegte politische Aktion handeln würde, bei der es darum ging, im Zusammenwirken mit der Sowjetarmee und unseren Kampfgruppen klare Verhältnisse in Berlin, unserer Hauptstadt, und zu Westberlin zu schaffen. Die vorbereiteten Dokumente ließen uns Offizieren diesbezüglich keine andere Schlußfolgerung zu.

Armeegeneral Heinz Hoffmann bat uns, Platz zu nehmen. Er eröffnete uns, daß die Regierung der DDR nach Konsultationen mit den Bruderstaaten und dem Politisch Beratenden Ausschuß der Warschauer Vertragsstaaten beschlossen hat, mit der entstandenen Situation in und um Berlin ein für allemal Schluß zu machen. Die vorgesehene Aktion sollte gleichzeitig alle Hoffnungen extrem militaristischer Kreise durchkreuzen, die da glaubten, die Stunde sei herangereift, in der man mit der Bundeswehr unter klingendem Spiel durch das Brandenburger Tor ziehen könne, um eine ihren Interessen entsprechende Wiedervereinigung Deutschlands herbeizuführen.

Der Minister erläuterte uns die Grundprinzipien der Handlungen der Kampfgruppen der Arbeiterklasse, der Einheiten der Deutschen Grenzpolizei und der Bereitschaftspolizei, zeigte uns auf der Karte, welche Bereiche sie als erste Sicherungsstaffel unmittelbar an der Staatsgrenze einzunehmen hatten. Wir erfuhren auch, welche Positionen die zum Einsatz kommenden Truppen der NVA zu beziehen hatten. Unsere Truppenteile und Einheiten bildeten vor allem innerhalb Berlins die zweite

---

mandeur der 8. MSD, dann 1. Stellv. des Stadtkommandanten Berlin (-Ost). Seit 1966 Chef des Wehrbezirkskommandos Leipzig.

[357] Richtig: Schakholz, Paul (*1927). Oberstleutnant – 1961 Politchef 8. MSD. Bis 1960 Stellv. Leiter der Politabteilung der 8. MSD, dann 1961 Politchef der 8. MSD.

[358] Der Film stellt das Schicksal von Djamila Boupacha, einer Agentin der FNL (Front de Libération National/algerische Befreiungsfront) dar, die von französischen Soldaten gefoltert und vergewaltigt worden war, um ein Geständnis zu erpressen.

Sicherungsstaffel, standen also nicht unmittelbar und direkt an der „Grenze" zu Westberlin. Wir als Armeeangehörige hatten in Zusammenwirken mit der Sowjetarmee den rückwärtigen Raum zu sichern; darauf kam es für uns an.

Natürlich riefen seine Darlegungen bei jedem von uns tiefe Empfindungen hervor. Einheitlich vertraten wir den Standpunkt: Endlich, jetzt zieht Ruhe ein! Jetzt ist Schluß mit der Abwerbung! Jede unserer geplanten Maßnahmen war bis ins kleinste Detail abgestimmt. Es stand beispielsweise fest, bis wann die U- und S-Bahnen noch zu fahren hatten. Das, wie auch vieles andere mehr, mußte durch uns militärisch abgesichert sein. Zu diesem Zweck sah die Planung vor, daß aus den im Gästehaus Wilkendorf geladenen Offizieren operative Gruppen gebildet wurden, die sich in die Räume der für den Einsatz vorgesehenen Truppenteile und Einheiten zweier mot. Schützendivisionen begeben sollten, um die notwendigen Maßnahmen einzuleiten.

Da man eine solch großangelegte militärische Aktion nicht zwischen Mittag und Abend vorbereiten kann, war es nur verständlich, daß unter dem Vorwand der „Gefechtsausbildung" oder der „Überprüfung der Gefechtsbereitschaft" die betreffenden Truppenteile und Einheiten bereits in ihren Konzentrierungsräumen untergebracht und sofort einsatzbereit waren.

Die operativen Gruppen, zu ihnen gehörten die Leiter der Politabteilungen der zwei eingesetzten mot. Schützendivisionen, fuhren auf Weisung des Ministers gegen 23.00 Uhr in die Konzentrierungsräume. Wir hatten die Aufgabe:

Erstens: die Alarmierung der dort untergebrachten Truppen auszulösen;

Zweitens: Meetings durchzuführen, auf denen durch Verlesen eines Aufrufes die Armeeangehörigen über die Aktion zu informieren und für diese zu motivieren waren;

Drittens: die Verlegung der Truppen aus diesen Räumen heraus in die neuen Konzentrierungsräume in und um Berlin zu organisieren, durchzuführen und dort die Einsatzbereitschaft herzustellen.

Die Kommandeure beider Divisionen kamen später nach, da sie noch bis zum Morgen in einer internen Beratung mit dem Verteidigungsminister zusammensaßen.

Ich fuhr mit einer der operativen Gruppen auf den Truppenübungsplatz Lehnin, wo eine der beiden mot. Schützendivisionen[359] untergebracht war. Dort alarmierten wir den Stab der Division und die in diesem Raum liegenden Truppenteile und Einheiten. Ich hatte bisher an so mancher Alarmierung teilgenommen. Doch mit welcher Übersicht, die Regeln der Tarnung, Deckung und Verdunkelung strikt einhaltend, die Vorgesetzten auch der unteren Ebene ihre Kollektive führten, mit welch hohem Tempo die Genossen bei der Sache waren, hat mich stark beeindruckt. Es war stockfinstere Nacht, als ich mit der Taschenlampe in der Hand einen vorbereiteten Aufruf vor den Armeeangehörigen eines Bataillons verlesen hatte. In ihm wurden das Ziel, die Aufgaben und die Verantwortung der Genossen genannt. Gern hätte ich mit der Taschenlampe rundum in die Gesichter der Genossen geleuchtet, um Studien zu machen, Resonanzen dieser oder jener Art festzustellen. Doch an der Art und Weise, wie sie sich dann nach dem Alarmsignal bewegten, in kürzester Zeit

---

[359] Auf dem ca. 40 km südwestlich von Berlin gelegenen Truppenübungsplatz Lehnin befand sich seit dem 10. 8. 1961 die 1. Mot. Schützendivision, die am 13. 8. 1961 mit der Sicherung des Außenringes um West-Berlin beauftragt wurde.

an den befohlenen Stellplätzen eintrafen, ohne Lärm zu machen ihren Platz an der Technik einnahmen, erkannte ich, daß auch sie ahnten: Hier liegt was in der Luft! Die Überprüfung der Gefechtsbereitschaft und Gefechtsausbildung kann nur ein Vorwand sein, hier geht's um mehr!

In den frühen Morgenstunden waren zahlreiche Bürger, vor allem Reisende aus der BRD und Westberlin, die auf der nahegelegenen Autobahn fuhren, Augenzeugen der Truppenbewegungen geworden. Die meisten von ihnen ahnten wohl nicht, daß es hierbei um Westberlin, um die Schließung der Grenze ging. Man möge mir meine Häme verzeihen, aber manch einer von ihnen mag, um mit dem Volksmund zu reden, auf das militärische Treiben geguckt haben wie ein Eichhörnchen, das sich in ein Waldcafé verirrt.

Am 13. August – es war ein Sonntag – hatte ich dann vormittags in Berlin im Zentralrat der FDJ zu tun. Dort erlebte ich unmittelbar vor dem Haus des Zentralrats, wie einige aufgebrachte Menschen, die von unseren Maßnahmen überrascht, teilweise auch schockiert waren, Proteste anmelden wollten. Auch versuchten sie, Unruhe zu stiften. Doch nicht nur dort gab es Unruhestifter. Man traf sie in und um Berlin. So auch in Hennigsdorf, wo ich mich am Nachmittag des gleichen Tages aufhielt. Dort war es notwendig geworden, daß, ohne auch nur ein einziges Wort zu sagen oder den Lautsprecher einzusetzen, demonstrativ die Aufklärungskompanie des mot. Schützenregiments „Hans Beimler"[360] ganz besonnen durch Hennigsdorf und anschließend durch Hohen Neuendorf marschierte, um solchen Unruhestiftern zu sagen: Hier ist Schluß, gewöhne Dich an die neuen Verhältnisse!

Nachdem ich in den Morgenstunden des 14. August meine Aufgabe in der operativen Gruppe erfüllt hatte, fuhr ich in das Verteidigungsministerium nach Strausberg zurück. Ich meldete mich beim Chef der Politischen Hauptverwaltung, dem Genossen Admiral Waldemar Verner. Von ihm bekam ich den Auftrag, die Jugendarbeit vor allem in den Truppenteilen und Einheiten zu organisieren und anzuleiten, die unmittelbar an der Staatsgrenze zu Westberlin eingesetzt waren. Denn wir brauchten unter den Armeeangehörigen eine hohe Moral und Einsatzbereitschaft, aber auch eine eiserne Disziplin. Das war ein Schwerpunkt unserer Arbeit in diesen Tagen. Eine zweite Aufgabe bestand darin, gemeinsam mit dem Zentralrat der FDJ eine breite politische Arbeit unter der Jugend der DDR zu leisten. In den Tagen nach dem 13. August fanden gemeinsam mit den gesellschaftlichen Organisationen des Territoriums eine Vielzahl von politischen Aktivitäten und Maßnahmen in den Truppenteilen und Einheiten statt. Viele Maßnahmen waren mit dem Zentralrat der FDJ abgestimmt worden. Von dort bekam ich wertvolle Informationen und auch so manchen Impuls für die Arbeit mit unseren jungen Soldaten. Ich entsinne mich an eine Beratung des Sekretariats des Zentralrats der FDJ, die nur wenige Tage nach dem 13. August in Berlin stattfand. An ihr nahmen alle 1. Sekretäre der FDJ-Bezirksleitungen teil. Der damalige Stellvertreter des Verteidigungsministers und Chef der Politischen Hauptverwaltung, Admiral Verner, sprach zu uns. Er erläuterte uns Jugendfunktionären anhand einer exakten Dokumentation überzeugend und anschaulich die Hintergründe für diese Maßnahme und welche Aufgaben und Ziele unsere Partei und Regierung gestellt haben. Nach dem Vortrag begaben wir uns zur

---

[360] Diesen Traditionsnamen trug das 1. Mot. Schützenregiment, das zum Bestand der 1. MSD gehörte.

Staatsgrenze, um persönlich in Augenschein zu nehmen, welches Bild sich nunmehr bot. Es war ein regelrechter Spaziergang an der Grenze entlang, von dem mir eine Episode noch gut in Erinnerung ist. Sie zeigt, wie das, was für den Gegner überraschend kam, aufgrund der absoluten Geheimhaltung auch für viele von uns überraschend war. So kam es vor, daß manche Tatsache bisweilen nicht als Wahrheit akzeptiert wurde. So beispielsweise, als der damalige 1. Sekretär der FDJ-Bezirksleitung Karl-Marx-Stadt in einem Stimmungsbericht an das übergeordnete Organ sinngemäß schrieb: In Karl-Marx-Stadt gibt es Gerüchte, wonach an den Grenzen zu Westberlin Stacheldraht ausgerollt sei. Und er informierte weiter, daß die FDJ-Bezirksleitung Maßnahmen ergriffen hat, um solchen Gerüchten zu begegnen.

Während unseres Spaziergangs vom Brandenburger Tor zum Potsdamer Platz ergab es sich, daß der Genosse Horst Schumann[361], damals 1. Sekretär des Zentralrats der FDJ, den Genossen Freitag[362] zu sich rief, zum Spaß aller Jugendfunktionäre, den Stacheldraht in die Hände nahm und sagte: „Na, Karl-Heinz, nun faß' mal die Gerüchte hier selber an!"

[...]

Und was mich persönlich betrifft, so habe ich aus den Ereignissen des 13. Augusts die Schlußfolgerung gezogen: Um Menschen zu mobilisieren, sie zu Bekenntnissen zu führen, um sie herauszufordern, etwas für sie selbst nicht Übliches zu tun, sozusagen über den eigenen Horizont hinaus zu denken, ihre eigenen Gewohnheiten zu überschreiten – dafür ist eine Situation, eine konkrete Situation, wie z.B. der 13. August 1961, von großer Bedeutung. Der 13. August war insofern Ausgangspunkt für persönliches Wachsen und Reifen für jeden, der bewußt daran teilgenommen hat. So auch für mich.

Hans Leopold
Generalmajor

---

361 Schumann, Horst (1924–1993). SED-Funktionär. 1959–1967 1. Sekretär des Zentralrats der FDJ. 1970–1989 1. Sekretär der SED-Bezirksleitung Leipzig.
362 Freitag, Karl-Heinz (?–?). 1961 1. Sekretär der FDJ-Bezirksleitung Karl-Marx-Stadt.

Zeittafel 1961

10.   Das Politbüro setzt eine Arbeitsgruppe (NVR- und ZK-Sekretär Erich Honecker, Innenminister Karl Maron, Staatssicherheitsminister Erich Mielke, Leiter ZK-Abteilung Wissenschaft Johannes Hörnig) ein, die sich mit der Unterbindung der anhaltenden Fluchtbewegung beschäftigen soll.

20.   4. Sitzung des Nationalen Verteidigungsrates (NVR) der DDR: Umgruppierung der Grenzpolizei, um Kräfte von der polnischen und tschechischen an die innerdeutsche Grenze zu verlegen.

21.   Staats- und Parteichef Walter Ulbricht weist den Minister für Nationale Verteidigung, Generaloberst Heinz Hoffmann, an, mit dem Oberkommandierenden der Gruppe der Sowjetischen Streitkräfte in Deutschland (GSSD), Generaloberst Iwan I. Jakubowskij, militärische Fragen hinsichtlich einer möglichen Krisensituation in der DDR zu besprechen.

Jan.   Nach Angaben des ehemaligen NVA-Offiziers Klaus Nodes, damals Hauptmann, beginnen in der Verwaltung Operativ im NVA-Hauptstab bereits zu diesem Zeitpunkt erste Arbeiten zur Vorbereitung der Abriegelung der Grenze um West-Berlin.

Februar

10.   Treffen der Generale Hoffmann und Jakubowskij; überraschend nimmt auch der Oberkommandierende der Vereinten Streitkräfte der Warschauer Vertragsstaaten, Marschall der Sowjetunion Andrej A. Gretschko, daran teil.

23.   Nach Angaben von Hans Bentzien, seit diesem Tage neuer DDR-Kulturminister, tritt unter Ulbrichts Leitung eine Regierungskommission – u. a. mit Verkehrsminister Erwin Kramer, Bauminister Ernst Scholz und SPK-Chef Bruno Leuschner – zur Vorbereitung einer Sperrung der Berliner Grenzen zusammen.

März

28./29.   Tagung des Politischen Beratenden Ausschusses der Warschauer Vertragsorganisation in Moskau. Die Teilnehmer fordern die Umwandlung West-Berlins in eine entmilitarisierte Freie Stadt. Vorschläge Ulbrichts zur Abriegelung der Sektorengrenzen werden zurückgewiesen.

Mai

2.   Nach Informationen des Bundesnachrichtendienstes trägt der GSSD-Oberkommandierende Jakubowskij vor dem Verteidigungsrat der UdSSR in Moskau (Vorsitzender: Nikita S. Chruschtschow) über militärische Vorbereitungen hinsichtlich einer neuen Berlin-Krise vor.

3.   Der NVR ordnet auf seiner 5. Sitzung die Aufstellung eines Sicherungskommandos der Ost-Berliner Volkspolizei und einer „Brigade Berlin" der Bereitschaftspolizei zur verstärkten Grenzsicherung an.

19.   Michail G. Perwuchin, sowjetischer Botschafter in Ost-Berlin, unterrichtet das Außenministerium in Moskau darüber, daß die Ulbricht-Administration auch selbständig die Grenze schließen könnte.

23.–30.   Gemeinsame Kommandostabs- und Truppenübung von Verbänden der NVA und der GSSD unter Leitung des Oberkommandierenden der Vereinten Streitkräfte, Marschall Gretschko.

Juni

3./4.   Gipfeltreffen Kennedy-Chruschtschow in Wien. Chruschtschow wiederholt das Berlin-Ultimatum: Wenn die USA nicht einem Friedensvertrag mit ganz Deutschland zustimmten, werde die UdSSR einen solchen separat mit der DDR abschließen und dieser die Rechte über die Zufahrtswege nach West-Berlin übertragen.

5.   Mit Befehl Nr. 21/61 verfügt Innenminister Maron die Umsetzung des NVR-Beschlusses vom 3. Mai des Jahres (Aufstellung eines Sicherungskommandos der VP und der „Brigade Berlin" der Bereitschaftspolizei).

15.   Chruschtschow erklärt in einer Fernsehansprache, daß der Abschluß eines Friedensvertrages mit der DDR nicht länger hinausgeschoben werden dürfe. Ulbricht begrüßt auf einer Pressekonferenz diesen Vorschlag, fordert die Schließung der Flüchtlingslager in West-Berlin und die Verlegung des gesamten zivilen Flugverkehrs nach Schönefeld (Ost-Berlin), bestreitet aber die Absicht, in Berlin eine Mauer zu errichten.

22.   Memorandum der Verwaltung Operativ im NVA-Hauptstab über notwendige militärische Maßnahmen im Falle eines Friedensvertrages der UdSSR mit der DDR.

Ende Juni   Chruschtschow weist Generaloberst Jakubowskij an, die Möglichkeit einer kompletten Grenzabriegelung zu beurteilen.

Juli

1.   In Moskau wird der mit dem Kommando der GSSD abgestimmte Plan über „Maßnahmen zur Durchführung einer verstärkten Kontrolle und Bewachung an den Außen- und Sektorengrenzen Groß-Berlins" bestätigt.

4.   Botschafter Perwuchin berichtet an Außenminister Andrej A. Gro-

myko, daß eine Grenzabriegelung ungeachtet aller politischen und technischen Schwierigkeiten möglicherweise nicht mehr zu vermeiden ist.

6. Nach Angaben des sowjetischen Diplomaten Julij A. Kwizinskij trifft die endgültige Zustimmung Chruschtschows zur Grenzabriegelung an diesem Tag in Ost-Berlin ein.

15. Der Oberkommandierende der Vereinten Streitkräfte, Marschall Gretschko, befiehlt die Erhöhung der Gefechtsbereitschaft der NVA und erteilt dem GSSD-Oberkommandierenden Jakubowskij das Weisungsrecht über die ostdeutschen Streitkräfte.

24. Sachstandsbericht der ZK-Abteilung für Sicherheitsfragen über Maßnahmen zur erhöhten Sicherung der Grenze an Ulbricht, beruhend auf den NVR-Beschlüssen vom Januar und Mai 1961.

25. Besprechung zwischen dem Chef des Stabes der GSSD, Generalleutnant Grigorij I. Ariko, und dem Chef des NVA-Hauptstabes, Generalmajor Sigfrid Riedel, über die Sicherung der Sektorengrenze in Berlin, rund um Berlin und an der „Staatsgrenze West".

25. Marschall Gretschko verlangt von Ulbricht die Bereitstellung erheblicher zusätzlicher Mobilmachungskapazitäten bis zum 10. August.

25. US-Präsident John F. Kennedy erläutert in einer Rundfunk- und Fernsehansprache die „three essentials" der amerikanischen Berlin-Politik: Präsenz alliierter Truppen in West-Berlin, freier Zugang zur Stadt und die Lebensfähigkeit von West-Berlin.

27. Vertreter des DDR-Innenministeriums und der GSSD arbeiten den konkreten Plan zur Sicherung der Sektorengrenze aus.

31. Befehl von Innenminister Maron an den Kommandeur der Deutschen Grenzpolizei, Oberst Erich Peter, den verstärkten pioniermäßigen Ausbau der Grenze zu West-Berlin vorzubereiten.

Ende Juli Im DDR-Verteidigungsministerium wird nach Angaben des Oberstleutnants und späteren NVA-Generals Horst Skerra eine Arbeitsgruppe gebildet, die aktiv mit den Planungen für eine Grenzabriegelung beginnt und Anfang August mit zur Gipfelkonferenz nach Moskau reist, um dort Absprachen mit dem sowjetischen Militär zu treffen.

August

1. Beginn von Materialtransporten (18 200 Betonsäulen, 150 Tonnen Stacheldraht, 5 Tonnen Bindedraht und 2 Tonnen Krampen) für die Absperrmaßnahmen an den Westberliner Außen- und Sektorengrenzen nach Ost-Berlin.

3.–5. Gipfelkonferenz der Warschauer Vertragsstaaten. Nach handschriftlichen Aufzeichnungen Ulbrichts bespricht der SED-Chef am 3. August letzte Einzelheiten der Grenzabriegelung mit Chruschtschow. Offiziell jedoch wird im Abschlußkommunique nur erklärt, daß noch 1961 ein Friedensvertrag entweder mit beiden deutschen Staaten oder nur mit der DDR abgeschlossen werde.

Zeitgleich findet eine Sitzung der Verteidigungsminister des Warschauer Vertrages statt, auf der die militärischen Fragen der Grenzabriegelung beraten werden. Parallel dazu beginnt die Verlegung von drei sowjetischen Divisionen in den Berliner Raum.

7.	Ulbricht informiert das SED-Politbüro über die Moskauer Tagung. Die Grenzschließung wird für die Nacht vom Samstag, 12., auf Sonntag, 13. August festgelegt.
8.	Das SED-Politbüro bestätigt vorab die Resolution, welche die DDR-Volkskammer am 11. August verabschieden soll.
9.	Die operative Gruppe des Verteidigungsministeriums tritt in Schloß Wilkendorf bei Strausberg zur Endphase der militärischen Vorbereitung der Grenzschließung zusammen; am Abend des 10. August verlegt die Gruppe ihre Sitzung in das „Haus am See" in Strausberg.
10.	Die 1. Mot.-Schützendivision (Potsdam) und die 8. Mot.-Schützendivision (Schwerin) der NVA werden alarmiert und unter dem Vorwand der Überprüfung der Gefechtsbereitschaft in Bereitstellungsräume nahe Berlin verlegt.
10.	Marschall der Sowjetunion Iwan St. Konew übernimmt offiziell den Oberbefehl über die GSSD.
11.	Die DDR-Volkskammer „beschließt", den Ministerrat zu beauftragen, „alle Maßnahmen vorzubereiten und durchzuführen, die sich auf Grund der Festlegungen der Teilnehmerstaaten des Warschauer Vertrages und dieses Beschlusses als notwendig erweisen".
11.	Dienstbesprechung der führenden Offiziere im MfS: „Heute treten wir in einen neuen Abschnitt der tschekistischen Arbeit ein." – „Wenn in den nächsten Tagen entscheidende Maßnahmen beschlossen werden, muß jegliche Feindtätigkeit verhindert werden."
12.	Beschluß des Ministerrates zur „Sicherung des Friedens", zum Schutz der DDR und ihrer Hauptstadt Ost-Berlin.
12.	12.00 Uhr: Eine Gruppe von Offizieren der Politischen Verwaltung der NVA bereitet den Druck der Erklärung der Regierungen der WVO-Staaten, der Beschlüsse von Volkskammer und Ministerrat sowie der Bekanntmachung des Magistrats von „Groß-Berlin" vor.
12.	15.00 Uhr: Der Stabschef der Deutschen Grenzpolizei, Generalmajor Helmut Borufka, weist den Kommandeur der DGP, Oberst Erich Peter, im Grenzpolizei-Kommando in Pätz in die Befehle des Ministers

des Innern ein und übergibt die von der operativen Gruppe des MdI in Biesenthal erarbeiteten Einsatzdokumente.

12. Inspektion der 1. und 8. MSD durch die NVA-Generale Kurt Wagner und Siegfried Weiß; um 15.00 Uhr wird den Verbänden Ruhe befohlen. Gegen 16.00 Uhr unterzeichnet Walter Ulbricht als Vorsitzender des NVR die Einsatzbefehle und beauftragt Erich Honecker mit ihrer Durchführung.

12. Eine operative Gruppe der NVA unter Leitung des Stellvertreters des Verteidigungsministers für Ausbildung, Generalmajor Wagner, bezieht den gemeinsam mit den sowjetischen Truppen eingerichteten Vorgeschobenen Gefechtsstand in Berlin-Karlshorst.

12. 20.00 Uhr: Der Grenzpolizei am „Ring um Berlin" wird verstärkter Grenzdienst befohlen.

12. Am frühen Abend treffen die Kommandeure und Politstellvertreter der Truppenteile von 1. und 8. MSD in Schloß Wilkendorf ein; ab 21.00 Uhr erläutern Minister Hoffmann, Politchef Waldemar Verner und Hauptstabschef Riedel den bevorstehenden Einsatz. Gegen 23.00 Uhr werden die Politstellvertreter zur Alarmierung ihrer Verbände in Marsch gesetzt.

12. Zwischen 22.00 und 23.00 Uhr unterrichtet Walter Ulbricht in seinem Landhaus am Döllnsee die Mitglieder des Staats- und Ministerrates über die bevorstehenden Maßnahmen.

13. 00.00 Uhr: Die 1. und 8. Mot.-Schützendivision der NVA werden in ihren Feldlagern alarmiert und stellen bis 02.00 Uhr Marschbereitschaft her.

13. Um 01.00 Uhr ist X-Zeit: Die Abriegelung der Sektorengrenze beginnt. Der U- und S-Bahnverkehr wird unterbrochen. Kampfgruppen, Grenz-, Bereitschafts- und Deutsche Volkspolizei in Stärke von ca. 14500 Mann sind in erster Reihe direkt an der Sektorengrenze eingesetzt. In zweiter Reihe kommen etwa 7300 NVA-Soldaten zum Einsatz.

13. Gegen 06.00 Uhr ist West-Berlin abgeriegelt.

13. Verteidigungsminister Hoffmann ordnet für die gesamte NVA erhöhte Gefechtsbereitschaft an. Gleichzeitig werden auch die in der DDR stationierten sowjetischen Truppen in erhöhte Gefechtsbereitschaft versetzt.

13.–21. Insgesamt 15 Lagebesprechungen des Zentralen Stabes; bereits am 17. August morgens ist Ulbricht klar, „daß der Westen nichts besonderes unternehmen wird".

15. Generalmajor Martin Bleck, Chef des Militärbezirkes V (Neubrandenburg), stößt zu der von Generalmajor Wagner geleiteten operativen Gruppe in Berlin-Karlshorst.

15.   Die sowjetische Militärführung beginnt mit der regelmäßigen Unter-
        richtung des ZK der KPdSU über die Entwicklung in Berlin.

16.   Führende NVA-Offiziere ziehen intern eine positive Bilanz des bishe-
        rigen Einsatzes.

19.   Beim Sturz aus einem Haus an der Bernauer Straße stirbt mit Rudolf
        Urban der erste Flüchtling nach der Grenzabriegelung.

23.   Die innerstädtischen Grenzübergänge werden von zwölf auf sieben
        reduziert. Betriebskampfgruppen werden auf Befehl des SED-Chefs
        von Berlin, Paul Verner, aus der vordersten Reihe der Grenzsicherung
        herausgelöst.

24.   Der 24jährige Schneider Günter Litfin wird von einem Angehörigen
        der Transportpolizei am Humboldt-Hafen erschossen. Er ist der erste
        von Grenzposten getöteter Flüchtling an der innerstädtischen Grenze.
        Am gleichen Tag ermahnen Marschall Konew und Botschafter Per-
        wuchin SED-Chef Ulbricht, trotz aller geforderten Härte nicht vor-
        schnell das Feuer auf Flüchtlinge eröffnen zu lassen.

25.   Marschall Konew weist Verteidigungsminister Hoffmann an, „daß die
        Truppen der Nationalen Volksarmee keine Handlungen zulassen sollen,
        die zu einer Verschärfung der Situation führen könnten".

26.   Die Volksmarine übernimmt mit Befehl Nr. 56/61 des Ministers für
        Nationale Verteidigung den Schutz der Seegrenzen, wozu ihr die
        6. Grenzbrigade „Küste" der Deutschen Grenzpolizei zeitweilig unter-
        stellt wird.

28.   Mit Befehl 02/61 des Verteidigungsministers übernimmt im Vorgescho-
        benen Gefechtsstand in Berlin-Karlshorst Generalmajor Bleck die Lei-
        tung von Generalmajor Wagner. Die operative Gruppe der NVA wird
        aufgelöst.

28.   (Nicht ausgeführter) Befehl von Innenminister Maron zur Bildung der
        9. Grenzbrigade der DGP zur Sicherung der Grenzen am „Ring um
        Berlin"; wird am 6. September wieder aufgehoben.

29.   Das SED-Politbüro bestätigt den vom NVR vorgelegten Entwurf des
        Verteidigungsgesetzes sowie den Entwurf des Wehrpflichtgesetzes, des-
        sen Beratung und Beschlußfassung in der Volkskammer jedoch zu-
        nächst zurückgestellt wird.

29.   Das ZK der KPdSU weist den sowjetischen Verteidigungsminister
        Marschall Rodion Ja. Malinowski an, die Herbstentlassungen in den
        Streitkräften zu verschieben.

28.–30. Die 1. MSD (Potsdam) wird mit Ausnahme eines Mot.-Schützenregi-
         mentes aus der unmittelbaren Grenzsicherung am Außenring um West-
         Berlin in ihre Heimatstandorte zurückverlegt.

September

1.   Die UdSSR beginnt die von Chruschtschow gegenüber Ulbricht am
      28. August angekündigten Kernwaffenversuche.

6.   Innenminister Maron ordnet die Unterstellung der 5. Grenzbrigade der
      DGP unter das Kommando der Bereitschaftspolizei ab dem 16. des
      Monats und die Bildung der 1. und 2. Grenzbrigade (B) an.

12.   In seiner Eigenschaft als Vorsitzender des Nationalen Verteidigungsra-
      tes ordnet Walter Ulbricht die Übernahme der Grenzpolizei als „Kom-
      mando Grenze" in die NVA mit Wirkung vom 15. des Monats an.

16.   Aus der „Brigade Berlin" der Bereitschaftspolizei, der 5. Grenzbrigade
      der DGP und Teilen des Sicherungskommandos des Präsidiums der
      Volkspolizei Berlin werden zwei Grenzbrigaden (B) der Bereitschafts-
      polizei zur Bewachung der Grenze in und um Berlin unter einheitli-
      chem Kommando formiert.

20.   Der Zentrale Stab tritt unter Leitung von Erich Honecker noch einmal
      zusammen, um Maßnahmen gegen die hohe Zahl von Fluchten in Ber-
      lin zu beraten. Schußwaffengebrauch wird explizit angeordnet.

20.   Verteidigungsminister Hoffmann ordnet die Rückverlegung des größ-
      ten Teils der in Berlin noch eingesetzten NVA-Kräfte (8. MSD und ein
      Regiment der 1. MSD) in ihre Garnisonen an.

Oktober

9.   Der Ministerrat der DDR ermächtigt den Verteidigungsminister, die
      Dienstzeit von Soldaten der NVA um sechs Monate zu verlängern.

11.   Auf Befehl des Chefs der Grenztruppen wird die seit dem 13. August
      andauernde verstärkte Grenzsicherung beendet; der reguläre Ausbil-
      dungsbetrieb der Grenztruppen wird wieder aufgenommen.

13.   Im Zusammenhang mit der angespannten Situation in Berlin werden in
      der UdSSR die Strategischen Raketentruppen, die Fernbomberver-
      bände, die Luftverteidigung sowie die Jagdfliegerverbände der Militär-
      bezirke und der im Ausland stationierten sowjetischen Streitkräfte in
      erhöhte Alarmbereitschaft versetzt.

15.   DDR-Grenzposten beginnen damit, von Amerikanern in Zivil, die
      Ost-Berlin betreten wollen, Ausweise zu verlangen.

22.   Allan Lightner, der stellvertretende Leiter der US-Mission in West-Ber-
      lin, wird von DDR-Grenzern am Passieren des Checkpoint Charlie ge-
      hindert, weil er sich gemäß alliiertem Recht weigert, seinen Ausweis zu
      zeigen. Erst sein zweiter Versuch, in den Ostteil der Stadt zu fahren, ge-
      lingt ihm in Begleitung von US-Militärpolizisten mit aufgepflanztem
      Bajonett.

23.   Der Chef Pionierwesen der NVA wird von Verteidigungsminister
             Hoffmann angewiesen, als Reaktion auf die Vorfälle vom Vortag eine
             überraschende Sperrung des Überganges Checkpoint Charlie gedeckt
             vorzubereiten.

25.   Der amerikanische Stadtkommandant von Berlin, Generalmajor Albert
             Watson, protestiert bei seinem sowjetischen Amtskollegen Oberst An-
             drej I. Solowjow gegen die Zurückweisung amerikanischen Zivilperso-
             nals durch DDR-Grenzposten am Checkpoint Charlie.

25.   US-Panzer fahren am Checkpoint Charlie auf. Um 15.00 Uhr wird die
             amerikanische Garnison in West-Berlin alarmiert.

26.   Am Abend verlegt die GSSD sowjetische Panzer in die Umgebung des
             Checkpoint Charlie.

27./28.   Am Checkpoint Charlie stehen sich amerikanische und sowjetische
             Panzer gegenüber.

30.   Die sowjetische Kernwaffentestserie gipfelt in der Explosion einer (auf
             ein Drittel ihrer Sprengkraft gedrosselten) 150-Megatonnen-Atom-
             bombe.

November

 1.   Der Chef der Volksmarine wird laut Befehl 88/61 des Verteidigungs-
             ministeriums vom 26. Oktober 1961 voll verantwortlich für die Siche-
             rung der Seegrenzen der DDR.

 6.   Die 6. Grenzbrigade „Küste", ehemals Bestandteil der DGP (inzwi-
             schen Grenztruppen), wird endgültig dem Kommando der Volks-
             marine unterstellt. Der Volksmarine obliegt damit offiziell die Bekämp-
             fung von Fluchtversuchen von DDR-Bürgern über die Ostsee.

Dezember

 5.   Die erhöhte Gefechtsbereitschaft für alle Teile der NVA wird aufgeho-
             ben.

11.   In einer Feierstunde zeichnet Walter Ulbricht als Staatsratsvorsitzender
             knapp 200 Bauarbeiter und Angehörige der bewaffneten Organe für
             ihren Einsatz bei der Grenzschließung aus.

13.   Befehl 101/61 von Verteidigungsminister Hoffmann zur verbesserten
             Sicherung der Staatsgrenze. „101er"-Befehle zur Regelung aller rele-
             vanten Angelegenheiten des Grenzdienstes folgen künftig jährlich.

Anhang

Abkürzungsverzeichnis

a.D.	außer Dienst
Abt.	Abteilung
Abt. N	Abteilung Nachrichten
ADMV	Allgemeiner Deutscher Motorsport-Verband
Anl.	Anlage
Artl.	Artillerie
Ausb.-Btl.	Ausbildungsbataillon
Ausf.	Ausfertigung
AZKW	Amt für Zoll und Kontrolle des Warenverkehrs
AZN	Archivzugangsnummer
B-1	Bereitschaftsstufe 1
B-2	Bereitschaftsstufe 2
BA Berlin	Bundesarchiv Berlin
BA Koblenz	Bundesarchiv Koblenz
BA–MA	Bundesarchiv–Militärarchiv
Basa	Bahnselbstanschlußnetz
BdVP (BDVP)	Bezirksbehörde der Deutschen Volkspolizei
BEL	Bezirkseinsatzleitung
bezw.	beziehungsweise
BND	Bundesnachrichtendienst
BRD	Bundesrepublik Deutschland
BStU	Die Bundesbeauftragte für die Unterlagen des Staatssicherheitsdienstes der ehemaligen DDR
Btl.	Bataillon
Btln.	Bataillone
BV	Bezirksverwaltung
CCFFA	Commandement des Forces françaises en Allemagne – Befehlshaber der in Deutschland stationierten französischen Streitkräfte
CDU	Christlich Demokratische Union
CENTAG	Central Army Group
CIA	Central Intelligence Agency
ČSSR	Československá Socialistická Republika – Tschechoslowakische Sozialistische Republik

CSU   Christlich Soziale Union

d.R.   der Reserve
d.Ü.   der Übersetzer
DDR   Deutsche Demokratische Republik
DFD   Demokratischer Frauenbund Deutschlands
DGP   Deutsche Grenzpolizei
DM   Deutsche Mark (DM Ost)
DR   Deutsche Reichsbahn
DSF   Gesellschaft für Deutsch-Sowjetische Freundschaft
DVP   Deutsche Volkspolizei
DzD   Dokumente zur Deutschlandpolitik

F.d.R.   Für die Richtigkeit
FA   Flakabteilungen
F-Bahn   Fernbahn
FDGB   Freier Deutscher Gewerkschaftsbund
FDJ   Freie Deutsche Jugend
Fla-Raketen   Flugabwehrraketen
Fliegertechn.-Btl.   Fliegertechnisches Bataillon
FNL   Front de Libération National – Nationale Befreiungsfront
FR   Flakregimenter
FR-16   Fla-Raketenregiment 16

GDR   German Democratic Republic
Gen.   Genosse
Generalltn.   Generalleutnant
Gestapo   Geheime Staatspolizei
GKÄ   Grenzkontrollämter
Gkdos.-Tgb.-Nr.   Geheime Kommandosachen-Tagebuch-Nummer
GOSPLAN   Gosudarstvennyj planovyj komitet – Staatliches Planungs-
                       komitee
GRU   Glavnoe razvedyvatel'noe upravlenie – Hauptverwaltung
                       Aufklärung (militärischer Nachrichtendienst der UdSSR)
GSSD   Gruppe der Sowjetischen Streitkräfte in Deutschland
GST   Gesellschaft für Sport und Technik
GVS-Tgb.-Nr.   Geheime Verschlußsachen-Tagebuch-Nummer

HA   Hauptabteilung
HA PS   Hauptabteilung Personenschutz
HF   Hochfrequenz
HV   Hauptverwaltung
HVA   Hauptverwaltung für Ausbildung
HVDVP   Hauptverwaltung Deutsche Volkspolizei

IfZ	Institut für Zeitgeschichte
i.G.	im Generalstabsdienst
IM	Inoffizieller Mitarbeiter
JG-3	Jagdfliegergeschwader 3
Kdo.	Kommando
Kfz. (KfZ)	Kraftfahrzeug
KGB	Komitet gosudarstvennoj bezopasnosti – Komitee für Staatssicherheit
KP	Kontrollpunkt
Kp.	Kompanie
KPD	Kommunistische Partei Deutschlands
KPdSU	Kommunistische Partei der Sowjetunion
KPP	Kontrollpassierposten
Kt	Kilotonne
KVP	Kasernierte Volkspolizei
KZ	Konzentrationslager
LAB	Lehrausbildungsbataillon
LKW	Lastkraftwagen
LPG	Landwirtschaftliche Produktionsgenossenschaft
LSK/LV	Luftstreitkräfte/Luftverteidigung
mat.-technische	materiell-technische
MB	Militärbezirk
MdI	Ministerium des Innern
MfNV	Ministerium für Nationale Verteidigung
MfS	Ministerium für Staatssicherheit
MGFA	Militärgeschichtliches Forschungsamt
Mob.	Mobilmachung
Mot.	Motorisiert
MSD	Motorisierte Schützendivision
Na	Nachrichten
Na.-B.	Nachrichtenbataillon
NATO	North Atlantic Treaty Organization
NDPD	National-Demokratische Partei Deutschlands
NKFD	Nationalkomitee „Freies Deutschland"
NSA	National Security Archive
NSC	National Security Council
NSDAP	Nationalsozialistische Deutsche Arbeiterpartei
NVA	Nationale Volksarmee
NVR	Nationaler Verteidigungsrat
O.U.	Ort der Unterkunft

OB	Ortsbatterie
Oberstltn.	Oberstleutnant
Offz.	Offizier
OibE	Offizier im besonderen Einsatz
Org.–Planung	Organisation und Planung
PB	Politbüro
PBA	Politisch Beratender Ausschuß
PD	Panzerdivision
PdVP	Präsidium der Volkspolizei
PG-2	protivotankovyj granatomet 2 – Panzerfaust 2
PKW	Personenkraftwagen
RGAĖ	Rossijskij gosudarstvennyi archiv ėkonomiki – Russisches Staatsarchiv für Wirtschaft
RGANI	Rossijskij gosudarstvennyj archiv novejšej istorii – Russisches Staatsarchiv für Zeitgeschichte
RGASPI	Rossijskij gosudarstvennyj archiv social'no-političeskoj istorii – Russisches Staatsarchiv für sozial-politische Geschichte
Rgt.	Regiment
RKP(b)	Rossijskaja kommunističeskaja partija (bol'ševikov) – Russische Kommunistische Partei (Bolschewiki)
Rückw.	Rückwärtige
SA	Sturmabteilung
SAC	Strategic Air Command
SAP	Sozialistische Arbeiterpartei (Deutschlands)
SAPMO-BA	Stiftung Archiv der Parteien und Massenorganisationen der DDR im Bundesarchiv Berlin
S-Bahn	Stadtbahn
SBZ	Sowjetische Besatzungszone
SdM	Sekretariat des Ministers
SED	Sozialistische Einheitspartei Deutschlands
SFL	Selbstfahrlafette
sGA	schwere Grenzabteilung
SKK	Sowjetische Kontrollkommission
sm	Seemeile
SPD	Sozialdemokratische Partei Deutschlands
SPK	Staatliche Plankommission
SPW	Schützenpanzerwagen
SS	Schutzstaffel
SSSR	Sojuz Sovetskich Socialističeskich Respublik – Union der Sozialistischen Sowjetrepubliken
sst.	selbständig
st.	ständiger
StEG	Strafergänzungsgesetz

Stellv.	Stellvertreter
SU	Sowjetunion
T/S	Treibstoff/Schmierstoff
TOP	Tagesordnungspunkt
TVD	teatr voennych dejstvij – strategisches Operationsgebiet
U-Bahn	Untergrundbahn
UdSSR	Union der Sozialistischen Sowjetrepubliken
Uffz.	Unteroffizier
Uffz.-Ausb.-Rgt.	Unteroffiziersausbildungsregiment
UNO	United Nations Organization
US	United States
USA	United States of America
USAREUR	United States Army Europe
VČ	vysokoj častoty – Hochfrequenz
VEB	Volkseigener Betrieb
VfZ	Vierteljahrshefte für Zeitgeschichte
VKP(b)	Vsesojuznaja Kommunističeskaja partija (bol'ševikov) – Kommunistische Partei der Sowjetunion (Bolschewiki)
VM	Volksmarine
VOK	Vereintes Oberkommando der Streitkräfte des Warschauer Vertrages
VP	Volkspolizei
VP See	Volkspolizei See
VPI	Volkspolizei-Inspektion(en)
VPKA	Volkspolizei-Kreisamt
VPKÄ	Volkspolizei-Kreisämter
VR	Volksrepublik
VRP	Volksrepublik Polen
VVS	Vertrauliche Verschlußsache
WBK	Wehrbezirkskommando
WKK	Wehrkreiskommando
WVO	Warschauer Vertragsorganisation
ZK	Zentralkomitee
ZZF	Zentrum für Zeithistorische Forschung

Quellen- und Literaturverzeichnis

Ungedruckte Quellen

Archiv des Militärgeschichtlichen Forschungsamtes, Potsdam
Erinnerungsbericht   Generalmajor a.D. Hans Leopold

Bundesarchiv, Berlin (BA Berlin)
DC 20   Ministerrat der DDR
DO 1   Ministerium des Innern

Bundesarchiv, Koblenz (BA Koblenz)
B 206   Bundesnachrichtendienst

Bundesarchiv-Militärarchiv, Freiburg (BA-MA)
BW-1   Bundesministerium der Verteidigung
DVW-1   Ministerium für Nationale Verteidigung der DDR
DVH-27   Kommando Deutsche Grenzpolizei
AZN 30885   Befehle des Ministers des Innern
AZN 32595   Schriftverkehr mit dem Verteidigungsminister der UdSSR
                     und dem Oberkommandierenden der Vereinten Streitkräfte
                     (1961)
AZN 32612   Schriftwechsel des Ministers für Nationale Verteidigung mit
                     dem Ersten Sekretär der SED (1960–1962)

*Die Bundesbeauftragte für die Unterlagen des Staatssicherheitsdienstes der
ehemaligen DDR, Berlin (BStU)*
Sekretariat des Ministers (SdM)

National Security Archive, Washington, D.C. (NSA)
box 29   Berlin Crisis

*Rossijskij gosudarstvennyj archiv novejšej istorii – Russisches Staatsarchiv für
Zeitgeschichte, Moskau (RGANI)*
fond 3, opis' 14   Protokolle des Politbüros des ZK der KPdSU
fond 5, opis' 30   Allgemeine Abteilung beim ZK der KPdSU (1953–1966)

*Rossijskij gosudarstvennyi archiv ėkonomiki – Russisches Staatsarchiv für
Wirtschaft, Moskau (RGAĖ)*
fond 4372, opis' 79 Staatliche Plankommission (GOSPLAN) – 1960/61
fond 4372, opis' 80 Staatliche Plankommission (GOSPLAN) – 1962

*Stiftung Archiv der Parteien und Massenorganisationen der DDR
im Bundesarchiv, Berlin (SAPMO)*
DY 30   Büro Ulbricht
DY 30/J IV 2/2 A   (Arbeits-) Protokolle des Politbüros der SED (1953–1965)
DY 30/J IV 2/3   Protokolle des Sekretariats des ZK der SED (1949–1965)

Gedruckte Quellen

Bonwetsch, Bernd/Filitow, Alexei, Chruschtschow und der Mauerbau. Die Gipfelkonferenz der Warschauer-Pakt-Staaten vom 3.–5. August 1961, in: Vierteljahrshefte für Zeitgeschichte 48 (2000), S. 155–198.

Das Wörterbuch der Staatssicherheit. Definitionen zur „politisch-operativen Arbeit", hrsg. von Siegfried Suckut, Berlin 1996.

Die Mauer oder der 13. August, hrsg. von Hans Werner Richter, Reinbek bei Hamburg 1961.

Der Schatten der Mauer – die zementierte Spaltung. Dokumentation eines Zeitzeugenforums zum 13. August 1961, hrsg. von Hans Ehlert und Hans-Hermann Hertle, Berlin 2001.

Die Flucht aus der Sowjetzone und die Sperrmaßnahmen des kommunistischen Regimes vom 13. August 1961 in Berlin, hrsg. vom Bundesministerium für Gesamtdeutsche Fragen, Bonn/Berlin 1961.

Dokumente zur Deutschlandpolitik, IV. Reihe, Band 6 und 7: Vom 1. Januar 1961 bis 31. Dezember 1961, hrsg. vom Bundesministerium für innerdeutsche Beziehungen, Frankfurt a.M. 1975–1976.

Filmer, Werner/Schwan, Heribert, Opfer der Mauer. Die geheimen Protokolle des Todes, München 1991.

Im Schatten der Mauer. Dokumente. 12. August bis 29. September 1961, hrsg. von Hartmut Mehls, Berlin 1990.

National Security Archive. The Berlin Crisis, 1958–1962 (microfiche, with printed index and guide), Alexandria 1992.

Otto, Wilfriede, 13. August 1961 – eine Zäsur in der europäischen Nachkriegsgeschichte, in: Beiträge zur Geschichte der Arbeiterbewegung 39 (1997), Heft 1, S. 40–74, Heft 2, S. 55–92.

Rühle, Jürgen/Holzweißig, Gunter, 13. August 1961. Die Mauer von Berlin, Köln [3]1988.

Sovetskij Sojuz i vengerskij krizis 1956 goda: dokumenty, Moskva 1998.

Steiner, André, Politische Vorstellungen und ökonomische Probleme im Vorfeld der Errichtung der Berliner Mauer. Briefe Walter Ulbrichts an Nikita Chruschtschow, in: Von der SBZ zur DDR: Studien zum Herrschaftssystem in der Sowjetischen Besatzungszone und in der Deutschen Demokratischen Republik, hrsg. von Hartmut Mehringer, München 1995, S. 233–268.

Erinnerungsliteratur

Bentzien, Hans, Meine Sekretäre und ich, Berlin 1995.

Chruschtschow erinnert sich. Die authentischen Memoiren, hrsg. von Strobe Talbott, Reinbek bei Hamburg 1992.

Eberlein, Werner, Geboren am 9. November. Erinnerungen, Berlin 2000.

Falin, Valentin, Politische Erinnerungen, München 1993.

Homann, Heinrich, Auf Ehre und Gewissen. Vom Sinn einer Wandlung, Berlin (Ost) 1963.

Honecker, Erich, Aus meinem Leben, Berlin (Ost) [3]1981.

Kwizinskij, Julij A., Vor dem Sturm. Erinnerungen eines Diplomaten, Berlin 1993.

Kroll, Hans, Lebenserinnerungen eines Botschafters, Köln/Berlin 1967.
Löffler, Hans-Georg, Soldat im Kalten Krieg. Erinnerungen 1955–1990, Bissendorf 2002.
Modrow, Hans, Ich wollte ein neues Deutschland, Berlin 1998.
Ders., Von Schwerin bis Strasbourg. Erinnerungen an ein halbes Jahrhundert Parlamentsarbeit, Berlin 2001.
Müller, Helmut, Wendejahre 1949–1989, Berlin 1999.
Paduch, Walter, Erlebnisse und Erfahrungen als Chef Nachrichten beim Berliner Mauerbau, in: Vom Kalten Krieg zur deutschen Einheit. Analysen und Zeitzeugenberichte zur deutschen Militärgeschichte 1945 bis 1995, hrsg. von Bruno Thoß, München 1995, S. 149–156.
Penkowskij, Oleg, Geheime Aufzeichnungen, hrsg. und eingeleitet von Frank Gibney, München 1966.
Poltergeist im Politbüro. Siegfried Prokop im Gespräch mit Alfred Neumann, Frankfurt/Oder 1996.
Rexin, Manfred, Eine Mauer durch Berlin. Erinnerungen an den August 1961, in: Deutschland Archiv 34 (2001), S. 645–650.
Sacharow, Andrej, Mein Leben, München/Zürich 1991.

Sekundärliteratur

1961 – Mauerbau und Außenpolitik, hrsg. von Heiner Timmermann, Münster 2002.
Adamskij, V.B./Smirnov, Ju.N., 50-megatonnyj vzryv nad novoj zemlej, in: Voprosy istorii estestvoznanija i techniki, 1995, Nr. 3, S. 1–54.
Adomeit, Hannes, Die Sowjetmacht in internationalen Krisen und Konflikten. Verhaltensmuster, Handlungsprinzipien, Bestimmungsfaktoren, Baden-Baden 1983.
Ders., Militärische Macht als Instrument sowjetischer Außenpolitik: Überholt? Unbrauchbar? Unentbehrlich?, in: Die Sowjetunion als Militärmacht, hrsg. von Hannes Adomeit, Hans-Hermann Höhmann und Günther Wagenlehner, Stuttgart u. a. 1987, S. 200–235.
Ders., Imperial Overstretch. Germany in Soviet Policy from Stalin to Gorbachev: An Analysis Based on New Archival Evidence, Memoirs and Interviews, Baden-Baden 1998.
Aly, Götz, Warte nur auf bessere Zeiten. Die Berliner Mauer hielt die deutsche Frage 28 Jahre lang offen, in: Berliner Zeitung, 6. August 2001, S. 11 f.
Arenth, Joachim, Der Westen tut nichts! Transatlantische Kooperation während der zweiten Berlin-Krise (1958–1962) im Spiegel neuer amerikanischer Quellen, Frankfurt a.M. u. a. 1993.
Arlt, Kurt, Sowjetische (russische) Truppen in Deutschland (1945–1994), in: Im Dienste der Partei: Handbuch der bewaffneten Organe der DDR, hrsg. von Torsten Diedrich, Hans Ehlert und Rüdiger Wenzke, Berlin ²1998, S. 593–632.
Ausland, John C., Kennedy, Khrushchev, and the Berlin-Cuba-Crisis 1961–1964, Oslo u. a. 1996.
Bailey, George/Kondraschow, Sergej A./Murphy, David E., Die unsichtbare Front. Der Krieg der Geheimdienste im geteilten Berlin, Berlin 1997.
Bennewitz, Inge/Potratz, Rainer, Zwangsaussiedlungen an der innerdeutschen Grenze. Analysen und Dokumente, Berlin ²1997.

Beschloss, Michael R., Powergame. Kennedy gegen Chruschtschow. Die Krisenjahre 1960–1963, Düsseldorf 1991.

Bispinck, Henrik, „Republikflucht." Flucht und Ausreise als Problem für die DDR-Führung, in: Vor dem Mauerbau: Politik und Gesellschaft in der DDR der fünfziger Jahre, hrsg. von Dierk Hoffmann, Michael Schwartz und Hermann Wentker, München 2003, S. 285–305.

Bonwetsch, Bernd/Filitov, Alexeij, Die sowjetische Politik und die SED – Handlungs- und Verantwortungsspielräume der KPD/SED/DDR 1945–1963, in: Materialien der Enquete-Kommission „Überwindung der Folgen der SED-Diktatur im Prozeß der deutschen Einheit", hrsg. vom Deutschen Bundestag. Band VIII/1: Das geteilte Deutschland im geteilten Europa, Baden-Baden 1999, S. 831–888.

Bremen, Christian, Aspekte der westlichen Berlin-Politik 1958–1960 im Spiegel amerikanischer, britischer und deutscher Akten, in: Berlin in Geschichte und Gegenwart. Jahrbuch des Landesarchivs Berlin 1998, Berlin 1998, S. 121–139.

Ders., Das Contingency Planning der Eisenhower-Administration während der zweiten Berlinkrise, in: Militärgeschichtliche Mitteilungen 57 (1998), S. 117–147.

Ders., Die Eisenhower-Administration und die zweite Berlin-Krise 1958–1961, Berlin u. a. 1998.

Brüche, Krisen, Wendepunkte. Neubefragung von DDR-Geschichte, hrsg. von Jochen Černý, Leipzig u. a. 1990.

Chruščev, Sergej, Nikita Chruščev, Krizisy i rakety, Tom 2, Moskva 1994.

Ders., Roždenie sverchderžavy. Kniga ob otce, Moskva 2000.

Corona. America's First Satellite Program, edited by Kevin C. Ruffner, Washington D.C. 1995.

Creuzberger, Stefan, Abschirmungspolitik gegenüber dem westlichen Deutschland im Jahre 1952, in: Die sowjetische Deutschland-Politik in der Ära Adenauer, hrsg. von Gerhard Wettig, Bonn 1997, S. 12–36.

Das internationale Krisenjahr 1956: Polen, Ungarn, Suez, hrsg. von Winfried Heinemann und Norbert Wiggershaus, München 1999.

Das Zeitalter der Bombe. Die Geschichte der atomaren Bedrohung von Hiroshima bis heute, hrsg. von Michael Salewski, München 1995.

Der Mauerbau. Krisenverlauf, Weichenstellung, Resultate, hrsg. von Daniel Küchenmeister, Berlin 2001.

Die DDR – Erinnerung an einen untergegangenen Staat, hrsg. von Heiner Timmermann, Berlin 1999.

Diedrich, Torsten, Die militärische Grenzsicherung an der innerdeutschen Demarkationslinie und der Mauerbau 1961, in: Vom Kalten Krieg zur deutschen Einheit. Analysen und Zeitzeugenberichte zur deutschen Militärgeschichte 1945 bis 1995, hrsg. von Bruno Thoß, München 1995, S. 127–143.

Ders., Die Grenzpolizei der SBZ/DDR (1946–1961), in: Im Dienste der Partei: Handbuch der bewaffneten Organe der DDR, hrsg. von Torsten Diedrich, Hans Ehlert und Rüdiger Wenzke, Berlin ²1998, S. 201–223.

Ders./Wenzke, Rüdiger, Die getarnte Armee. Die Geschichte der Kasernierten Volkspolizei der DDR 1952–1956, Berlin 2001.

Die sowjetische Deutschland-Politik in der Ära Adenauer, hrsg. von Gerhard Wettig, Bonn 1997.

Die Sowjetunion als Militärmacht, hrsg. von Hannes Adomeit, Hans-Hermann Höhmann und Günther Wagenlehner, Stuttgart u. a. 1987.

Dolinin, Aleksandr, Vremja „Č" tak i ne nastupilo, in: Krasnja Zvesda, 16. Oktober 1999, S. 2.

Eisenfeld, Bernd/Engelmann, Roger, 13. 8. 1961: Mauerbau. Fluchtbewegung und Machtsicherung, Bremen 2001.

Entstalinisierungskrise in Ostmitteleuropa 1953–1956: vom 17. Juni bis zum ungarischen Volksaufstand. Politische, militärische, soziale und nationale Dimensionen, hrsg. von Jan Foitzik, Paderborn u. a. 2001.

Evangelista, Matthew, „Why Keep Such an Army?": Khrushchev's Troop Reductions. Cold War International History Project Working Paper No. 19, Washington, D.C. 1997.

Eye in the Sky: The Story of the Corona Spy Satellites, edited by Dwayne A. Day, John M. Logsdon, and Brian Latell, Washington, D.C u. a. 1998.

Filitow, Alexej, Die Entscheidung zum Mauerbau als die Folge der inneren Spannungen im „sozialistischen" Lager, in: 1961 – Mauerbau und Außenpolitik, hrsg. von Heiner Timmermann, Münster 2002, S. 57–70.

Flemming, Thomas/Koch, Hagen, Die Berliner Mauer. Geschichte eines politischen Bauwerks, Berlin 2001.

Frank, Mario, Walter Ulbricht. Eine deutsche Biografie, Berlin 2001.

Froh, Klaus, Zur Geschichte des Militärbezirkes V von 1956 bis 1961. Unveröffentlichte Dissertation (A), Militärgeschichtliches Institut der DDR, Potsdam 1987.

Ders./Wenzke, Rüdiger, Die Generale und Admirale der NVA. Ein biographisches Handbuch, Berlin ⁴2000.

Frotscher, Kurt, Aus dem Grenzeralltag. Episoden, Schkeuditz 1998.

Ders., Zu militärpolitischen Aspekten der Grenzschließung im Herbst 1961, in: Im Namen des Volkes – Grenzer vor Gericht, hrsg. von Kurt Frotscher und Wolfgang Krug, Schkeuditz 2000, S. 67–83.

Fursenko, Aleksander A., Kak byla postroena berlinskaja stena, in: Istoričeskie zapiski, Nr. 4, 2001, S. 73–90.

Ders./Naftali, Timothy, One Hell of a Gamble. Khrushchev, Castro & Kennedy, 1958–1964, New York 1997.

Garthoff, Raymond L., Berlin 1961: The Record Corrected, in: Foreign Policy 8 (1991), S. 42–56.

Gearson, John P.S., Harold MacMillan and the Berlin Wall Crisis, 1958–62. The Limits of Interest and Force, Basingstoke 1998.

Geschichte der Deutschen Volkspolizei. Band 1: 1945–1961, Berlin ²1987.

Giese, Daniel, Die SED und ihre Armee: die NVA zwischen Politisierung und Professionalismus 1956–1965, München 2002.

Gribkow, Anatolij [Gribkov, A.], Der Warschauer Pakt. Geschichte und Hintergründe des östlichen Militärbündnisses, Berlin 1995.

Ders., Neproiznesennoe vystuplenie, in: Pravda, Nr. 47, 27. April 2001.

Hagemann, Frank, Parteiherrschaft in der NVA: Zur Rolle der SED bei der inneren Entwicklung der DDR-Streitkräfte (1956 bis 1971), Berlin 2002.

Harrison, Hope M., The Bargaining Power of Weaker Allies in Bipolarity and Crisis. The Dynamics of Soviet – East German Relations, 1953–1961. Ph.D. Columbia University, New York 1993.

Dies., Ulbricht and the Concrete ‚Rose': New Archival Evidence on the Dynamics of Soviet – East-German Relations and the Berlin Crisis, 1958–61. Cold War International History Project Working Paper No. 5, Washington, D.C. 1993.

Dies., Ulbricht, Khrushchev, and the Berlin Wall, 1958–1961: New Archival Evidence from Moscow and Berlin, in: Ost-West-Beziehungen. Konfrontation und Détente, 1945–1989. 2. Band, hrsg. von Gustav Schmidt, Bochum 1993, S. 333–348.

Dies., Die Berlin-Krise und die Beziehungen zwischen der UdSSR und der DDR, in: Die sowjetische Deutschland-Politik in der Ära Adenauer, hrsg. von Gerhard Wettig, Bonn 1997, S. 105–122.

Dies., Driving the Soviets up the Wall: A Super-Ally, a Superpower, and the Building of the Berlin Wall, 1958–61, in: Cold War History 1 (2000), S. 53–74 (deutsche Ausgabe: Wie die Sowjetunion zum Mauerbau getrieben wurde. Ein Superalliierter, eine Supermacht und der Bau der Berliner Mauer, in: Mauerbau und Mauerfall: Ursachen – Verlauf – Auswirkungen, hrsg. von Hans-Hermann Hertle, Konrad H. Jarausch und Christoph Kleßmann, Berlin 2002, S. 77–96).

Haupt, Michael, Die Berliner Mauer. Vorgeschichte – Bau – Folgen. Literaturbericht und Bibliographie zum 20. Jahrestag des 13. August 1961, München 1981.

Hein, Dieter/Wollinas, Paul, Der Einsatz der NVA während der Grenzschließung am 13. August 1961, in: Rührt euch! Zur Geschichte der Nationalen Volksarmee der DDR, hrsg. von Wolfgang Wünsche, Berlin 1998, S. 471–493.

Herbst, Andreas/Ranke, Winfried/Winkler, Jürgen, So funktionierte die DDR. 3 Bände, Reinbek bei Hamburg 1994.

Hildebrandt, Alexandra, Die Mauer – Zahlen, Daten, Berlin 2001.

Hildermeier, Manfred, Geschichte der Sowjetunion 1917–1991. Entstehung und Niedergang des ersten sozialistischen Staates, München 1998.

Horelick, Arnold L./Rush, Myron, Strategic Power and Soviet Foreign Policy, Chicago/ London 1966.

Horváth, Miklós, Militärgeschichtliche Aspekte der ungarischen Revolution und des Freiheitskampfes von 1956, in: Das internationale Krisenjahr 1956: Polen, Ungarn, Suez, hrsg. von Winfried Heinemann und Norbert Wiggershaus, München 1999, S. 135–148.

Im Dienste der Partei: Handbuch der bewaffneten Organe der DDR, hrsg. von Torsten Diedrich, Hans Ehlert und Rüdiger Wenzke, Berlin ²1998.

Im Namen des Volkes – Grenzer vor Gericht, hrsg. von Kurt Frotscher und Wolfgang Krug, Schkeuditz 2000.

International Cold War Military Records and History. Proceedings of the International Conference on Cold War Military Records and History Held in Washington, D.C., 21–26 March 1994, edited by William W. Epley, Washington, D.C., 1996.

Istorija voennoj strategii Rossii, pod. red. V.A. Zolotareva, Moskva 2000.

Ivkin, Vladimir I./Uhl, Matthias, „Operation Atom." The Soviet Union's Stationing of Nuclear Missiles in the German Democratic Republic 1959, in: Cold War International History Project Bulletin, Issue 12/13, Washington D.C. 2001, S. 299–308.

Kampfgruppen – die Spezialtruppe der SED für den Bürgerkrieg. Eine Dokumentation von Werner Bader u.a., Köln 1963.

Keiderling, Gerhard, Berlinkrise und Mauerbau. Berlin im Schnittpunkt des Ost-West-Konflikts, in: Brüche, Krisen, Wendepunkte: Neubefragung der DDR-Geschichte, hrsg. von Jochen Cerný, Leipzig u. a. 1990, S. 185–200.

Ders., Die Westberlin-Frage in der historischen Forschung der DDR, in: Die DDR – Erinnerung an einen untergegangenen Staat, hrsg. von Heiner Timmermann, Berlin 1999, S. 413–427.

Koop, Volker, „Den Gegner vernichten." Die Grenzsicherung der DDR, Bonn 1996.

Kornienko, G.M., Upuščennaja vozmožnost'. Vstreča N.S. Chruščeva i Dž. Kennedi v Vene v 1961 g., in: Novaja i Novejšaja Istorija, 1992, Nr. 2, S. 102–106.

Kowalczuk, llko-Sascha/Wolle, Stefan, Roter Stern über Deutschland. Sowjetische Truppen in der DDR, Berlin 2001.

Lapp, Peter Joachim, Frontdienst im Frieden. Die Grenztruppen der DDR. Entwicklung – Struktur – Aufgaben, Koblenz 1986.

Ders., Die Grenztruppen der DDR (1961–1989), in: Im Dienste der Partei: Handbuch der bewaffneten Organe der DDR, hrsg. von Torsten Diedrich, Hans Ehlert und Rüdiger Wenzke, Berlin 21998, S. 225–252.

Ders., Gefechtsdienst im Frieden. Das Grenzregime der DDR 1945–1990, Koblenz 1999.

Lemke, Michael, Die Berlinkrise 1958 bis 1963. Interessen und Handlungsspielräume der SED im Ost-West-Konflikt, Berlin 1995.

Ders., Die SED und die Berlin-Krise 1958 bis 1963, in: Die sowjetische Deutschlandpolitik in der Ära Adenauer, hrsg. von Gerhard Wettig, Bonn 1997, S. 123–137.

Ders., Einheit oder Sozialismus? Die Deutschlandpolitik der SED 1949–1961, Köln u. a. 2001.

Ders., Die Beziehungen zwischen DDR und Sowjetunion im Vorfeld der Berlinkrise, in: Mauerbau und Mauerfall. Ursachen – Verlauf – Auswirkungen, hrsg. von Hans-Hermann Hertle, Konrad H. Jarausch und Christoph Kleßmann, Berlin 2002, S. 67–76.

Loth, Wilfried, Helsinki, 1. August 1975. Entspannung und Abrüstung, München 1998.

MacKenzie, Donald, Inventing Accuracy. An Historical Sociology of Nuclear Missile Guidance, Cambridge (Mass.)/London 1990.

Mahncke, Dieter, Das Berlin-Problem – die Berlin-Krise 1958–1961/62, in: Materialien der Enquete-Kommission „Aufarbeitung von Geschichte und Folgen der SED-Diktatur in Deutschland", hrsg. vom Deutschen Bundestag. Band V/2: Deutschlandpolitik, innerdeutsche Beziehungen und internationale Rahmenbedingungen, Baden-Baden/Frankfurt a.M. 1995, S. 1766–1821.

Major, Patrick, „Mit Panzern kann man doch nicht für den Frieden sein." Die Stimmung der DDR-Bevölkerung zum Bau der Berliner Mauer am 13. August 1961 im Spiegel der Parteiberichte der SED, in: Jahrbuch für Historische Kommunismusforschung 1995, S. 208–223.

Ders., Vor und nach dem 13. August 1961: Reaktionen der DDR-Bevölkerung auf den Bau der Berliner Mauer, in: Archiv für Sozialgeschichte 39 (1999), S. 325–354.

Ders., Torschlußpanik und Mauerbau. „Republikflucht" als Symptom der zweiten Berlinkrise, in: Sterben für Berlin? Die Berliner Krisen 1948 : 1958, hrsg. von

Burghard Ciesla, Michael Lemke und Thomas Lindenberger, Berlin 2000, S. 221–243.

Ders., Innenpolitische Aspekte der zweiten Berlinkrise (1958–1961), in: Mauerbau und Mauerfall. Ursachen – Verlauf – Auswirkungen, hrsg. von Hans-Hermann Hertle, Konrad H. Jarausch und Christoph Kleßmann, Berlin 2002, S. 97–110.

Maloney, Sean M., Notfallplanung für Berlin. Vorläufer der Flexible Response 1958–1963, in: Militärgeschichte 7 (1997), S. 3–15.

Mauerbau und Mauerfall. Ursachen – Verlauf – Auswirkungen, hrsg. von Hans-Hermann Hertle, Konrad H. Jarausch und Christoph Kleßmann, Berlin 2002.

McAdams, James A., Germany divided: From the Wall to Reunification, Princeton, New Jersey 1993.

Menning, Bruce W., The Berlin Crisis from the Perspective of the Soviet General Staff, in: International Cold War Military Records and History. Proceedings of the International Conference on Cold War Military Records and History Held in Washington, D.C., 21–26 March 1994, edited by William W. Epley, Washington, D.C. 1996, S. 49–62.

Militärmacht Sowjetunion. Politik, Waffen und Strategien, hrsg. von Alfred Mechtersheimer und Peter Barth, Darmstadt 1985.

Mittmann, Wolfgang, Die Transportpolizei (1945–1990), in: Im Dienste der Partei: Handbuch der bewaffneten Organe der DDR, hrsg. von Torsten Diedrich, Hans Ehlert und Rüdiger Wenzke, Berlin ²1998, S. 537–550.

Müller, Volker, Böhmerwald, im August. Ein NVA-Offizier erinnert sich an den Mauerbau und den Feldzug gegen den Prager Frühling, in: Berliner Zeitung, 28. August 2001, S. 9 f.

Orlov, Aleksander S., Tajnaja bitva sverchderžav, Moskva 2000.

Ost-West-Beziehungen. Konfrontation und Détente, 1945–1989. 3 Bände, hrsg. von Gustav Schmidt, Bochum 1993.

Otto, Wilfriede, Spannungsfeld 13. August 1961, in: Der Mauerbau. Krisenverlauf, Weichenstellung, Resultate, hrsg. von Daniel Küchenmeister, Berlin 2001, S. 6–43.

Panow, B.W., Geschichte der Kriegskunst, Berlin (Ost) 1987.

Patzer, Werner, Die personelle Auffüllung der NVA, in: Rührt euch! Zur Geschichte der Nationalen Volksarmee der DDR, hrsg. von Wolfgang Wünsche, Berlin 1998, S. 363–390.

Pervov, Michail A., Raketnoe oružie Raketnych Vojsk Strategičeskogo Naznačenija, Moskva 1999.

Pommerin, Reiner, Die Berlin-Krise von 1961 und die Veränderung der Nuklearstrategie, in: Das Zeitalter der Bombe. Die Geschichte der atomaren Bedrohung von Hiroshima bis heute, hrsg. von Michael Salewski, München 1995, S. 120–140.

Prados, John, The Soviet Estimate. US Intelligence Analysis and Soviet Strategic Force, Princeton 1986.

Prokop, Siegfried, Unternehmen „Chinese Wall". Die DDR im Zwielicht der Mauer, Frankfurt a. M. 1992.

Rahne, Hermann, Zur Geschichte der Wehrkommandos der NVA, in: Militärgeschichte 28 (1989), S. 442–449.

Raketnye Vojska Strategičeskogo Naznačenija. Voenno-istoričeskij trud, Moskva 1994.

Raketnyj ščit otečestva, Moskva 1999.

Rexin, Manfred, Die Reaktion des Westens, in: Der Mauerbau. Krisenverlauf, Weichenstellung, Resultate, hrsg. von Daniel Küchenmeister, Berlin 2001, S. 64–73.

Ross, Corey D., ,What About Peace and Bread'? East Germans and the Remilitarization of the GDR, 1952–1962, in: Militärgeschichtliche Mitteilungen 58 (1999),
S. 111–135.

Ders., „... sonst sehe ich mich veranlasst, auch nach dem Westen zu ziehen." Republikflucht, SED-Herrschaft und Bevölkerung vor dem Mauerbau, in: Deutschland Archiv 34 (2001), S. 613–627.

Ders., Before the Wall: East Germans, Communist Authority, and the Mass Exodus
to the West, in: The Historical Journal 45 (2002), S. 459–480.

Rossija (SSSR) v lokal'nych vojnach i vooružennych konfliktach vtoroj poloviny
XXveka, pod. red. V.A. Zolotareva, Moskva 2000.

Rüger, Fabian/Uhl, Matthias/Wagner, Armin, Konrad Adenauers größte Enttäuschung – Am 13. August vor 40 Jahren machte die DDR in Berlin die letzte offene
Grenze dicht, in: Süddeutsche Zeitung, 11. August 2001, S. 9.

Rührt Euch! Zur Geschichte der Nationalen Volksarmee der DDR, hrsg. von Wolfgang Wünsche, Berlin 1998.

Sälter, Gerhard, Zur Restrukturierung von Polizeieinheiten der DDR im Kontext
des Mauerbaus, in: Archiv für Polizeigeschichte, H. 3, 2002, S. 66–73.

Schecter, Jerold L./Peter S. Deriabin, Die Penkowskij-Akte. Der Spion, der den
Frieden rettete, Frankfurt a.M./Berlin 1993.

Schick, Jack M., The Berlin Crisis, 1958–1962, Philadelphia 1971.

Schimanski, Hans, Ulbricht riegelt Berlin ab, in: SBZ-Archiv 12 (1961), S. 249–
251.

Schmidt, Karl-Heinz, Dialog über Deutschland. Studien zur Deutschlandpolitik
von KPdSU und SED (1960–1979), Baden-Baden 1998.

Schultke, Dietmar, „Keiner kommt durch." Die Geschichte der innerdeutschen
Grenze 1945–1990, Berlin ²2000.

Scott, Harriet Fast/Scott, William F., The Armed Forces of the USSR, Boulder
(Col.) ²1981.

Smyser, William R., From Yalta to Berlin. The Cold War Struggle Over Germany,
New York 1999.

Ders., Zwischen Erleichterung und Konfrontation. Die Reaktionen der USA und
der UdSSR auf den Mauerbau, in: Mauerbau und Mauerfall. Ursachen – Verlauf –
Auswirkungen, hrsg. von Hans-Hermann Hertle, Konrad H. Jarausch und Christoph Kleßmann, Berlin 2002, S. 147–157.

Speier, Hans, Die Bedrohung Berlins. Eine Analyse der Berlin-Krise von 1958 bis
heute, Köln 1961.

Spionage für den Frieden? Nachrichtendienste in Deutschland während des Kalten
Krieges, hrsg. von Wolfgang Krieger und Jürgen Weber, München/Landsberg am
Lech 1997.

Staadt, Jochen, X-Zeit. 13. August 1961: Die Herren der Lage, in: Frankfurter Allgemeine Zeitung, 13. August 2001, S. 8.

Staatspartei und Staatssicherheit. Zum Verhältnis von SED und MfS, hrsg. von Siegfried Suckut und Walter Süß, Berlin 1997.

Steininger, Rolf, Der Mauerbau. Die Westmächte und Adenauer in der Berlin-Krise
1958–1963, München 2001.

Sterben für Berlin? Die Berliner Krisen 1948 : 1958, hrsg. von Burghard Ciesla, Michael Lemke und Thomas Lindenberger, Berlin 2000.

Steury, Donald P. (Ed.), On the Front Lines of the Cold War. Documents on the Intelligence War in Berlin, Washington, D.C. 1999.

Suvorov, Victor, Die sowjetische strategische Führung, in: Militärmacht Sowjetunion. Politik, Waffen und Strategien, hrsg. von Alfred Mechtersheimer und Peter Barth, Darmstadt 1985, S. 113–132.

Suwalski, Manfred, Die Entwicklung der Zollverwaltung der DDR (1945–1990), in: Im Dienste der Partei: Handbuch der bewaffneten Organe der DDR, hrsg. von Torsten Diedrich, Hans Ehlert und Rüdiger Wenzke, Berlin ²1998, S. 577–592.

Trotnow, Helmut, Who Actually Built the Berlin Wall? The SED Leadership and the 13th of August 1961, in: International Cold War Military Records and History. Proceedings of the International Conference on Cold War Military Records and History Held in Washington, D.C., 21–26 March 1994, edited by William W. Epley, Washington, D.C., 1996, S. 41–48.

Uhl, Matthias, „Für die Sicherung der Sektorengrenze und des Rings um Berlin wird durch den Stab der Gruppe der sowjetischen Streitkräfte in Deutschland […] ein Plan ausgearbeitet". Die militärischen Planungen Moskaus und Ost-Berlins für den Mauerbau, in: 1961 – Mauerbau und Außenpolitik, hrsg. von Heiner Timmermann, Münster 2002, S. 81–99.

Ders., „Westberlin stellt also ein großes Loch inmitten unserer Republik dar." Die militärischen und politischen Planungen Moskaus und Ost-Berlins zum Mauerbau, in: Vor dem Mauerbau: Politik und Gesellschaft in der DDR der fünfziger Jahre, hrsg. von Dierk Hoffmann, Michael Schwartz und Hermann Wentker, München 2003, S. 307–326.

Vida, István, Die Sowjetunion und die ungarischen Ereignisse im Herbst 1956, in: Entstalinisierungskrise in Ostmitteleuropa 1953–1956: vom 17. Juni bis zum ungarischen Volksaufstand. Politische, militärische, soziale und nationale Dimensionen, hrsg. von Jan Foitzik, Paderborn u. a. 2001, S. 79–112.

Vom Kalten Krieg zur deutschen Einheit. Analysen und Zeitzeugenberichte zur deutschen Militärgeschichte 1945 bis 1990, hrsg. von Bruno Thoß, München 1995.

Von der SBZ zur DDR. Studien zum Herrschaftssystem in der Sowjetischen Besatzungszone und in der Deutschen Demokratischen Republik, hrsg. von Hartmut Mehringer, München 1995.

Vor dem Mauerbau: Politik und Gesellschaft in der DDR der fünfziger Jahre, hrsg. von Dierk Hoffmann, Michael Schwartz und Hermann Wentker, München 2003.

Wagenlehner, Günther, Militärpolitik und Militärdoktrin der UdSSR, in: Die Sowjetunion als Militärmacht, hrsg. von Hannes Adomeit, Hans-Hermann Höhmann und Günther Wagenlehner, Stuttgart u. a. 1987, S. 11–40.

Wagner, Armin, Der Nationale Verteidigungsrat der DDR als sicherheitspolitisches Exekutivorgan der SED, in: Staatspartei und Staatssicherheit. Zum Verhältnis von SED und MfS, hrsg. von Siegfried Suckut und Walter Süß, Berlin 1997, S. 169–198.

Ders., Stacheldrahtsicherheit. Die politische und militärische Planung und Durchführung des Mauerbaus 1961, in: Mauerbau und Mauerfall. Ursachen – Verlauf –

Auswirkungen, hrsg. von Hans-Hermann Hertle, Konrad H. Jarausch und Christoph Kleßmann, Berlin 2002, S. 119–137.

Ders., Walter Ulbricht und die geheime Sicherheitspolitik der SED. Der Nationale Verteidigungsrat der DDR und seine Vorgeschichte 1953–1971, Berlin 2002.

Wer war wer im Ministerium für Staatssicherheit? Kurzbiographien des MfS-Leitungspersonals 1950 bis 1989, hrsg. von Jens Gieseke, Berlin 1998.

Wer war wer in der DDR? Ein biographisches Lexikon, hrsg. von Helmut Müller-Enbergs, Jan Wielgohs und Dieter Hoffmann, Neuausgabe Berlin 2000.

Wettig, Gerhard, Die sowjetische Politik während der Berlinkrise 1958 bis 1962. Der Stand der Forschungen, in: Deutschland Archiv 30 (1997), S. 383–398.

Ders., Die UdSSR und die Krise um Berlin. Ultimatum 1958 – Mauerbau 1961 – Modus vivendi 1971, in: Deutschland Archiv 34 (2001), S. 592–613.

Ders., Beweggründe für den Mauerbau, in: Mauerbau und Mauerfall. Ursachen – Verlauf – Auswirkungen, hrsg. von Hans-Hermann Hertle, Konrad H. Jarausch und Christoph Kleßmann, Berlin 2002, S. 111–117.

Wiegrefe, Klaus, Die Schandmauer, in: Der Spiegel, Nr. 32, 6. August 2001, S. 64–77.

Wolfe, Thomas W., Soviet Power and Europe 1945–1970, Baltimore/London 1970.

Zaloga, Steven J., The Kremlin's Nuclear Sword. The Rise and Fall of Russia's Strategic Nuclear Forces 1945–2000, Washington D.C./London 2002.

Zolling, Hermann/Höhne, Heinz, Pullach intern. General Gehlen und die Geschichte des Bundesnachrichtendienstes, Hamburg 1971.

Zolotarev, V.A./Saksonov, O.V./Tjuškevič, S.A., Voennaja istorii Rossii, Moskva 2000.

Zubok, Vladislav M., Khrushchev and the Berlin Crisis (1958–1962). Cold War International History Project Working Paper No. 6, Washington, D.C., 1993.

Ders., Der sowjetische Geheimdienst in Deutschland und die Berlinkrise 1958–1961, in: Spionage für den Frieden? Nachrichtendienste in Deutschland während des Kalten Krieges, hrsg. von Wolfgang Krieger und Jürgen Weber, München/Landsberg am Lech 1997, S. 121–143.

Ders./Pleshakov, Constantine, Inside the Kremlin's Cold War. From Stalin to Khrushchev, Cambridge (Mass.)/London 1996 (deutsche Ausgabe: Subok, Wladislaw/Pleschakow, Konstantin, Der Kreml im Kalten Krieg. Von 1945 bis zur Kubakrise, Hildesheim 1997).

Ders./Vodop'janova Z.: Sovetskaja diplomatija i berlinskij krizis (1958–1962gg.), in: Cholodnaja vojna. Novye podchody, novye dokumenty, Moskva 1995, S. 258–274.

Zur geschichtlichen Entwicklung und Rolle der Nationalen Volksarmee der Deutschen Demokratischen Republik, hrsg. vom Militärgeschichtlichen Institut der DDR, Berlin (Ost) 1974.

Personenregister

Das Register erfaßt alle in der Einleitung und in den Dokumenten genannten Personen. Funktionsbezeichnungen sind, soweit ermittelbar, durch die entsprechenden Namen aufgelöst.

Personen, die in den Dokumenten nur mit ihren Funktionen benannt werden: